나는
침묵하지
않는다

나는 침묵하지 않는다

Oriana Fallaci

오리아나 팔라치, 나 자신과의 인터뷰

행성B

오리아나 팔라치 지음 | 김희정 옮김

내 인생에 관해 누군가 쓴다면
그 사람은 나 자신일 것이다

기자와 작가로 세계적인 명성을 누린 오리아나 팔라치는 대중의 관심을 끄는 특별한 힘이 있었다. 그 이름 앞에는 수많은 수식어가 붙었는데, '신화' 혹은 '전설' 같은 최고의 찬사였다. 당연히 그의 인생을 다룬 전기와 평전이 사후부터 지금까지 이어지고 있다. 하지만 팔라치는 자신에 관한 그 어떤 전기도 인정한 적이 없다. "언젠가 내 인생에 관해 누군가 쓴다면, 그 사람은 다름 아닌 나 자신일 것이다."라고 말했을 뿐이다.

팔라치는 자서전을 발표한 적이 없다. "내 모든 책에는 내 일생의 행적이 들어 있다."라는 말에서 그 이유를 찾을 수 있다. 그가 꼼꼼하게 인터뷰를 준비한 노트에는 자서전적 메모가 빼곡했고, 이 메모들은 다시 책으로 옮겨졌다. 팔라치가 기자로서 취재하고 인터뷰하고 글을 쓴 것은 자신과 인생에 관한 질문에 대답하기 위한 과정이기도 했다. 이 책은 오리아나 팔라치의 글을 재구성해서 자서전으로 만든 것이다. 완벽하고 깐깐한 작가였던 팔라치의 뜻을 존중하여 그가 자신의 생애를 직접 기술한 내용만 실었다.

이 책에 실린 글의 출처는 아주 다양하고 방대하다. 자전적 소설, 신문과 잡지에 실린 기사와 칼럼, 에세이, 팔라치가 작성한 인터뷰 초고와 다른 기자나 작가가 여러 기회에 팔라치를 인터뷰한 기사 및 TV 인터뷰, 여기에 강연 원고, 지인들에게 보낸 편지, 일지, 토론 초고, 타자기로 작성하거나 팩스로 보낸 원고, 담화문, 개인 소장 미공개 메모에 이르기까지 팔라치의 글과 말이 남긴 자취를 오랫동안 세심하게 좇았다.

오리아나 팔라치를 향한 무한한 애정과 존경심이 있었기에 가능한 작업이다. 이탈리아판 편집자가 밝혔듯이, 이 책은 한 여자의 인생에 대한 오마주이다. 팔라치와 인연이 깊었고 그의 저서 대부분을 출간한 리촐리 출판사가 이 작업을 했기에 더욱 의미가 있고 믿음이 간다. 깊은 안목으로 선별한 글을 통해 탄생한 팔라치 자서전은 가장 진솔하고 생생한 목소리를 담고 있으며, 뛰어난 문학성도 갖추고 있다. 팔라치는 긴박한 현장을 전달하면서도 특유의 지적이고 문학적인 필체를 구사한 저널리스트였는데 이 책에서도 그 모습을 여실히 보여준다.

오리아나 팔라치는 1929년 이탈리아 피렌체에서 태어났다. 어린 시절 부모를 따라 무솔리니의 파시스트 독재정권에 항거하는 레지스탕스 운동에 참여했고, 이를 통해 깨달은 인간의 자유와 존엄성의 가치를 평생의 신념으로 삼았다. 어린 나이에 경험한 가난과 불행, 전쟁의 공포와 냉혹한 현실이 엄격한 자기 훈련으로 이어졌다고 회상했다.

팔라치는 열여섯 살에 돈을 벌기 위해 피렌체 지역 신문사의 문을 두드렸다. 기자라는 직업을 선택한 데는 언론인이었던 브루노 삼촌의 영향이 컸다. 그는 삼촌의 권유로 종군기자에 지원했고, 이탈리아의 권위 있는 주간지 〈레우로페오 *L'Europeo*〉 특파원으로 1967년 베트남 전쟁에 가게 되었다. 이후 그는 멕시코 반정부 시위, 중동전쟁, 아프가니스탄 내전, 방글라데시 전쟁, 걸프전 등에서 종군기자로 활약했다. 전쟁의 참상을 폭로하며 인간의 잔인함과 어리석음을 증언한 기사는 세계인의 많은 공감을 얻었다.

'팔라치 스타일'이라는 말이 있을 정도로 유명한 인터뷰 기자로서의 경력은 1954년 피렌체를 떠나 로마로 향하면서 시작됐다. 팔라치는 로마와 밀라노, 뉴욕에 머물며 할리우드 스타들과 영화계 인사들을 취재했으며, 상대의 본질을 꿰뚫는 듯한 능숙한 인터뷰 역량을 드러냈다. 이후 그의 인터뷰 상대는 20세기의 가장 영향력 있는 인물들로 확대되었다.

인디라 간디, 골다 메이어, 달라이 라마, 야세르 아라파트, 줄피카르 알리 부토, 빌리 브란트, 헨리 키신저, 레흐 바웬사, 덩샤오핑, 이란의 팔라비 국왕과 그의 정적 아야톨라 호메이니 등 수많은 정치인과 권력가, 유명인이 그와 인터뷰했고 거기서 나온 여러 에피소드는 큰 화제가 되었다. 그의 비극적이고 운명적인 사랑이었던 그리스의 혁명가이자 시인 알렉산드로스 파나굴리스도 처음에 인터뷰이로 만났다.

나는 침묵하지 않는다

팔라치는 작가로서도 세계적인 성공을 거두었다. 취재 경험에서 나온 르포르타주와 자전적인 내용의 소설을 주로 썼다. 대표작 열두 권은 전 세계에서 2천만 부 넘게 팔렸으며, 특히 유산과 가정, 사랑 문제를 다룬 《태어나지 않은 아기에게 보내는 편지*Lettera a un bambino mai nato*》(1975), 파나쿨리스가 의문의 죽음을 당한 뒤 집필한 《한 남자*Un uomo*》(1979), 레바논 전쟁을 배경으로 쓴 《인샬라*Insciallah*》(1990)가 뜨거운 반응을 얻었다. 9·11 테러 사건을 조명한 《분노와 자긍심*La rabbia e l'orgoglio*》(2009)은 찬사와 비난을 동시에 받았으며, 그가 죽고 2년 뒤에 출간된 미완성 소설 《버찌로 가득한 모자*Un cappello pieno di ciliege*》(2008)는 집필에 10년이 넘게 걸린 장편역사소설로 팔라치 가문의 이야기를 들려주고 있다.

이 책에는 팔라치의 성공담이나 역사적인 사건뿐만 아니라 매우 사적이고 소소한 일화, 정치사회적인 이슈, 실존적인 문제에 대한 물음 등도 실려 있어 흥미롭다. 유년기와 청소년기, 가정사와 가족, 여성의 현실, 일과 사랑, 두려움과 용기, 사랑하는 사람을 잃은 슬픔, 은둔과 고립, 창작의 고통, 병마와 죽음에 관한 고찰, 연민과 절망과 분노, 조국을 향한 사랑……. 담담하게 써 내려갔지만, 이야기 하나하나에 내면의 다양한 감정이 고스란히 드러나 있다. 이를 읽다 보면 세상에 알려진, 강인하고 단호하고 엄격한 이미지와는 다른 모습의 팔라치를 마주하게 된다.

이 책의 이탈리아어판에 달린 부제는 '불편한 한 여자의 자화상'이다. 팔라치는 역사의 현장에서 살았고 세상사에 무관심할 수 없는 사람이었기에 껄끄럽고 거북한 존재로 비쳤을 것이다. 팔라치는 인생의 어떤 순간에는 침묵이 죄가 되고 말이 의무가 된다고 했으며, 허공에다 말하는 카산드라에 자신을 비유하기도 했다. 그는 날카로운 말과 펜으로 진실을 폭로하고 역사를 증언한 투사이자 독설가였고, 이슈 메이커였다. 유명세는 팔라치를 신화적인 인물로 만들었다. '신화'라는 말에 대한 해석과 평가는 긍정적일지라도 대상의 본질을 흐리고 오해의 여지가 있을 수 있다. 팔라치도 자신의 신화를 믿지 않는다고, 무엇보다 오해받고 싶지 않다고 고백했다. 그런 의미에서 팔라치가 직접 쓴 글로 꾸려진 이 책은 가장 진실한 그의 모습에 다가가는 안내서라고 하겠다.

김희정_이탈리아어 전문 번역가

Contents —————————————

제4부

그렇게 저널리즘은 인생이 되었다

제5부

내 인생은 오직 나만 쓸 수 있다

_____

제 1 부

운명은 그렇게 준비되었다

나는 신화를
믿지 않는다

———

나는 많은 사람이 나를 어떻게 생각하고 말하는지 아주 늦게야 알았다. 지금도 잘 이해되지는 않는다. (…) 나는 사람들이 말하듯이 잔 다르크도 아니고 아킬레우스도 아니다. 그저 생각대로 말하고, 신념대로 행동하고, 바라는 대로 사는 용기를 지녔을 뿐이다. 두려워하지 않으면서. 더 정확히는 두려움에 굴복하지 않으려고 하면서. 그리고 나는 아주 진지하고 매우 엄격한 데다 무척 냉담하기도 하다. (자기훈련은 큰 고통과 아픔 앞에서도 냉담한 마음을 지니게 했다.) 그게 전부다. 내게 없는 자질로 인정받고 싶지 않다. 성녀나 전사로 비치고 싶지 않다. 무엇보다, 무엇보다, 나는 오해받고 싶지 않다.

그런데도 계속 그런 일이 벌어졌다. 사람들은 내가 숭배한 자유를 오해했고 지금도 그렇다. (자유는 혼란과 방종이 아니며 권리라기보다 의무라는 것을, 알레코스와 같이 끊임없이 강조했기 때문일 것이다.) 무정부주의도 오해했다. 내가 생각하는 무정부주의는 신성하고 우월하며 다른 사람을 박해하거나 죽이거나 착취하지 않는, 시민이 스스로 통치하는 유토피아다. (…) 당파에 휘말리지 않았기에, 즉 우파와 좌파의 추잡한 짓거리를 고발하면서 자주적으로 행동했기에 독립성도 오해했다. (…) 그러니까 나는 이해받지 못하면서 사랑받는 것이다. 내게 왜 열광하는지 이해하지 못하겠다. 나를 둘러싸고 서서히 만들어진 스타덤을 거부한다. 나는 숫기가 없는 데다 수줍음이 많고, 사생활에 집착하며, 비사교적이기 때문이다. 나는 신화를 믿지 않는다. 적어도 내 신화는.[1]

오리아나
아나스타시아

———

나는 1929년 6월 29일 피렌체에서 태어났다. 아버지 에도아르도 팔라치, 어머니 토스카 팔라치는 피렌체 사람이다. 하지만 외가 쪽으로는 스페인의 피가 흐른다. 어머니의 증조모는 바르셀로나 출신이다. 아버지는 로마냐 지역의 혈통을 이어받았다. 할머니가 체세나 사람이었다. 기질적인 면에서 분명히 최악의 결합이었다. 어쨌든 나는 스스로 순수한 피렌체 여자라고 생각한다. 나는 피렌체 말을 쓰고, 피렌체 사람이라고 생각하고, 피렌체 사람이라고 느낀다. 내 문화와 교육은 피렌체 여자로 형성되었다. 외국에서 사람들이 고향을 물으면, 이탈리아가 아니라 피렌체라고 대답한다. 둘은 같지 않다.[2]

내 첫 이름은 진외증조할머니의 이름 아나스타시아를 따서 지어졌다. 할머니 자코마가 그러길 원하셨다. 할머니로서는 엄마가 자신에게 용서할 수 없는 잘못을 두 번이나 저질렀지만 말이다. 진외증조할머니는 할머니가 태어나자마자 체세나의 보육원에 버렸다. 또 20년 뒤에 할머니의 남편이 되는 안토니오와 연인이었다. "참아야지. 엄마가 악의로 그랬던 건 아니야."

할아버지 안토니오도 그 이름을 원했다. 반세기가 지났어도 아나스타시아를 여전히 사랑했고, 그 사실을 숨기지도 않았다. "그렇고말고. 나한테 아직 남아 있어, 그 마녀가." 부모님은 아나스타시아에게 조건 없는 존경심을 가졌기에 나를 통해서 그녀를 오랫동안 기억하려 했으며 악센트를 a에 둘 것인지, i에 둘 것인지만 고민하셨다. 하지만 나중에 할머니가 자신의 엄마를 용서한 이유를 알고는 ─ 할아버지한테 '그 마녀가 스스로 목숨을 끊었다.'라고 들었다 ─ 생각을 바꾸셨다.

부모님은 프랑스 작가 프루스트에게 빠져서 나를 작중인물 게르망트로 부르기도 했는데, 결국 아나스타시아(악센트 없는)는 외할머니의 이름까지 넣은 긴 이름의 중간에 들어가게 되었다. 오리아나 아나스타시아 탈리데*Oriana Anastasia Talide*. 참으로 유감이다. 나는 나만의 이름으로 불리지 않는 것이 늘 싫었다. 인생은 제각기 다를 진데 말이다.[3]

내가 태어난 집은 피아조네 거리에 있었다. 가장 선명하게 기억하는 곳이다. 맨 꼭대기 층이었는데, 집 안으로 들어서면 바로 오른편에 조부모 방이 있었다. 그 방에는 할머니의 작은 제단이 있었다. 조그마한 탁자에 불을 밝힌 초가 잔뜩 있었고, 그 위로 십자가에 못 박힌 예수가 그려진 커다란 검은 그림이 있었다. 현관문 맞은쪽, 할머니 방과 직각을 이루는 곳에 부모님 방이 있었다. 그 방에는 문 옆 왼쪽에 그림이 그려진 수납장이 있었다. 현재는 뉴욕의 집에 있다. 그리고 침대, 장롱, 지금은 피렌체의 집에 있는 서랍장이 있었다. 내가 태어난 침대는 피렌체에서 아직도 쓰고 있다. 두 방에서 복도가 시작되고 거실 문으로 곧바로 연결된다.

거실에는 현재 각각 카졸레와 피렌체에 있는 탁자와 유리문 책장이 있었다. 그리고 아버지의 데생 두 장이 있었다. 앞발로 입을 가리며 몰래 비웃음 짓는, 노인처럼 엉큼한 펠릭스 고양이 그림과 한쪽 다리를 올린 황새 그림이다. 고양이 그림은 현재 피렌체의 방에 두었고, 황새 그림은 카졸레의 집 거실에 보관하고 있다. 거실은 어두웠고 작은 안뜰로 창이 나 있었다. 거실에서 이어진 복도를 따라가다 보면 어느 순간 정사각형 모양의 공간이 나왔다. 그곳에는 벽화가 그려져 있었고 작은 소파가 있었다. 그 소파는 연인의 소파라고 불렀는데, 피에라 고모와 애인 마리오가 앉아서 시시덕거렸기 때문이다. 둘은 목소리를 낮추어 속삭이고 입을 맞추기도 했는데, 가끔은 잔소리를 듣기도 했다. "애 앞에서 뭐 하는 짓이야?"

연인의 소파가 있는 방은 식당과 연결되었다. 내게는 광대한 공간으로 보였던 곳이다. 큼지막한 식탁이 가운데 있었고 오른편으로 방이 두 개 있었다. 하나는 거의 비어 있었는데, 할아버지가 가족들 신발을 고치는 수선대가 놓여 있었다. 또 하나는 비앙카 고모와 피

　　　　　　　　나는 침묵하지 않는다

에라 고모 방이었다. 어느 날 나는 피에라 고모의 치마 밑으로 도망친 적이 있는데, 아주 흉측한 다리를 보았다. 짤따랗고 통통하고 허옜다. 엄마에게서는 한 번도 맡아본 적 없는 톡 쏘는 냄새도 났다. 그때 엄마가 내 왼뺨에 귀싸대기를 올렸다. 할아버지가 나서서 엄마의 분노로부터 나를 구해주셨다. 수선대로 데려가서 구두 밑창에 박는 못을 주셨다.

나는 신발을 수선하는 할아버지가 굉장히 멋져 보였다. 그래서 전쟁 직후인 청소년기에 신발 수선하는 일을 연습하기도 했다.(나는 자동차 타이어의 검은 고무를 써서 신발 밑창을 댔다.) 당시에는 엄마가 왜 이렇게 말했는지 이해하지 못했다. "밑창 수리하는 법도 몰라. 누가 봐도 어설프잖아. 구둣방에서 쓰는 진짜 고무 밑창을 써야 하는데 말이야!"

할아버지는 매우 다정한 분이셨다. 언제나 나를 보호해주셨고, 웃음이 나지 않는 가정에서 항상 미소를 지으셨다. 수선대가 있는 방에는 프로슈토가 보관돼 있었다. 수선대 뒷벽의 큰 못에 끈을 동여매서 매달아놓았고, 그 옆에는 칼이 있었다. 식구들은 그 방에 들어와서 프로슈토를 한 조각씩 잘라갔다. 나는 어떤 맛인지 자주 물었다. 하지만 "어린아이에게는 좋지 않아. 먹으면 탈이 나!"라며 못 먹게 했다. 그런데 어느 날 할아버지는 나를 카시네 공원으로 데려가서는 호주머니에서 누르스름한 종이에 꼼꼼하게 싼 프로슈토 한 조각을 꺼내 내미셨다. "먹어봐. 누가 안 볼 때 잘라왔어." 나는 프로슈토를 먹었고 그 맛은 여태껏 입에 넣어본 것 중에서 가장 짰다.

할아버지의 머리카락은 희고 가늘고 듬성듬성했고, 눈은 푸른색이었다. 내가 본 가장 푸른 눈이었다. 얼굴은 둥글고 발그레했으며 몸은 호리호리했고 지팡이를 짚고 걸으셨다. 손잡이가 굽은 지팡이였다. 그 지팡이를 짚고서 닭을 보여주려고 나를 공원으로 데려가셨다. 사실 그건 닭이 아니라 공작새였다. 나는 공작새를 좋아하지 않았는데, 기분 나쁜 소리를 냈고 나를 보며 흥분했기 때문이다. 그 녀석들은 부리를 벌리고서 내게 다가왔다. 하지만 꼬리를 펼쳐 눈동자로 가득한 녹색 부채를 만드는 장면에 매료되었다.

어쨌든 할아버지는 공원에 갈 때마다 "닭 보러 가자!"라고 말씀하셨다. 걸어서 가다 보면 천천히 걷는 할아버지를 내가 앞지를 때가 있었다. 그러면 할아버지는 지팡이 손잡이를 길게 뻗어서 내 목에다 걸었다. 나는 목을 옥죄며 걸리는 손잡이의 불쾌하고 위협적인 느낌을 절대 잊을 수 없었다. 그리고 내가 흠칫 놀라는데 할아버지가 껄껄 웃던 이유를 이해할 수 없었다. 그렇더라도 나는 할아버지를 좋아했다.

나는 할머니를 그다지 좋아하지 않았고, 할머니도 나를 좋아하지 않았다. 할머니는 아들 마리오 말고는 아무도 좋아하지 않았다. 모두가 그렇게 말했다. 할머니는 키가 무척 작고 아주 뚱뚱했으며 한쪽 눈만 있었다. 더 정확히 말하면 한쪽 눈으로만 볼 수 있었다. 시력이 남아 있는 오른쪽 눈은 검었고 원한이 서려 있었다. 시력을 잃은 눈은 회색 젤라틴 덩어리였다. 할머니는 젊었을 때 어설프게 가위를 놀리다 눈이 멀고 말았다. 듣기로는 할아버지가 이 일에 책임감을 느끼고 할머니와 결혼했다고 한다. 당시에 할아버지는 진외증조할머니의 연인이었다. 진외증조할머니는 매우 아름다웠다고 한

나는 침묵하지 않는다

다. 그때도 매우 못생겼던 할머니는 할아버지를 사랑했고 자신의 마음을 알아주기 바라며 온갖 일을 꾸몄다. 한번은 자신의 사진을 선물했는데, 할아버지는 사진에 온통 구멍을 뚫어서 돌려주었다. 할머니는 울음을 터트렸고 눈물 때문에 눈이 흐려져서 오른쪽 눈에 가위를 찔러 넣는 실수를 저지르고 말았다. 할아버지는 죄책감을 느꼈고 결국 할머니와 결혼했다. 다른 소문도 있다. 자신을 내친 연인에게 앙갚음하려고 그 딸과 결혼했다는 것이다.

재무경찰이었던 할아버지에 관한 소문도 무성했다. 그중 하나는 피에몬테에서 밀수업자를 살해했다는 것이다. 경찰 제복을 입은 할아버지의 사진은 거실에 있었다. 지금 그 사진은 카졸레에 있는데, 정원 울타리를 배경으로 제복을 입은 잘생긴 청년이 정지 자세의 발레리노처럼 다리를 꼬고 있다.

———

큰 식탁이 딸린 식당은 석탄 화덕과 큼지막한 대야가 있던 주방과 바로 연결되었다. 내 인생 최초의 기억 중 하나는 그 대야 앞에서 빨래하며 울던 엄마였다. 엄마는 열여덟 살에 나를 임신하고 피아 조네 거리의 집으로 들어왔다. 그때 아버지는 갓 스물을 넘긴 나이였다. 부모의 허락 없이 결혼할 수 있는 나이는 스물한 살이었다. 따라서 아버지는 스물한 살이 되는 날에 결혼했고 엄마는 이미 배가 불룩했다.

부모님이 어떻게 만났는지는 아는 바가 없다. 내 출생의 비밀을 짐작할 수 있는 유일한 단서는 엄마의 몇 마디뿐이다. "모든 건 버찌로 가득한 모자 탓이야." 그러곤 이어서 말했다. "난 파리로 가야 했어. 어떤 부자를 알게 됐는데 파리로 같이 갈 하녀를 구하고 있었거든. 그 사람은 아르헨티나로 이민 갈 계획이었어. 그런데 버찌로 가득한 모자를 샀고, 그 모자를 쓴 나를 네 아빠가 봤지. 그리고 네가 생겼어. 안녕 파리! 안녕 아르헨티나!"

엄마는 그 시절에 화가 오토네 로사이의 끈질긴 구애를 받았다고 한다. 엄마는 그와 약혼하려고 했다. 하지만 엄마가 버찌 가득한 모자를 쓴 것을 보고 아버지는 "멋진 버찌군요!"라고 말을 걸었다. 둘은 다음 일요일 몬테 모렐로로 소풍을 갔다. 나는 몬테 모렐로에서 생겼다. 10월 말의 어느 일요일이었고, 둘 다 첫 경험이었다. 그날, 그 일요일, 운명의 장난인지 엄마는 가임기였다. 결혼하기 전에 나눈 딱 한 번의 경험이었다. 언젠가 엄마가 내가 말한 적이 있다. "우리는 무서웠어. 그 뒤로는 더 시도하지 않았어." 하지만 엄마가 임신했다는 사실을 안 아버지는 적절하게 행동했다. 엄마에게 짐을 싸게 해서 피아조네 거리로 데려가셨다. 아무도 엄마를 반기지 않았고 할아버지 빼곤 모두가 모질게 대했다. 순식간에 엄마는 신데렐라 신세가 되고 말았다. "네 할머니는 쉴 틈 없이 빨래를 시켰지. 우리 결혼을 원치 않았어."

나는 밤에 태어났다. 엄청 예쁜 여자아이였다. "넌 다른 갓난아기들처럼 얼굴이 불그스름하거나 쭈글쭈글하지 않았어." 엄마는 자주 말했다. "뽀얗게 매끄럽고 예뻤지. 그리고 절대 울지 않았어. 모든 아기가 울어도 넌 안 울었어. 언제나 조용했지. 주변 사물과 사람을 물끄러미 바라보기만 했어. 소리 없이. 팔 일째까지 그러니까 어찌나 놀랐던지, 네가 성대 없이 태어난 건 아닐까 겁이 덜컥 났거든. 병원으로 데려가서 의사에게 진찰을 받았어. 의사는 '아니, 아니에요. 성대가 있어요.'라며 네 발바닥을 꼬집더군. 넌 깔깔대며 웃었고 옹알거리며 노래를 불렀어. 의사는 계속해서 '보셨죠? 아이에게 성대가 있어요.'라고 말했어. 심지어 넌 배고플 때조차 울지 않았어. 손가락을 빨기만 했지."

나는 태어나고 사십 일이 되는 날에 산타 마리아 델 카르미네 성당에서 세례를 받았다. 에덴동산에서 추방되는 아담과 이브를 그린 마자초의 프레스코화 아래서 세례식이 거행되었다. 믿기 어렵지만, 내가 십대가 되어 그 그림을 봤을 때, 아주 오래전에 이미 본 듯한 느낌을 받았다. 세례식을 회상하며 엄마가 말했다. "신부님이 찬물을 뿌릴 때도 넌 울지 않았어. 낙원에서 아담과 이브를 쫓아내는 하느님을 물끄러미 바라보기만 했어."

———

가장 매력적이면서 가까이 다가가기 힘든 가족은 브루노 삼촌이었다. 할아버지가 '일곱 개의 뇌'라고 별명을 붙인 집안의 지식인이었다. 그는 완전히 다른 세상에 속한 〈라 나지오네〉[i]에서 일했다. 그곳은 글 쓰는 사람들의 세계였다. 아주 어릴 때는 삼촌을 만날 기회가 없어서 삼촌에 대한 기억은 없다. 삼촌 대신 잔나 숙모[ii]는

i La Nazione. 토스카나주와 움브리아주를 비롯해 이탈리아 전역에 배포되는 피렌체의 주요 일간지. 1859년 7월 13일 제1호가 발행되었다.
ii Gianna Manzini(1896 – 1974). 이탈리아의 소설가. 《새매 La Sparviera》(1956년)로 비아레조 상, 《전신 초상화 Ritratto in piedi》(1971)로 캄피엘로 상을 받았다

잘 기억난다.

숙모는 매우 아름다웠다(혹은 그렇게 보였다). 키가 크고 우아했으며 모자를 쓰고 여우 목도리를 둘렀다. 정성스레 화장한 얼굴은 핼쑥하고 야위고 길쭉했으며, 커다란 눈은 차가운 눈빛이었다. 이따금 할머니에게 드리려고 장미 한 다발을 들고 왔는데, 할머니는 이를 반기지 않으셨다. 언젠가는 장미를 식탁 위에 내팽개치면서 소리를 지르셨다. "꽃은 무슨 얼어 죽을 꽃이야, 내 아들 셔츠에 단추나 달 것이지!" 잔나 숙모는 울음을 터뜨리며 나가버렸다. 하지만 숙모는 삼촌 집에서 자주 봤다. 엄마는 룽가르노 아르키부지에리에 있던 그 집에 청소하러 갈 때면 나를 데려갔다.

내 기억에 잔나 숙모는 로지아[i]가 내려다보이는 거실 소파에 몸을 기댄 채 아주 긴 담뱃대로 담배를 피웠다. 숙모는 발까지 내려오는 분홍빛과 하늘빛의 긴 실내복을 입고 내게 한 번도 준 적 없는 잔두이오토 초콜릿을 먹었다. ("좀 달라고 하지!" 엄마가 을러댔다.) 잔두이오토를 먹지 않거나 담배를 피우지 않을 때는 얼룩무늬 고양이를 쓰다듬으며 신문을 읽었다.

잔나 숙모 하면 떠오르는 사건이 둘 있다. 한번은 숙모와 같이 바에 있었다. 숙모 옆에는 처음 보는 신사가 앉아 있었다. 나중에 커서 그 바를 다시 알아봤다. 토르나부오니 거리의 '도니'라는 바였다. 그날 우리가 앉은 작은 탁자는 토르나부오니 거리의 인도가 내다보이는 벽 쪽에 있었다. 신사는 잔나 숙모의 한쪽 손을 천천히 어

---

i 조르조 바자리(1511-1574)가 설계한 건물 로지아 델 페쉐 *Loggia del Pesce*를 가리킨다. 수산물 좌판을 벌이기 위해 피렌체 중심에 있는 치옴피 광장에 지어졌다.

나는 침묵하지 않는다

루만졌다. 탁자 위에 놓인 볼록한 유리잔 두 개에는 붉은 액체가 담겨 있었다. 감미로운 느낌이었다. 종업원이 이상하게 생긴 병을 들고 와서는 병의 레버를 눌러 잔 속으로 작은 거품이 이는 물보라를 발사했다. 나는 이 장면에 정신을 빼앗겼다. 이윽고 잔나 숙모는 내가 아는 모든 여자의 목소리와는 다른 소리로 나지막하게 "아이스크림 먹어."라고 말했다. (엄마 목소리는 생생하고 또랑또랑했다. 피에라 고모도 그랬다. 비앙카 고모는 조금 웅얼거리는 소리를 냈고, 할머니는 툴툴거리는 편에 가까웠다. 그런데 잔나 숙모의 목소리는 고상하고 인위적이고 생소한 음악처럼 들렸다.) 나는 아이스크림을 먹지 않고 방울방울 올라오는 작은 거품을 바라보았다. 나중에야 알았지만 캄파리 소다였다. 나는 왜 숙모랑 바에 있는지 몰랐다. 숙모는 말을 걸지도 않았고 나를 돌보지도 않았다. 아이스크림 먹으라는 한마디가 다였다. 붉은 음료를 같이 마시며 손을 쓰다듬던 남자를 만나려고 나를 이용한 것일 테다. 그 신사는 누구였을까?

집에서는 잔나 숙모를 두고 이런저런 말이 많았다. 숙모를 몹시 싫어했던 비앙카 고모와 피에라 고모는 툭하면 쑥덕거렸다. 고모들은 숙모가 삼촌 몰래 바람을 피웠고 삼촌에게 들키자 음독자살을 시도했다고 했다. 그리고 상황이 뜻대로 되지 않으면 아프다는 핑계로 침대에 누워버렸다고도 했다. 몸이 멀쩡해도 침대 시트에 체온계를 문질러 고열이 나는 척 연기를 했다는 것이다.

잔나 숙모에 관한 또 다른 사건은 이렇다. 베키오 다리 위에서 있었던 일이다. 숙모는 다리 난간에 걸터앉아 있었다. 벤베누토 첼리니의 동상이 있는 곳이었다. 숙모는 말을 타는 듯한 자세로 할아버지에게 소리쳤다. "보세요, 아버님. 떨어질 거예요! 떨어질 거예요, 죽을 거라고요!" 할아버지는 왼손으로 나를 잡고, 오른손에는 지팡이를 들고 계셨는데, 참다못하여 지팡이를 돌바닥에 치며 소리치셨다. "그래, 떨어져라, 떨어져. 그런데 빨리 끝내라. 애를 집에 데려다줘야 하니까."

어느 날부터인지 잔나 숙모가 보이지 않았다. 사람들은 숙모가 육군 중위랑 베네치아로 도망쳤다고 했다. "더러운 년, 더러운 년! 남편을 속이고 있다고 내가 분명히 말했지!" 브루노 삼촌의 노트에 적힌 바로는 1933년에 그 일이 벌어졌다. 내가 네 살 때였다. 그로부터 18년 뒤, 나는 그녀를 잠깐 다시 본 적이 있다. 피렌체의 라 페르골라 극장에서였다. 예전만큼 아름답지는 않았지만 여전히 우아해 보였다. 은녹색 깃털로 장식한 작은 모자를 쓰고 있었고 여우 목도리가 달린 망토를 두르고 있었다. 두 신사가 양옆에서 그녀를 부축하고 있었다. 그녀는 힘겹게 걷고 있었는데, 몸이 아프거나 다리를 다친 것 같았다. 그녀의 크고 차가운 눈이 잠시 내 눈과 마주쳤다. 아마 나를 알아봤을 것이다. 그녀의 눈이 미세하게 떨렸기 때문이다. 하지만 그 당시 나는 그녀로 인해 브루노 삼촌이 겪었을 큰 고통을 알 만한 나이여서, 못 본 척하며 내 갈 길을 갔다.

그로부터 5년 뒤 밀라노에서 그녀의 편지를 한 통 받았다. '사랑스러운 조카'에게 '석탄 살 돈'을 구하는 내용이 적혀 있었다. 손으로 쓴 편지였는데, 필체가 정말이지 무척 인상적이었다. 그녀처럼 우아했고, 작가 단눈치오를 떠올리게 했다. 알파벳 a와 o가 아주 둥글게 으스러져 있었다. 나는 잔나 숙모의 필체에 매료되었다. 내 서

나는 침묵하지 않는다

명은 내가 넘어서지 못한 그 매력을 흉내 낸 것이다.[4)]

———

나는 '책들의 방'에서 잠들곤 했다. '책들의 방'은 가난한 부모님이 힘들게 할부로 산 책들로 가득 채운 작은 거실이다. 내가 '내 침대'라고 불렀던 작디작은 소파를 굽어보던 책장에는 두꺼운 책이한 권 꽂혀 있었는데, 책표지를 장식한 베일을 쓴 여인이 나를 내려다보고 있었다. 어느 날 저녁 그 책을 꺼내 들었는데 엄마가 내 손에서 황급히 뺏으셨다. "망측해라! 이건 아이들이 읽는 책이 아니야!" 하지만 곧 책을 돌려주셨다. "그래, 읽어라, 읽어. 어떤 책이든마음의 양식이 되겠지." 그렇게 해서 《천일야화》는 어린 시절 동화책이 되었고, 내 소장 도서가 되었다.[5)]

그 당시 책은 내 장난감이었다. 그런데 유리문이 달린 책장만은 내게 금지된 낙원이었다. 그 책장에는 여러 책을 엮은 붉은 표지의 전집이 있었다. 엄마는 "이건 아버지 책이야. 아이가 읽지 못하는 어른들 책이지."라며 유리문을 열지 못하게 하셨다. 어린이는 어린이다워야 한다고 엄마는 확신하셨다. 따라서 내가 읽는 책을 아주 엄격하게 고르셨고, 열두 살 어린이의 순수성을 해치지 않는 책들만허락하셨다. 에드몬도 데 아미치스, 에밀리오 살가리, 쥘 베른의 책들이었다. 엄마 눈에 유리문 책장의 책들은 아이에게 위험하고 해로운 내용을 담고 있었다. 이를테면 《전쟁과 평화》, 《죄와 벌》, 《자코모 카사노바》 등이었다. 나중에 커서 알게 됐지만 마지막 책은 어린이에게 부적절한 삽화가 실려 있었다. 하지만 그런 제목들은 책장의 첫 줄에서는 볼 수 없었다. 첫 줄에는 오로지 붉은 표지의 책들만 있었고, 내게 상상의 나래를 펴게 했다. 그 책들은 아름다웠다. 지은이의 이름이 대부분 기침 소리 같은, 다시 말해 헛소리로 발음되어서 신비로운 느낌이 들었다.

'내 침대'는 금지된 낙원 바로 앞에 있었다. 몸이 썩 좋지 않았던 어느 날, 누군가 유리문을 열고 "여기서 이걸 읽어."라면서 붉은색 표지의 책 한 권을 내 손에 쥐어줬다. 무척 오랫동안 기다린 선물을 받을 때처럼 그 책을 와락 움켜잡았다. 잭 런던의 《야성의 부름》이었다. 나는 얇은 면사포를 만지듯이 조심스럽게 표지를 넘겼다. 표지는 판지처럼 딱딱하고 두꺼웠다. 두 번째 장에는 손조뇨 출판사가 이 전집을 기획했고 베스트셀러 소설들을 널리 보급하기 위해 최저가로 판매한다는 설명이 있었다. 책값은 4.50리라였다. 나는 천천히 물을 마시듯 본문을 읽어나갔다. 한 줄 한 줄이 천 가지 약속의 말을 속삭였다.

나는 첫눈에 주인공 개 벅에게 반해버렸다. 어느 정도였냐면 새벽이 되어서야, 그러니까 벅이 늑대들을 뒤쫓고 스스로 늑대가 되는 장면에 이르러서야 손에서 책을 놓을 수 있을 만큼 가슴이 벅찼다. 옆방에서 엄마가 재촉하셨다. "불 꺼라! 불 끄고 자야 하지 않겠니?" 하지만 그러고 싶지 않았다. 먹고 있는 빵 조각을 입에서 빼앗거나 변신 직전에 마법을 중단하는 것 같은 상황이었기에 불을 끄고 잘 수 없었다. 《야성의 부름》을 읽은 나는 더 이상 데 아미치

나는 침묵하지 않는다

스, 살가리, 베른의 눈부시게 아름답고 자비로 가득한 거짓 세상을 믿는 어린이가 아니었다. 나는 고단한 현실 세계에서 어른들을 상대할 준비가 되었다. 벅이 가르쳐준 삶은 매일매일 반복되는 냉혹하고 잔인한 전쟁이었다. 한시도 방심할 수 없는, 마음 놓고 먹거나 잠잘 수 없는 전투. 그랬다가는 다른 이들에게 밥그릇과 자유를 빼앗겨버린다.[6]

———

엄마에게 물었다. "엄마는 바다를 본 적 있지, 그렇지?" "그래." "가까이서 보니 어땠어?" "아름다웠어. 매우 아름다워." "그렇구나, 그리고 또?" "그게 다야." 아무리 기다려도 기차는 목적지에 닿지 않았다. 열차는 역마다 정차했고 다시 출발하기까지 한참을 기다려야 했다. 누군가는 아이스크림을 사고 누군가는 신문을 사야 하기 때문이었다. 안절부절못한 나는 열차를 손으로 밀고 싶은 심정이었다. "엄마, 언제 도착해?" "그만 보채!" 마침내 우리는 도착했지만 역은 바다와 떨어져 있었다. 바다는 보이지 않고 아우성치는 듯한 소음만 들렸다. 엄마는 빨리 가려고 마차를 불렀다. 마차는 건초 냄새를 풍겼고 말발굽 소리가 귓전을 크게 울렸지만, 수레바퀴가 굴러갈수록 파도소리는 점점 커졌다. 나는 조급한 마음이 들었고, 그 초조함 속에서 이 거리 저 거리를 통과했다. 마침내 우리는 제법 넓은 길로 접어들었고, 그 길 너머에 바다가 있었다. 바다는 갑자기 우리 눈앞에 번쩍하고 나타났다. 어스레하고 거대하고 매끄러웠다. 그리고 땅에 떨어진 하늘이 보였다. (…)

땅에서 하늘을 봤을 때 고개를 들 수가 없었다. 정말로 하늘이 땅으로 떨어진 것 같아서 얼떨떨했다. 엄마는 내게 손을 내밀며 말씀하셨다. "내려라. 가까이 보러 가자." 우리는 마차에서 내려 손을 잡고 해변을 향해 걸어갔다. 해변은 아주 넓었고 10월이라서 적막했다. 10월의 바다에는 아무도 없다고, 춥기 때문에 아무도 오지 않는다고 엄마가 말했다. 그때까지 나는 바다를 본 적도, 해변을 걸은 적도 없었다. 그래서 잘 걸을 수 없었고 아주 힘들게 발을 옮겼다. 모래가 신발 안으로 들어와서 신발이 무거워졌다. 급기야 엄마는 내 신발을 벗기셨고 나는 맨발로 나아갔다. 하지만 머리를 들지 않았고 바다를 바라보지 않았다. 나는 바다가 두려웠다. 바다를 바라보는 대신 모래 속으로 푹푹 빠지는 내 발을 보며 걸었다. 발이 빠지는 깊이가 점점 얕아졌고 모래는 축축하고 단단해졌다. 그러면서 점차 짙은 회색으로 변했다. 아주 어두운 회색이 된 모래는 물기를 잔뜩 머금었는데 내 발은 소리 없이 차올라 금방 사라지는 작은 물웅덩이를 만들었다. (…)

하지만 어느 순간 물웅덩이가 그대로 있었다. 내 발이 물속에, 바닷물 속에 잠긴 것이다. 바닷물은 아주 맑았다. 새로운 생물체가 궁금해서 만져보려는 듯 내 발을 향해 밀려왔다. 살짝 건드리고는 발에 불이라도 난 듯이 겁을 먹고 줄행랑을 쳤다. 발 주위로 작은 소용돌이만 남았다가 이후 그마저도 사라졌다. 그러는 동안 나는 용기가 생겼다. 마침내 눈을 들어 바다를, 내게서 달아나는 바다를 바라보았다. 그리고…… 얼마나 오랫동안 거기 서서 바다를 바라봤는지 모른다. 아주 오래 머물렀을 것이다. 엄마가 줄곧 내 어깨를 치

나는 침묵하지 않는다

며 재촉하셨다. (…) "자, 가자. 인제 그만. 그만 됐어."[7]

행복하지 않은
어린이
———

나는 피렌체에서 자라고 공부했다. 요컨대 그 도시에서 유년기와 청소년기를 보냈다. 유년기는 즐겁지 않았고, 부모님은 몹시 가난했다. 아버지는 피렌체에서 작은 수공업 공방을 운영하셨는데, 기술자 서너 명에게 임금을 주고 나면 남는 게 거의 없었다. 아버지는 반파시스트 활동가로 정치 체제의 희생자였다. 이 점은 내 육체적, 정서적 성장에 아무런 도움이 되지 않았지만, 인생은 쉬운 모험이 아님을 자각하고 훈련하는 최고의 교육이 되었다.[8]

전쟁이 있었고, 무솔리니가 있었고, 가난이 있었다. 그리고 훈계와 징벌이 있었다. 이거 하지 마라, 저거 하지 마라, 안 돼, 안 돼, 안 된다! 유년기는 즐겁지 않았다. 어린이로 사는 것이 행복하지 않았다.[9]

나는 조국에 진정한 언론이 존재하지 않던 시대에 태어났다. 모든 독재정치에서 그렇듯이 지하신문들만 언론 정신을 지켰다. 그래도 내가 반파시스트 가정에서 태어난 것은 행운이고 특권이었다. 아버지는 피렌체의 반파시스트 레지스탕스를 이끈 지도부 중 한 명이었다. 아홉 살이나 열 살 때쯤의 일이다. 학교에서 들은 것과는 완전히 딴판으로 말하는 신문을 보았다. (알다시피, 독재정치에서는 학교도 권력에 복종하는 시녀가 된다.) 무엇보다 그 신문은 히틀러와 무솔리니를 살인자라고 말하고 있었다. 나는 아버지에게 신문을 보여주며 물었다. "이게 뭐예요?" 그러자 아버지는 "진실을 말하는 신문이야."라고 대답하셨다. "그래서 신문가판대에서 팔지 않는 거예요?" "그래서 그런 거야." 나는 크게 충격을 받고 분노해서 외쳤다. (나중에 어른들이 들려준 바에 따르면) "가판대에서도 파는 진실을 말하는 신문을 언젠가 만들 거예요!" (음, 실제로 그렇게 됐는지는 모르겠지만)[10]

어릴 때 히틀러와 무솔리니를 본 적이 있다. 히틀러가 이탈리아를 방문한 어느 여름, 피렌체에서였다. 파시스트와 결혼한 고모가 있어서 그럴 일이 생겼다. 집안에서는 모두 고모가 잘못 선택했다며 나무랐다. 특히 아버지는 고모에게 인사하기조차 껄끄러워하셨다. 엄마만 마음을 열어주었는데, 엄마는 파시스트와 결혼한 것은 잘못된 행동이라기보다는 암에 걸린 것 같은 불행이라고 여기셨다. 암에 걸린 사람을 욕할 수는 없는 거니까. 이런 너그러움에서 엄마는 아이가 없어 외로운 고모에게 나를 내어주기도 했다. 고모는 어린이에게 적합하지 않은, 그래서 견디기 힘든 장소로 나를 데려가곤 했다. "고모, 어디 가는 거예요?" "실내악 음악회에." 또는 "시아버지 무덤에 국화꽃 갖다 놓으러." 고모와 아이스크림을 먹으러 가거나 놀이기구를 타러 간 적은 없었고, 우리가 어디를 가든 간섭하는 사람도 없었다.

　그날 고모는 히틀러와 무솔리니를 보러 가는 거라고 말하지 않았다. 우리 집에서 두 독재자의 이름에는 끔찍한 모욕과 소름 끼치는 저주가 뒤따랐다. 그 여름에도 나는 '두체'라는 표현을 썼다가 호되게 꾸중을 들었다. "두체¹라니? 누가 두체란 거니? 누가 너한테 그 말을 알려줬니?" "선생님이." "그 선생은 파시스트고, 그건 나쁜 말이야. 알겠니? 다시 말했다간 혼쭐날 줄 알아." 어쨌든 그날 오후 고모는 음악회나 묘지가 아니라 광장으로 나를 데려갔다. 광장에는 입장권을 내고 들어가는 관람석이 있었다. 나는 새로운 장소에 와서 들떴다. "고모, 여기는 왜 온 거예요?" "뭘 보러." "뭘요?" "그런 게 있어."

그날 상황을 아주 자세하게 기억하지는 못한다. 뜨겁게 내리쬐는 태양과 흥분한 군중의 외침, 깃발 사이로 날아다니는 비둘기들. 그리고 고모가 가방에서 떼어내 내 머리에 묶은 검은 리본. "고모, 왜 검은색이에요?" "총통과 수령에게 경의를 표하는 색이라고 고모부가 그랬거든!" 나는 그 순간에 느낀 두려움을 또렷이 기억한다. 고모가 '뭘' 보러 왔다는 게 히틀러와 무솔리니라는 사실을 깨닫자 흠칫 몸이 움츠러들었다. 내가 그들을 보러 온 걸 부모님이 아시면 무슨 일이 벌어질까? 설령 부모님이 모르시더라도 그들을 본 대가로 어떤 벌을 받을까? 그래, 분명 눈이 멀고 말 거야. 나는 겁에 질렸고 억울한 마음에 울음이 터져 나오려고 했다. 나를 죄짓게 하는 검은 리본, 영원히 앞을 못 보는 형벌.

나는 가까스로 울음을 참으며 위기에서 벗어날 방법을 궁리했다. 지금 구원받을 방법은 단 하나, 그들을 보지 않고 눈을 감아버리는

---

i Duce. 이탈리아에서 최고 통치자, 수령을 뜻하는 말로 파시즘 지지자들 사이에서 베니토 무솔리니를 가리키는 칭호로 사용되었다.

것이었다. 그러면 맹인이 되지 않을 수 있고, 누군가 추궁한대도 거
짓말을 피할 수 있을 것 같았다. "나는 그들을 안 봤어요." 더군다
나 일부러 볼 필요도 없었다. 얼굴을 이미 알고 있었다. 무솔리니의
얼굴은 학교에서 늘 보고 있었다. 교실 십자가 아래 왕의 사진 옆에
무솔리니의 사진이 걸려 있었다. 그는 살찐 편이었고 찡그린 입, 언
짢은 표정에다 머리에는 투구를 쓰고 있었다. 히틀러는 신문이나
영화관에서 봤다. 키가 큰 편이고 칫솔 같은 콧수염에다 왼쪽 관자
놀이로 도마뱀 꼬리 같은 머리카락이 내려왔다. 둘 모두에게 불쾌
한 마음이 가득했지만, 사람들이 그들을 그토록 중요하다고 하는데
부모님이 뭔가 잘못 생각하는 건 아닐까 하는 의심도 들었다. 학교
선생님은 그들이 각별하고 비범하고 세상에서 제일 독보적인 인물
들이라고 강조했다.

　　군중이 열광적인 함성을 터뜨리고, 고모가 "온다, 오고 있어!"라
고 고함칠 때, 결심은 흔들렸고 그들을 보고 싶은 강렬한 호기심이
극에 달했다. 결국 나는 눈을 크게 뜨고 말았다. 그런데 그들을 봐
도 눈은 멀쩡했다. 부모님이 말한 사람이나 선생님이 말한 사람을
본 게 아니었으니까. 나는 다른 사람들과 다를 바 없는 두 남자를
봤다. 한 명은 뚱뚱했고 한 명은 홀쭉했으나 사진과 전혀 닮지 않았
다. 뚱뚱한 남자는 천한 세탁부처럼 허리에 두 손을 얹고 온화한 미
소를 지었다. 그리고 투구가 아니라 중앙에 하얀 깃털이 달린 작고
예쁜 모자를 쓰고 있었다. 연극무대의 여배우들이 장식할 법한 우
아한 깃털이었는데, 그 때문에 그가 유쾌하고 천진난만하게 보였
다. 장난을 걸고 싶을 정도였다. 그 깃털로 뭘 하세요? 바람이 얼마

나 센지 보려고? 아니면 파리를 잡으려고?

　한편 홀쭉한 남자는 너무도 평범한 얼굴이었다. 칫솔 모양 콧수염은 상처 자국을 감추려고 코 아래에 붙인 반창고처럼 보였다. 평소에 나는 콧수염 기른 어른들 앞에서 겁을 먹었는데 어쩐지 그러지 않았다. 가령 우리 동네 아이스크림가게 아저씨는 끝이 위로 올라간 뻣뻣하고 풍성한 콧수염을 달고 있었다. 내가 바닐라나 초콜릿, 피스타치오나 자바이오네 맛 중에서 어떤 걸 고를지 머뭇거리면 어김없이 질책하셨다. "자 어서, 뭘 줄까? 여기서 저녁까지 기다리게 할 셈이야?" 그러면 나는 벌벌 떨며 아무렇게나 되는 대로 아이스크림을 골랐다. 그런데 히틀러는 그러지 않을 것 같았다. 코 밑에 반창고 같은 수염을 단 그는 아주 친절해보였다. 그가 우리 동네에서 아이스크림을 판다면 대환영이라고 생각했다. 그는 분명히 내게 투덜거리지 않을 것이다. 내가 먹고 싶은 맛을 정할 때까지 참을성 있게 기다려줄 것이고, 어쩌면 콘 하나에 바닐라, 초콜릿, 피스타치오, 자바이오네 맛을 몽땅 얹어줄지도 모른다. 우리 동네 아이스크림가게 아저씨는 내게 그런 친절을 베푼 적이 없었다. 나는 엄마가 왜 그 아저씨를 훌륭하다고 했는지 이해할 수 없었다. 그 아저씨는 아나키스트였는데, 엄마는 아나키스트들은 모두 훌륭하고 착하다고 하셨다.

　이성을 잃은 군중이 "두체, 두체!", "총통, 총통!"을 부르짖던 그 광장에서 가장 이해할 수 없었던 것은 다음 두 가지였다. 어째서 엄마와 아버지는 그들을 온갖 범죄와 재앙의 원흉이라 비난하며 괴물, 범법자, 살인자라고 부르는가? 그리고 어째서 선생님은 그들에게 흠뻑 빠져서 각별하고 비범하고 세상 어디에도 없는 독보적인 인물들이라고 추켜세우는가? 내가 뭘 잘못 알고 있나? 저 사람들이 아닌가? 나는 고모를 돌아보며 물었다. "고모, 저 사람들이 정말로 그 사람들이야?"[11]

집으로 돌아온 나는 아주 흡족한 마음으로 외쳤다. "엄마! 내가 히틀러를 봤어! 아주 친절해보였어!" 하지만 엄마는 나를 무서운 눈길로 노려봤고, 내게 국자를 겨누며 말했다. "바보, 천치 같으니라고. 앞으로 페베 고모에게 널 보내나 봐라!"[12]

나의 영웅들

어린 시절은 영웅으로 가득했다. 영광의 시대에 어린이로 사는 특권이었다. (…) 나는 다른 아이들이 엽서를 수집하듯이 영웅들을 만났고, 다른 아이들이 친구와 놀듯이 영웅들과 놀았다. 그만큼 내게는 일상이었다. 제2차 세계대전 중 독일군이 피렌체를 점령한 1943년 9월 8일부터 1944년 8월 11일까지, 열한 달 동안 내 삶은 영웅으로 넘쳐났다. 그때 나는 용기를 향한 숭배, 희생에 대한 믿음, 두려움에 대한 두려움을 배웠다고 믿는다. (…)

나는 매일같이 영웅들을 만났다. 집에서, 거리에서, 평야에서. 그 당시 나는 환상에 사로잡힌 어린이가 아니었다. 강인하고 의식 있는 어린이였다. 침묵하거나 몸을 사리는 겁쟁이가 아니었다. 나는 영웅들을 만날 때마다 이번이 마지막이 될 수도 있다는 것을 알았다. 그래서 목숨을 걸 정도로 그들을 한 명 한 명 사랑했다. 연합군과 흰 빵, 초콜릿이 도착하기를 기다리지 않았다. 나는 그들을 매우 존경했다. 전쟁이 끝났을 때, 그들은 내 마음에 귀한 보석 같은 존재로 남았다.[13]

연합군은 피렌체에 첫 폭격을 가하면서 엄청난 실수를 저질렀다. 목표물을 제대로 겨냥하지 못한 것이다. 다시 말해, 무기와 병력을 수송하는 독일군의 선로가 아니라 인근 지역과 도나텔로 광장의 오래된 묘지에 폭격을 가했다. 엘리자베스 바렛 브라우닝이 잠들어 있는 영국인 묘역이 거기에 있었다. 폭탄이 떨어질 때, 나는 아버지와 함께 도나텔로 광장에서 삼백 미터도 채 떨어지지 않은 산티시마 안눈치아타 성당에 있었다. 폭격이 벌어져서 성당 안으로 몸을 피한 것인데, 그 공포는 상상을 초월하고도 남았다. 폭탄이 떨어질 때마다 성당의 단단한 벽은 폭풍을 맞은 나무처럼 흔들거렸다. 창문은 산산조각이 났고 바닥은 덜컥거렸으며 제대가 좌우로 흔들렸다. 사제가 외쳐댔다. "주여, 우리를 구해주소서. 주여!" 갑자기 눈물이 나기 시작했다. 소리 내거나 흐느끼지 않는, 차분하고 억제된 울음이었다. 하지만 아버지는 내가 우는 것을 보시고는 잘못된 행동을 하셨다. 내게 무시무시한 따귀를 날린 것이다. 가엾은 아버지는 그게 나를 위하는 거라 믿었다. 세상에, 그 상황에서 따귀라니. 그러고는 내 눈을 똑바로 바라보며 나지막하게 말했다. "용감한 소녀는 울지 않아." 그래서 1943년 9월 25일 이후로 나는 울지 않는다. 그나마 다행스럽게도 눈가가 촉촉해지고 목이 먹먹해지는 때는 있다. 그러나 눈물을 흘리며 우는 것보다 마음속으로 더 고통스럽게 울었다.[14)]

피렌체 레지스탕스를 이끈 지도부이자 행동당[i] 시 지부의 정치 위원 에도아르도 팔라치의 딸로서, 나는 파시스트와 나치에 맞서는 저항운동에 가담했다. 나는 도시와 산을 오가는 전령사였다. 무기와 비밀신문을 나르고, 숨어있거나 파르티잔 부대에 합류한 동지들에게 메시지를 전달했다. 야간 통행금지 시간 전에 반파시즘 포스트를 벽에 붙이거나 거리와 전차에서 사람들의 주머니에 유인물을 끼우기도 했다.

한동안 내 주요 임무는 9월 8일 이후 이탈리아 강제수용소에서 탈출한 영국인과 미국인 포로들을 도시에서 연합군 전선까지 데려가는 일이었다. 가까운 거리는 자전거로 동행했다. 때로 왕복 백 킬로미터가 넘는 장거리가 되기도 했는데, 이런 경우 하루가 꼬박 걸렸다. 도처에 널린 독일군 검문소를 통과해야 했지만 그리 어려운 일은 아니었다. 나는 아주 순진한 외모의 어린이였고 머리를 길게 땋고 있었다. 한번은 검문소 앞에서 (철도원으로 변장한) 남아프리카공화국 포로가 넘어지는 바람에 위기에 처했다. 나는 그에게 태연히 이탈리아어로 말을 걸면서 일으켜 세웠다. 독일 보초병 두 명은 전혀 주의를 기울이지 않았다.

---

[i] Partito d'Azione. 1942년 6월에 결성되어 1947년에 해산된 이탈리아 정치 정당. 급진주의, 공화주의, 자유사회주의, 사회민주주의를 지향했으며 당 기관지 〈리탈리아 리베로*L'Italia libera*〉를 발행했다.

언젠가는 시내 한가운데서 행동당의 비밀신문 〈논 몰라레*Non Mollare*〉를 묶은 큼지막한 꾸러미가 풀어져 바닥에 떨어졌다. 그때도 신경 쓰는 사람은 아무도 없었다. 이처럼 눈에 띄지 않고 다닐 수 있다는 이유로 내게 많은 임무가 주어졌다.

나는 1943년 말부터 피렌체가 해방된 1944년 8월까지 반파시스트 행동단체 '정의와 자유'*ii*에 협력했다. 1944년 초에 아버지가 체포되었다. 귀치아르디니 거리의 비밀창고가 발각된 것이다. 레지스탕스 운동에 쓰라고 미국인들이 몬테 조비에서 낙하산으로 투하해준 무기를 감춰둔 곳이었다.[15]

아버지가 어디에 구금되어 있는지 아무도 몰랐다. 피렌체의 일간지는 아버지가 적들(영국계 미국인들)에게 매수되어 저지른 범법 행위로 체포됐다는 소식만 전했다. 하지만 엄마는 "반드시 찾아내겠어."라고 말했고, 감옥이란 감옥은 죄다 찾아다녔다. 그러다가 죄인을 조사하고 고문하는 빌라 트리스테로 갔는데, 어찌어찌해서 그곳 총책임자의 사무실까지 들어갈 수 있었다. 마리오 카리타 소령은 아버지가 그곳에 있다고 인정하면서 빈정대는 말투로 덧붙였다. "부인, 상복이나 준비하시지요. 내일 아침 여섯 시면 당신 남편은 파르테레에서 처형될 테니까요. 우리는 재판 따위를 하느라 시간을 허비하지 않아요." 나는 늘 내가 엄마였다면 어떻게 했을까 자문하곤 한다. 그리고 그 대답은 언제나 '잘 모르겠다.'였다. 엄마의 대응을 잊

---

ii Giustizia e Libertà. 1929년부터 1945년까지 활약한 이탈리아의 반파시스트 저항운동 단체.

을 수가 없다. 아주 유명한 사건이기도 하다. 엄마는 벼락에라도 맞은 듯 잠시 꼼짝 않고 있다가 천천히 오른팔을 치켜들었다. 그러고는 검지로 마리오 카리타를 겨누고 하인에게 명령하듯이 반말을 써 가며 단호하게 말했다. "마리오 카리타, 내일 아침 여섯 시에 네 말대로 하지. 상복을 입겠다는 말이다. 하지만 네 놈이 여자의 자궁에서 태어난 인간이라면 네 어머니에게 똑같이 전해라. 네 놈의 최후도 머지않았을 테니까."[16]

아버지는 다른 사람들과 함께 여러 날 고문을 당했고 수차례 총살 위협을 받았다.[17]

3월의 어느 날, 엄마와 여동생 하나, 그리고 나는 아버지를 면회할 수 있는 허가를 받았다.

우리는 가방에 음식을 가득 넣어 갔지만 도착하자마자 경비대에게 빼앗겼다. 그리고 다른 수감자 가족과 함께 면회실이라고 불리는 조악한 방으로 밀려서 들어갔다. 방에는 긴 의자와 긴 탁자가 있었는데, 탁자 뒤로 누더기를 걸친 남자 열두 명이 있었다. 그중 한 남자는 끔찍하게 부풀어 오른 얼굴을 하고 있었다. 검은 멍이 가득했고 입술은 짙은 보랏빛으로 통통 부은 데다 눈은 거의 감겨 있다시피 했다. 그 남자 앞으로 가서 앉는 사람은 아무도 없었다. 우리 셋은 아버지가 오기를 기다리며 조용히 앉아 있었다.

일 분 정도 흘렀을까. 누군가 낮게 속삭였다. "인사도 안 하기야?" 아버지 목소리였다. 그런데 그 소리는 흉측한 몰골의 남자에게서 났다. 누군지 못 알아볼 정도로 아버지가 변해 있었던 것이다. 곧이어 두툼한 보랏빛 입술이 미소를 지었다. 아버지는 우리에게 걱정하지 말라고, 모든 게 괜찮고 다 잘될 거라고 했다. 또 당신은 아무것도 발설하지 않았고 저들은 아무것도, 거의 아무것도 모르며, 저들이 당신을 총살하는 일은 없을 것이고 기껏해야 독일 노동수용소로 보낼 거라고 했다. 면회를 마치고 밖으로 나와서 엄마에게 물었다. "아빠를 왜 저렇게 때렸어?" "너희 아버지는 정치를 하니까. 더 품위 있고 더 위엄 있고 더 살 만한 세상을 만들려고 하니까."[18]

아버지는 기적적으로 위험을 넘겼다. 그런데도 나는 '정의와 자유'에 내 작은 힘을 보태는 일을 계속했다. 나는 시 조직에 소속된 동지들의 본명에 가명과 주소까지 적힌 종이를 갖고 있었다. 나는 그 종이를 속이 빈 호박(겉으로 보기엔 싱싱한) 안에 넣어서 수도원 텃밭에 매달아두었다. 나와 엄마, 여동생 네에라와 파올라가 숨어 있던 곳이다. 기밀 인쇄물은 짚더미 아래에 두었다. 토르콰토 타소 광장(수도원과 아주 가까운)에서 대학살이 벌어진 날[i], 위기감이 극도로 치달았다. 나는 파시스트와 독일군의 눈을 피해 선전물을 집으로 가져와서 난로에다 태워버렸고, 호박 안에 있던 종이는 모두 먹어버렸다. 흔적을 남기지 않으려고 그랬던 것인데 나중에 호된 질책을 들었

---

i 1944년 7월 17일 오후 파시스트 군대가 피렌체 토르콰토 타소 광장에 있던 시민들에게 무차별 총격을 가한 사건이다. 이 광장이 있는 산 프레디아노 구역은 반파시즘 성향이 강하고 레지스탕스 운동의 지지자가 많았던 것으로 봐서 보복성 유혈 사태로 짐작된다. 그 자리에서 다섯 명이 사망하고 다수의 부상자가 발생했으며 시민이 여럿 체포되었다. 이날 체포된 시민들은 1952년이 되어서야 아르노강 기슭에서 총살당한 시신으로 발견되었다.

다. 피렌체 해방 전날, 파르티잔 단체를 한데 모을 주소가 몽땅 없어져버린 것이다. 결국 힘들여 다시 작성해야 했다.

요컨대 나는 어린 나이에 전쟁을 경험했고 그 고통의 정점을 체험했다. 아버지가 감옥에 있을 때 우리 집은 여러 차례 폭격을 당했다. 유년기와 청소년기의 가장 암울한 기억은 떨어지는 폭탄 아래를 미친 듯이 달린 것이다. 나는 매번 폭격 현장에 있었다. 운명의 장난인지 폭탄이 떨어지는 장소에 어김없이 있었다. 다행히 큰일은 일어나지 않았다. 나는 엄청나게, 이상하리만치 운이 좋았다. 하지만 그때부터 전쟁과 폭탄, 총, 불을 내뿜는 모든 무기를 증오하게 되었다. 그리고 전쟁에는 반드시 불합리, 어리석음, 광기가 있다는 것을 배웠다.

나는 내 방식대로 전쟁을 치렀다. 공격하는 전쟁이 아니라 자신을 보호하는 전쟁. 당시 나는 머리 땋은 어린애였지만 내 행동을 온전히 이해했다고 생각한다. 그때의 나는 오늘날 베트콩 아이와 같을 것이다. 하지만 나는 총을 쏜 적이 없고 누구도 죽인 적이 없으며 피를 부르는 행동에 가담한 적도 없다. 그리고 지금은 한층 더 강력한 이유로 그러지 않을 것이다. 불가피하다면 자신을 희생할 준비도 되어 있다. 그 누구도 절대 죽이지 않기 위해서.[19]

학교의
골칫거리
—

나는 파시스트 학교에서 맹목적인 교육을 받다가 레지스탕스 운동으로 의식의 눈을 떴다. 레지스탕스 운동은 통일 이후 이탈리아에서 가장 중대한 문화 현상이었다. (…)

그 숭고한 시기에 나는 내가 벽에 붙인 포스트와 동지들이 맡긴 〈논 몰라레〉 외에는 아무것도 읽지 않았다. 그러다 피렌체가 해방된 후 갈증 난 목을 축이듯 내게 금지되었던 책을 읽어나갔다.[20]

나는 파시스트 초등학교에 다니다가 중학교로 진학했고 2년을 조기 졸업했다. 갈릴레오 갈릴레이 중학교에 다녔고 같은 이름의 인문계 고등학교로 진학했다.[21]

내가 다닌 고등학교는 엄격한 선생님들로 유명했다. 1945년이었다. 나는 다소 유별난 여학생이었고, 심리적으로 다른 학생들과 동떨어져 있었다. 초등학교 5학년과 중학교 5학년을 일 년씩 건너뛰고 2년 일찍 시험을 치른 데다 윤리적, 문화적 인격 형성 과정이 동급생들과 달랐다. 나는 국민해방위원회[i]의 한 사람이자 '정의와 자유' 여단의 파르티잔 아버지 덕분에 어른과 다름없이 레지스탕스 운동에 참여했고, 1945년에는 (이탈리아 육군에 합병된) 자유의용군 병사 지위에서 물러나 행동당 당원으로 활동했다. 나는 행동당에서 피에로 칼라만드레이, 페루초 파리, 레오 발리아니, 에밀리오 루수, 아르날도 포아 등 엄청난 인물들을 만나기도 했다.[22]

---

i CLN(*Comitato di Liberazione Nazionale*). 이탈리아에서 활동한 레지스탕스들의 포괄적인 조직. 반파시즘 정신을 공유하는 여러 정당이 CLN의 기치 아래 모여 연합했다.

나는 성급하고 욕심 많은 학생이었다. 학교에서 읽으라는 헤로도토스의 《역사》는 뒷전에 두고 카를로 로셀리의 정치 서적들과 안토니오 그람시의 작품들, 그리고 마르크스의 《공산당 선언》과 가에타노 살베미니의 저서들을 읽었다. 대수방정식을 푸느라 골머리 앓는 일을 중단하고 그때까지 몰랐던 새로운 소설들을 읽으며 기뻐했다. 나는 자유의용군 제대수당으로 받은 1만 4천 524리라에서 절실하게 필요했던 신발 한 켤레를 사고 남은 돈으로 책을 샀다. 브루노 삼촌은 내게 미국문학을 읽으라고 권했는데, 삼촌의 권장도서 목록에는 멜빌의 《모비 딕》, 호손의 《주홍 글씨》, 휘트먼의 《풀잎》, 매스터스의 《스푼 리버 사화집》 등에 포크너, 헤밍웨이, 울프, 지드, 고골, 고리키의 작품이 포함되어 있었다.[23)]

어느 날 아침 나는 수학공부에 쓸 로그표를 사러 학교 앞 서점에 갔다가 진열대에 놓인 나탈리아 긴츠부르그의 소설 《그러했다*È stato così*》를 보았다. 표지에 모딜리아니의 초상화가 그려진 아주 작은 책이었는데, 첫 문장이 '나는 그의 눈을 샀다.'인 것으로 기억한다. 나는 꼭 로그표 살 돈만 갖고 있었는데, 로그표 대신 그 책을 사서 단숨에 읽었다. 그리고 여러 달 지니고 다녔다. (…) 그러다 보니 교과서처럼 너덜너덜해지고 갖가지 메모로 가득해졌다. '베르그송과 실용주의 복습하기', '헤로도토스 암기하기', '로그표 빌리기' 등등. 표지 안쪽에는 저자 사진이 있었다. 나무로 깎은 듯한, 고통에 찬 남자 얼굴 같았다. 그 얼굴이 마음에 들었다. 여성 작가의 얼굴 같지가 않고 고모 얼굴과 닮아서였다. 고모는 애교와는 거리가 멀었

나는 침묵하지 않는다

고 아이들을 무척이나 좋아했다. 또 바닥 청소를 즐거워하면서도 영화라면 사족을 못 쓰는 멋진 여자였다.[24)]

나는 여드름이 난 얼굴에 안경을 쓴 도서관 생쥐 같은 부류는 아니었다. 그 반대였다. 발랄하고 비판적이고 반항적이고 시시덕거리는 성격이었다. 오만한 행동과 말로 선생님들을 화나게 했다. (…)

읽는 것만으로 충분하지 않았다. 나는 전쟁 이후 사상과 이념으로 들끓는 큰 나무통에서 발효되는 포도 한 알처럼 참여했다. 예를 들면 행동당의 정기 집회에 참석했다. 피에로 칼라만드레이, 엔조 엔리퀘스 아뇰레티, 트리스타노 코디뇰라, 카를로 푸르노, 루도비코 라기안티의 연설을 들었고, 이따금 로마에서 에르네스토 로시, 페루초 파리, 레오 발리아니, 리카르도 롬바르디, 치안카, 루수, 라 말파가 오기도 했다.

그들의 연설은 동맹 파업과 아버지가 새로 시작한 활동을 이해하는 데 도움이 됐다. 당시 아버지는 다른 당원들과 노동평의회를 결성하고 토스카나에서 노동조합운동의 기초를 닦는 활동을 하셨다. 톨리아티와 데가스페리의 정치집회에 참석하기도 했는데, 거기서 들은 내용을 바탕으로 학교에서 논쟁을 벌였다. 내 순수한 눈에는 모든 것이 새로웠고 정치집회와 노동조합운동에는 존경할 만한 분이 많았기에, 학교에서 계몽주의와 제곱근을 공부하는 것보다 더 많은 것을 배웠다.[25)]

나이에 맞지 않는 경험에서 받은 정신적 충격과 불가능한 꿈의 환상에 사로잡힌 나는 세상을 바꾸길 원했고 선생님들은 그런 나를 놀렸다. 그래서 내가 반론을 제기하거나 논쟁을 벌이려고 손을 들 때마다 철학 선생님은 "이 골칫덩어리가 뭘 원하는지 들어보자. 입에다 재갈을 물릴 수는 없으니!" 하며 놀리셨다.

나는 학급친구 조 라마트, 피에로 우골리니와 함께 아무도 관심을 두지 않았던 학생연합을 만들었다. 그리고 아무도 진지하게 받아들이지 않았던 파업을 조직하려고 했다. 피렌체의 일간지 〈라 나지오네〉의 인쇄공과 공모하여 전단지를 인쇄하기도 했는데, 학생은 생각 노동자이므로 급여를 받아야 한다는 주장을 실었다. 그런데도 선생님들은 나를 예뻐하셨고 나는 학교를 무척이나 좋아했다.

수도사처럼 책임감을 갖고 공부한 덕분에 학업 성적은 언제나 높았다. 나는 85점 이상으로 높은 점수를 받아야 했다. 그래야만 수업료를 면제받을 수 있었기 때문이다. 부모님은 나를 명문 고등학교에 보내고 책을 사주시느라 이미 많은 희생을 치르셨다.[26]

인식의 봄. (…) 그 봄을 초콜릿처럼 맛보았다.[27]

매우 행복한 졸업시험을 치렀다. 낙제의 공포 속에서 치른 시험, 아주 힘겨운 (…) 일 년을 보냈다.[28]

봄이 왔고 달갑지 않은 소식이 들렸다. 교육부가 졸업시험 기준을 매우 엄격히 적용하라는 방침을 내린 것이다. 전쟁을 치른 최근 2년, 그리고 그 이듬해까지 아주 형편없는 학생들에게 졸업장을 줬다는 비판이 있었기에 우리에게는 몹시 어려운 시험과 무자비한 낙제가 기다리고 있었다.

나는 무척 놀랐고 더욱더 공부에 매진했다. 일요일과 공휴일, 쉬는 시간을 잊은 채. (…) 새벽 두 시까지 열심히 공부하고 아침 다섯 시에 일어나 다시 책상에 앉았다. 일리아스, 오디세이아, 아이네이스. 지옥, 연옥, 천국, 스피노자. 베이컨, 신성 동맹, 상대성 이론, 질량과 속력의 관계…… 그러면서 원래 적게 나가던 몸무게가 37킬로그램까지 내려갔다. 신경쇠약을 불러일으킬 정도로 노력하고 긴장했다. 잠을 자면서도 대수방정식을 풀거나 헥토르의 죽음 장면을 그리스어로 암송할 정도였다.

그러다 결국 이탈리아어 논술시험을 치르러 갔을 때는 단테 알리기에리조차 기억나지 않을 정도로 머릿속이 백지가 되었다. 발은 얼어붙었고, 위는 경련을 일으켜 엄마가 내 기분을 북돋워주려고 먹인 티라미수 크림이 입으로 올라왔으며, 호흡곤란으로 숨이 막혔다.

시험 감독관이 논술 주제를 발표했다. 그리스 폴리스에서부터 오늘날까지 조국의 개념. 내 순진한 혁명 의식과 유치한 유토피아의 화약에 불을 댕기는 최악의 주제였다. 다행히 티라미수 크림 맛이 사라지고 얼었던 몸도 풀리면서 호흡이 안정적으로 돌아왔다. 나는 만년필을 쥐고 으르렁대는 늑대처럼 시험지에 달려들었다. 아래는 그때 시험지를 가득 채운 내용을 요약한 것이다.

조국, 조국이란 무엇인가. 누구의 조국인가? 노예들의 조국과 노예를 거느리는 시민들의 조국? 국가의 법으로 사형을 선고받은 소크라테스의 조국 또는 소크라테스를 고발한 멜레토스의 조국? 같은 언어를 쓰지만, 오랜 세월이 흐른 뒤 피렌체인과 시에나인, 베네치아인과 제노바인, 파시스트와 반파시스트가 그랬듯이 서로 전쟁을 벌였던 아테네인과 스파르타인의 조국? 나는 글을 배운 뒤로 줄곧 조국이라는 말을 들어왔다. 조국 사랑, 조국의 긍지, 조국의 깃발. 나는 아직도 그것이 무엇을 의미하는지 모르겠다. 무솔리니도 조국을 이야기했고, 1944년 3월 내 아버지를 체포하고 폭력을 행사하면서 "실토하지 않으면 내일 아침 파르테레에서 총살을 당할 거야."라고 위협했던 파시스트들도 조국을 이야기했다. 히틀러도, 비토리오 에마누엘레 3세와 바돌리오도 조국에 대해 말했다. 그 조국은 그들의 조국이었을까, 내 조국이었을까? 그리고 프랑스인에게 조국은 무엇인가? 드골의 조국, 페탱의 조국? 그리고 러시아 혁명을 이룬 러시아인에게 조국은 무엇인가? 레닌의 조국, 차르의 조국? 조국이라는 미명 아래 자행되는 착취와 죽음이 얼마나 많은가. 내 조국은 세상이다. 나는 풍속과 언어와 내가 태어난 영토로 조국을 인식하지 않는다. 영토는 누가 이기고 누가 지느냐에 따라 바뀐다. 얼마 전까지 이탈리아를 조국이라 부르고 이탈리아를 위해 죽이고 죽임을 당해야 했지만, 지금은 유고슬라비아가 조국이고 유고슬라비아를 위해서 죽이고 죽임을 당해야 하는 이스트라 반도처럼 말이다. 때에 따라 달라지는 조국의 개념보다는 자유의 개념에 관한 논술을 우리에게 시험 주제로 제시했어야 한다. 자유는 누가 이기고 지느냐에 따라서 바뀌지 않는다. 그리고 그것이 무엇인지 모두 알고 있다. 자유는 존엄을 의미하고 자기 자신과 다른 사람

나는 침묵하지 않는다

에 대한 억압을 거부하는 것이다. 감옥에서, 고문실에서, 강제수용소에서, 사형장에서 조국 만세가 아니라 자유 만세를 외치며 죽어간 생명들이 그 자유를 기억하게 한다.

대소동이 벌어졌다. 시험위원회에 속한 선생님 몇 분은 내가 미숙한 데다 제정신이 아니라고 했으며, 다른 선생님들은 내가 분별 있고 매우 성숙한 사고를 갖췄다고 했다. 결국 나를 지지한 선생님들이 이겼고 나는 10-를 받았다. 마이너스가 붙은 까닭은 펜촉에서 떨어져나간 맹렬한 애국 반대의 열의 탓에 철자법을 틀려서였다. 내 점수는 화제가 되었다. 학생 전체가 벌벌 떨었던 그해 졸업 시험에서 10점을 받는 일은 매우 드물었기 때문이다.

시험위원회 위원장은 유명한 병리학자이자 훗날 피렌체 대학교 총장이 되는 보르기 교수님이었다. 보르기 교수님은 구술시험에서 내게 알려주셨다. "우리는 자네가 쓴 논술을 두고 논쟁을 벌였다네. 0점을 주거나 10점을 주거나. 결국 10-의 점수를 주게 되었지." 그러고는 덧붙여 말씀하셨다. "글을 아주 잘 쓰더군. 장래 희망이 뭔가?" 나는 "글 쓰는 일이요."라고 대답했다. 그리고 그 말을 내뱉으면서 신경쇠약으로 잃었던 기억이 돌아왔고 시험을 아주 멋지게 치렀다.

나는 펩신, 아밀롭신, 소화 체계, 브루넬레스키의 돔, 오스트리아-헝가리 제국, 타키투스, 헤로도토스에 관해 알고 있는 모든 것을 거침없이 이야기했다. 그리고 "이 골칫거리가 뭘 원하는지 들어보자."라고 놀렸던 마리오 만리오 로시 철학 선생님이 감탄할 정도로 (내가 가장 좋아하는 주제였던) 칸트에 관해 강의하다시피 했으며, 아인슈타인의 상대성 이론까지 이해한 것처럼 조리 있게 말했다. 나는 사실 수학과 물리학은 잘하지 못했다. 두 과목을 매우 싫어했고 다른 과목보다 공부를 적게 했다. 하지만 만치넬리 선생님은 여러 해 나를 꾸짖은 것은 잊고 내게 눈을 찡긋하고는 동료들에게 말했다. "진부하긴 하지만 준비는 잘했군. 난 이 정도로 됐어." 그러고는 내게 아주 부당한 7점을 선물하셨다. 거기에 7점을 하나 더 받았고 9점이 두 개, 평균 8점을 받아서 수업료 절반을 면제받는 것에 그쳤다.

　나는 그 점수로 의대에 입학했다. 유명한 비평가이자 기자인 브루노 삼촌의 조언을 따른 것이었는데, 삼촌은 작가가 되려고 문학을 전공할 필요도, 작가들과 교류할 필요도 없다고 하셨다. 그리고 몇 달 뒤 나는 범죄사건 리포터가 되었다.[29]

이루지 못한
의사의 꿈

———

고등학교를 마치고 대학교 진학을 앞두었을 때, 나는 문학이나 철학, 또는 정치학을 선택하지 않았다. 아무도 예상하지 못했던 의과를 선택하고 피렌체 대학교 의학부에 입학했다. 주위 사람들은 의아해하며 물었다. "작가가 되고 싶다고 하지 않았니?" "의대가 작가와 무슨 상관이니?" 그러고는 내 선택이 자기가 뭘 하는지도 모르는 여자아이의 변덕이라 여겼다. (내가 여자아이라는 표현을 쓴 것은 실제로 어렸기 때문이다. 고등학교를 2년 일찍 졸업했으니 당시 열여섯 살이었다. 처음엔 다들 2년, 적어도 일 년은 더 기다려야 한다며 입학을 허락하지 않았다.)

다들 나를 놀려대고 괴짜를 보듯 머리를 설레설레 흔들었다. 삼촌 한 분만 강력하게 변호해주었다. "그 아이 선택이 맞아. 작가가 되려면 두 가지 길이 있어. 하나는 대학에 가지 않는 거야. 대학은 지성인도 멍청이로 만들어버리거든. 둘째는 의학을 공부하는 거야. 최선책은 아니지만 진지한 학문이고 가장 인본주의적인 분야거든."

삼촌의 말은 내 생각과 의도를 정확하게 짚었다. 나는 의학이야말로 인간을 직접 다루며 인간에 대한 인식과 이해를 돕는 학문이라고 여겼다. 여기서 말하는 인간이란 단순히 육체만을 의미하지 않는다. 인간의 정신, 영혼을 의미한다. (…)

작가가 되려고 의대에 지원한 열여섯 살 여자아이의 생각은 옳았다. 의대생은 어찌나 자랑스러웠던지! 나는 생물학, 생리학, 병리학이 제공하는 인간 인식의 무한한 영역에 흠뻑 매료되어서, 뼈 명칭을 외우는 지루한 과제(유독 암기하기 어려운 뼈가 나비뼈*sfenoide*였다.)와 해부학 수업의 부담, 그리고 시체를 해부하는 고통스러운 작업까지 억지로 견딜 수 있었다. (오, 소름 끼치는 살점, 구역질나는 냄새, 시뻘건 피! 나는 그런 것들이 참기 힘들었다. 훗날 전쟁 특파원으로서 내가 견뎌야 했던 피와 악취와 시체, 갈기갈기 찢긴 살점, 그 모든 것보다 버티기 힘들었다.)[30]

나는 의대를 얼마 다니지 못했다. 혼자 힘으로 대학을 다니는 게 쉽지 않았다. 아버지는 처음부터 분명하게 6년을 더 공부시킬 여력이 안 된다는 처지를 밝히셨다. 나는 학비와 생활비를 벌기 위해 일해야 했다. 그리고 의학처럼 큰 노력이 드는 공부를 하면서 일까지 하기란 불가능하다는 것을 일찌감치 깨달았다.[31]

나는 의사가 되지 못했다. 학업을 마치지도 못했다. 결국 대학은 똑똑한 사람도 멍청이로 만든다는 삼촌의 견해를 몸소 받아들인 셈이다. 나는 대학을 졸업한 적이 없으며 내가 받은 학위는 모두 명예학위이다. 의학 공부를 중단한 진짜 이유는 (…) 그 당시 대학은 지금과 달리 학비를 내야 했기 때문이다. 학위 과정을 밟으려면 돈을 내야 했다. (따라서 어떤 직종은 부자나 갑부에게만 기회가 주어졌다.) 의대는 학비가 가장 비쌌고 우리 집은 몹시 가난했다.

그래서 나는 대학을 다니기 위해 신문 리포터 일을 시작했다. 아침 8시 30분부터 오후 5시 30분까지 학교에 있었고, 오후 5시 30분부터 새벽 3시경까지 신문사에 있었다. 초판 신문을 실은 수송차를 타고 귀가했는데, 아침 7시에 일어날 때는 몸을 겨우겨우 일으키느라 울상을 지을 정도였다. 18개월 만에 몸무게가 34킬로그램으로 빠졌다.[32]

몇 년은 더 공부해야 밥벌이가 되는 의대와 이미 밥벌이가 되는 일을 두고 선택을 해야 했고, 결국 나는 일을 선택했다. (…)

아쉬운 마음이 들었지만 그리 크지는 않았다. 이미 해부학 수업을 들으면서 의사는 내게 알맞은 직업이 아니라는 생각을 했기 때문이다. 시체에서 느끼는 불쾌감을 떨칠 수 없었고 발이나 손, 얼굴 한쪽을 해부하는 광경이 몹시 곤혹스러웠다. 게다가 의학 공부는 내가 취약한 영역인 암기력이 많이 요구되었다. 그리고 규칙적이고 계획적인 인생은 천성적으로 불안정한 내 성격과 맞지 않는다는 것도 일찍 깨달았다.

나는 세상을 보고 싶었고 돌아다니고 싶었고 다른 사람들을 만나고 싶었다. 내가 의대를 간 것은 순수한 소명에서 우러나온 것이 아니었기에 잘못된 선택이었다. 의학과 의사를 향한 깊은 흠모, 그리고 내가 잘 모르는 분야에 언제나 느꼈던 (지금도 느끼는) 경외심에서 비롯된 것이었다. 만약 내가 끝까지 고집했다면, 십대 중후반의 걱정과 불안을 극복했다면, 신문으로 주의를 돌리지 않았다면, 공부할 돈이 있었다면 나는 분명 의사가, 그것도 좋은 의사가 되었을 것이다. 결과적으로 볼 때 나는 정말로 하고 싶은 것은 반드시 이루었고, 또 잘해냈기 때문이다. 하지만 의사가 되었다면 내가 완전한 인격체로서 행복한 사람이었을지는 잘 모르겠다.[33]

생애 첫 직장
그리고 해고

———

나는 열여섯 살에 추천장도 없이 〈마티노 델리탈리아 첸트랄레 *Mattino dell'Italia Centrale*〉 신문사의 보도부장을 찾아갔다. 그리고 그곳에서 일할 수 있는지 물었다.

왜 하필이면 신문사를 찾아갔을까? 신문사에서 일하고 싶은 마음이 자연스럽게 들었기 때문이다. 더 정확히는 신문사에서 일하는 것 말고는 다른 일을 생각해본 적이 없었다. 보도부장은 처음에 놀리는 듯한 태도로 나를 대했다. 나는 나이보다 어려 보였고, 길이가 짧은 양말에 낮은 구두를 신은 데다 화장도 하지 않았다. 게다가 키가 작고 빼빼 마른 체형이었다.

그는 내게 논설을 써보라고 했다. 나는 손으로 글을 썼고 타자기를 다루지 못한다는 사실을 드러내고 말았다. 그는 요즘은 손이 아니라 기계로 글을 쓴다고 소리치듯이 말하고는 나를 타자기 앞에다 냉큼 앉혔다. 나는 그날 오후 한참을 걸려 손가락 하나로 논설을 쳤고, 신기하게도 그 글은 신문에 실렸다. 사윗감을 찾기 위해 부인들이 딸을 데리고 아르노 강변으로 춤추러 가는 세태를 풍자한 글이었다.

그 논설을 시작으로 다른 기사들이 실렸고, 곧바로 검은 기사 리포터의 임무가 주어졌다. 신문사에서 사건사고 등을 다루는 보도기자들을 그렇게 불렀다. 나는 자전거를 타고 경찰서와 병원을 돌아다녔고, 하루에 두세 번씩 시 외곽을 가는 날도 있었다. (다른 기자들은 자가용을 몰고 다녔다.) 그리고 밤에는 피렌체 현 단위의 보도기사에 매달려야 했다. 나는 새벽 두세 시경까지 일했고, 역에 신문 더미를 배달하는 첫 수송차를 타고 집으로 돌아왔다. 아침에는 일곱 시에 일어나서 여덟 시에 학교로 갔다. 열두 시까지 학교에 머물렀고, 이따금 오후에 다시 가기도 했다. 나는 늘 수면부족이었고 언제나 피곤했다. 몇 달 만에 몸무게가 38킬로그램으로 내려갔고 곧 37킬로그램이 되었다. 나는 건강상의 이유로 학업을 중단하고 온전히 기자활동에만 전념하기로 했다. (⋯)

단연코 기자 일은 내가 선택한 길이었다. 나는 열일곱 살에 법정

관련 기사를 쓰기 시작했다. 처음에는 경범죄를 다루는 하급 재판소, 그러다 특별 재판소, 이후 중죄 법원을 담당했다. 여러 해 재판관련 기사를 썼는데, 그중에는 유명한 사건도 있었다. 그러는 동안 〈마티노 델리탈리아 첸트랄레〉에 정식으로 채용되었고 그 신문에만 글을 쓰다가 스무 살이 되기 전, 〈레우로페오*L'Europeo*〉에 글을 싣게 되었다. 당시 〈레우로페오〉는 지금의 〈레스프레소*L'Espresso*〉처럼 큼지막한 판형으로 인쇄되었고 아리고 베네데티*ⁱ*가 이끌고 있었다.

〈레우로페오〉에 기사를 싣는 것은 항상 간직해온 비밀스러운 꿈이었다. 그 신문은 가장 명성이 높고 가장 이지적이고 가장 아름다웠다. 하지만 방법을 찾지 못하고 있었다. 어느 날 피에솔레에서 흥미진진한 일이 벌어졌다. 어떤 공산주의자가 사망했는데, 교회가 장례식과 매장 의식을 거부한 것이다. (…) 이에 사망한 공산주의자의 친구들은 스스로 사제복을 입고 장례 기도문을 낭송하며 종교적인 장례식을 거행하였다. 나는 유쾌하면서도 감동적인 이 사건을 글로 써서 베네데티에게 보냈고, 내 기사는 굉장한 제목을 달고 실렸다. '신은 피에솔레에서도 인간을 필요로 했다.' 그 뒤로 나는 비정기적으로 〈레우로페오〉에 기고했고, 〈에포카*Epoca*〉에서 일하게 되면서 그만두었다.[34]

〈레우로페오〉에 첫 기사가 실렸을 때 나는 열아홉 살이었다. 그때 브루노 삼촌은 나를 꾸짖으려고 밀라노에서 전화하셨다. "넌 대체

---

i Arrigo Benedetti(1910 - 1976). 이탈리아의 기자, 작가, 파르티잔이었으며, 주간지 〈오지*Oggi*〉(1939), 〈레우로페오〉(1945), 〈레스프레소〉(1955)의 창간에 참여하고 경영을 지휘했다.

네가 누구라고 생각하는 거니, 헤밍웨이?" 그러고는 수화기를 '쾅' 내려놓고는 주간지 〈에포카〉의 편집장으로 올 때까지 나를 외면하셨다.[35]

나는 〈마티노 델리탈리아 첸트랄레〉에서 해고되기 전까지 객원기자로 〈에포카〉에 기고했다. 나는 정치적인 이유로 해고당했다. 그 신문은 그리스도교 민주주의 성향이었고, 나는 정당에 가입하지는 않았지만 사회주의자였다. (내가 당원으로 정식 가입한 정당은 1947년에 해산한 행동당이 유일했다.) 나는 여러 문제로 회사와 부딪쳤다. 결과는 불을 보듯 뻔했다.[36]

나는 '품팔이 글쟁이'라는 진저리나는 원칙을 거부했다는 이유로 단번에 해고되었다. 그들은 내가 개인적으로 깊은 반감에 적대감까지 품었던 유명 정치 지도자 팔미로 톨리아티의 정치 집회에 대해 허위 내용을 쓰라고 종용했다. 게다가 내 이름이 들어가는 기명 기사도 아니었다. 나는 펄쩍 뛰며 거짓 기사는 쓰지 않겠다고 버텼다. 이에 편집장(뚱보에다 거만한 그리스도교 민주당원)은 기자란 글을 써서 돈 받는 값을 해야 하는 글쟁이라며, "밥그릇에 침 뱉는 짓은 하지 말아야 한다."라고 나무랐다. 나는 그 밥그릇은 당신이나 챙기라고, 품팔이 글쟁이가 되느니 차라리 굶어 죽겠다고 대꾸했다. 그는 그 자리에서 나를 해고했다.

나는 돈을 위해 글을 쓰지 않는다. 돈을 위해 펜대를 잡은 적이 없었다. 절대로![37]

피렌체를 떠나다
〈에포카〉에서 〈레우로페오〉까지

———

나는 〈에포카〉에서 기자로 일했다. 〈레우로페오〉에 채용되기 전까지 이삼 년간 그곳에서 일했다.[38]

직업적으로 볼 때, 내 인생에서 가장 어두운 시기였다. 브루노 삼촌은 중요하지 않으면서 불편한 일만 내게 맡겼고 이를 거부할 권리를 주지 않았다. 나는 절망에 빠져 시키는 일을 해야 했다.[39]

삼촌은 나를 아꼈지만, 연고주의에 빠지는 것을 우려했다. 그것도 거의 강박 수준이었으며 비중 있는 기사는 내게 한 번도 쓰게 하지 않았다. 언젠가 내게 아이스크림에 관한 꼭지 기사를 쓰라고도 했다.[40]

하지만 나는 여전히 삼촌을 좋아했다. 삼촌은 아주 지적이었다. 집안에서 애정 혹은 미움을 담아 '일곱 개의 뇌'라고 부른 건 그냥 그런 게 아니다.

삼촌에게 적의를 품은 사람도 여럿 있었는데, 무엇보다도 삼촌의 괴팍한 성격과 툭하면 멍청이, 멍청이들이라고 내뱉는 말버릇 때문이었다. 삼촌이 죽고 나서, (…) 사람들은 평생 많은 신문을 만들고 암탉이 병아리를 품듯 이탈리아의 유능한 기자들을 길러낸 삼촌의 공로를 잊어버렸다. 삼촌은 수많은 기자를 너그럽게 품었으며 나는 삼촌이 베푼 아량의 혜택을 받지 못한 소수의 사람 중 하나였다. 그 만큼 삼촌은 친인척을 감싼다는 비난을 두려워했다. 아첨을 극도로 증오했던 것만큼 연고주의를 싫어했다. (…)

삼촌이 나이 지긋한 노인이 되었을 때, 후배를 격려하고 용기를 북돋워주는 삼촌의 고결한 정신은 내게도 미쳤다. 내가 홀로 종횡 무진 활약하던 때였는데, 삼촌은 이제 사람들이 "네가 내 조카인지 묻지 않고 내가 네 삼촌인지 묻는다."라며 뿌듯해하셨다. 그제 야 삼촌은 비난의 우려에서 벗어나 거리낌 없이 내게 도움을 줄 수 있었다. 내 활동을 지켜보고, 나를 만나고, 내게 편지를 쓰셨다. 그 러면서 상황을 간파하는 지혜와 모두가 이해하는 방식으로 그것을 표현하는 요령과 두려움 없이 보도하는 용기를 가르쳐주셨다. "기 자의 첫 번째 의무는 싫증내지 않는 것이다. 두 번째는 두려워하지 않는 것. 세 번째는 아무것도 버리지 않는 것이다." 1967년에 (…) 나는 베트남 종군기자를 지원했다. 삼촌이 권유했기 때문이다.[41]

———

그 무렵 피렌체에서 사는 것이 지겨웠던가 보다. 1954년에 나는 어 디로 가서 살지 정하지 않은 채 여행가방 하나에다 몇 가지 물건 을 챙겨 로마행 열차를 탔다. 그리고 로마에서 작은 방을 하나 얻 어 〈레우로페오〉에 실을 로마 소식을 쓰며 일 년을 살았다. 베네토 거리로 몰려든 미국 영화 배급사들, 로마를 방문한 할리우드 배우 들… 로마의 아름다운 시기였다.

나는 대부분 영화 배급사와 배우들에 관한, 종종 경박하기도 한 내용의 기사를 썼는데, 나를 만나는 사람들은 언제나 눈살을 찌푸리곤 했다. 내 엄격한 잣대는 그런 환경에 적합하지 않았다. 나라는 인간의 형성에는 저항운동 정신이 깊이 관여돼 있었기 때문이다. (…)

나는 세상을 피상적으로 해석했고, 환멸로 가득했다. 젊은이의 시각, 다시 말해 깊이가 없는 해석이었다. 젊은이들은 관대하지 못하므로 경솔하기 마련이다. 피에트로 넨니[i]가 말했듯이, 청년들은 언제나 세상이 자기와 함께 시작한다고 믿는다. 어쨌든 일 년 뒤 〈레우로페오〉 밀라노 지사로 가게 되어 로마를 떠날 때는 기뻤다. 나는 밀라노가 매력적인 도시라고 여긴 적은 없지만, 진지하고 품위 있는 도시라고는 생각했다. 나는 밀라노로 거처를 옮기고 거기서 8년을 살았다.

밀라노가 내게 유쾌한 도시는 아니었지만, 그 시기에 많은 곳을 다녔다. 바로 내가 원하던 삶이었다. 새로운 세상을 만나는 것. 게다가 나는 아주 어린 나이에 첫발을 디뎠다. 혼자서, 열여덟 살에, 영국, 아일랜드, 프랑스에 있었다. '어떤지 보려고.' 나는 그 나라들이 몹시 궁금하기도 했다. 파시즘 치하에서 아버지가 '민주주의의 나라'로 자주 언급했기 때문이다. 나는 민주주의를 알지 못했다. 무솔리니가 이미 권력을 한창 장악한 시절에 태어났고 그의 독재 치하에서 자랐으니까.

나는 밀라노에 본거지를 두고 〈레우로페오〉의 기자 자격으로 많

---

[i] Pietro Nenni(1891 - 1980). 이탈리아의 정치인이자 언론인으로 이탈리아 사회당을 이끈 역사적인 지도자로 꼽힌다.

은 곳을 다녔다. 미국을 처음으로 방문한 때는 1955년이었다. 1956년에는 헝가리 혁명에 관한 기사를 쓰기 위해서 헝가리에 있었다. (하지만 부다페스트는 갈 수 없었다. 죄르에서 소련군에 의해 저지당하는 바람에) 그리고 유럽의 모든 나라를 방문했고, 내 첫 장편 르포르타주 연재물 '열쇠 구멍으로 들여다본 할리우드*Hollywood vista dal buco della serratura*'를 쓰려고 미국을 여러 차례 더 방문했다.

　1960년에는 여성에 관한 글을 쓰려고 처음으로 세계여행을 했다. 중동과 동양 지역을 방문했고 그 경험으로 장편 르포르타주 '여성에 관한 여행*Viaggio intorno alla donna*'을 썼으며 이후《하찮은 성性*Il sesso inutile*》이라는 책으로 출간했다. 취재 여행을 다니면서 내가 영어를 구사할 수 있다는 점이 큰 도움이 되었다. 나는 어릴 때 영어를 배웠다. 프랑스어는 나이가 들어서 독학으로 익혔고 약간의 스페인어도 그렇게 익혔다. 독일어는 완전히 문외한이고 다른 언어도 마찬가지다. 베트남에서 필수적인 의사소통을 위해 배운 몇 마디를 제외하면 말이다.[42]

〈레우로페오〉 덕분에(그리고 외국 신문들 덕분에. 내 기사는 세계 곳곳의 가장 권위 있는 신문들의 지면에 실렸다.) 나는 역사의 증언자로 살 수 있었다. 생생하게 펼쳐지는 역사의 순간을 목격했고, 전쟁의 끔찍함과 평화의 비열함을 증언했으며, 권력의 복권에 당첨되어 우리 운명을 좌우하는 인물들이 누구인지 깨닫고 밝혔다.[43]

제 2 부

———

돌아다녀! 세상을, 마음껏!

돌아다녀!
세상을, 마음껏!

———

'일'이라는 말에서 나는 어떤 이미지가 떠오른다. 대여섯 살 때로 기억하는데, 나는 침대 위에 똑바로 서 있었고 엄마는 내게 양모 내의를 입혀주고 있었다. 양모 내의는 꺼칠꺼칠하고 따끔거렸다. 내 머리는 엄마의 목 정도에 닿았는데 엄마 얼굴을 보려면 머리를 뒤로 젖혀야 했다. 그렇게 엄마를 바라보자니, 엄마는 화를 억누르며 조용히 울고 있었다. 그러면서 말했다. "너는 나 같이 살아서는 안 돼! 아내도 엄마도 무식한 노예도 되어선 안 돼! 넌 일하러 나가! 일해! 돌아다녀! 세상을! 마음껏!" 나는 엄마의 말을 이해할 수 없었다. 왜냐하면 엄마는 일을 많이 했고 언제나 일했기 때문이다. 그게 일이 아니고 뭐람? 내가 좀 더 자란 어느 날 엄마에게 그날 일을 들려주며 물었다. "엄마가 했던 건 일이 아니었어?" "아니었어. 그건 노예였어."[1]

페르시아 왕비를
만나다

로마에서 우리는 모두 페르시아에 간다는 생각에 몹시 들떠 있었다. 솔직히 말하면 우리가 그처럼 흥분한 이유를 정확하게 설명할 수 없었다. 친구 구즈만은 페르시아가 동양에 있고 동양은 우리 유럽과는 비교가 안 되게 매력적인 곳이라서 우리가 그토록 안달이 났었다고 했다. (…)

우리는 기자 다섯, 촬영 기사 셋, 그리고 라디오 해설가 하나로 구성되었다. 로마-테헤란 노선을 발족하는 비행기를 타고 갔는데, 떠나기 전 로마 참피노 공항에서 만나 마치 달 탐사 로켓을 탈 예정인 듯 떠들썩하게 인사를 나누었다. (…)

"곧 테헤란에 착륙하겠습니다!" 승무원이 경쾌하게 외쳤다. 비행기가 서서히 착륙하기 시작했다. 우리는 대지 위로 편평하게 펼쳐진 무한한 회색빛 도시를 볼 수 있었다. 기다란 가로수길이 오두막처럼 다닥다닥 붙어 있는 작고 낮은 가옥들을 사각형과 직각으로 가로질렀다. 녹색의 화단과 연못으로 둘러싸인 우윳빛 대리석의 광대한 궁전들이 드문드문 보석처럼 박혀 있었다. 모스크의 둥그런 돔은 태양 아래 붉은색과 파란색으로 반짝거렸고, 아름다운 첨탑들은 성냥개비처럼 직선으로 가늘게 솟아 있었다. 우리는 페르시아에, 다리우스 대왕과 크세르크세스 대왕의 땅에, 모사데크 총리와 석유의 나라에 도착했다. 동방 박사들과 《천일야화》, 소라야 왕비의 나라에 발을 디딘 것이다.[2]

우리는 소라야 왕비와의 인터뷰에 성공해야 한다는 생각에 출발부터 걱정에 휩싸였고 비행 내내 걱정을 떨치지 못했는데 도착하고서는 불안감이 더욱 커졌다. 우리가 메흐라바드 국제공항에 내리자마자 페르시아인 친구들에게 가장 먼저 던진 질문은 소라야 왕비를 가장 빨리 만날 방법이 무엇이냐는 것이었다. 페르시아인 친구들은 매우 놀라는 기색이었다. "소라야를 인터뷰한다고? 모스크바 크렘린 궁전에서 말렌코프를 인터뷰하는 게 더 빠를 거야."

로마에서는 그리 큰 어려움 없이 소라야를 인터뷰했는데 테헤란에서는 그렇게 힘든 이유가 뭐냐고 다시 물었다. 친구들은 참을성 있게 미소를 띠며, 휴가나 망명 중인 왕비를 인터뷰하는 것과 궁전에서 인터뷰하는 것의 차이라고 했다. 어떤 기자도 왕비와 이야기하기 위해 궁전으로 들어간 적이 없을 뿐만 아니라 왕의 동생 알리레자 팔라비의 죽음으로 나라 전체가 슬픔에 빠져 있는 데다 정치적으로도 힘든 시기가 계속되고 있다고 했다. 호세인 파테미가 몇 시간 전에 처형되었고 이전 정권의 여러 인사가 처벌을 기다리고 있으며, 불안한 정국을 참작하여 왕궁의 업무 일정에서 알현과 접대는 취소되었다고 했다.

우리는 무척 실망한 채 이탈리아 대사를 만나러 갔다. 그는 매우 친절했고 인터뷰 섭외를 알아봐주겠다고 했다. 하지만 하루하루 시간이 흘러갔고 인터뷰에 관한 아무런 답변도 듣지 못하고 있었다. 나와 구즈만, 그리고 바르비친티는 조바심이 나서 서로 화를 내고 적을 대하듯 했다. 우리는 셋 중 누군가가 궁전으로 갈까 봐 서로 감시하고 뒤쫓고 정탐하면서 의심스러운 한 사람을 향해 일시적으로 동맹을 맺었다. 그리고 슬쩍 떠보려고 교묘하게 속임수를 쓰기도 했는데, 가령 한밤중에 전화를 걸어서 "언제 왕비를 만나러 가니?"라고 뜬금없이 묻기도 했다. 잠결에 대답하는 말은 사실일 거라고 짐작하면서. 이처럼 우리는 참을성 없고 심술궂은 아이들처럼 변했다.

그러다가 친구 마잔디와 칵테일을 마시며 이야기를 나누고 있을 때, 갑작스럽게 왕비의 통지가 도착했다. 대사가 직접 메시지를 내게 전해줬다. 그는 한쪽 눈을 찡긋하며 낮은 목소리로 "축하합니다."라고 말했다. "기자님은 왕비를 만나게 될 겁니다. 당신 혼자만. 다른 사람들의 요청은 받아들여지지 않았어요." "정말요? 잘됐어요!" 나는 기뻐서 함성을 질렀다. 그리고 너무 기쁜 나머지 약속 날짜를 묻는 것도 잊어버렸다. 축배를 든 대사도 나처럼 그 점을 잊어버렸다. 내가 어찌나 말이 많아지고 행복감에 젖었던지, 급기야 바르비친티가 의심스러운 눈으로 나를 바라보았다. 그는 언짢은 기색을 보이며 말했다. "왕비를 보러 가는 것처럼 들떠 있군." "사실 그래. 왕비를 만나러 가." "그렇구나. 왕비에게 안부나 전해줘." 그는 당연히 내가 농담을 한다고 생각했다.

다음 날 나는 머릿속에 계획을 잔뜩 그리며 일어났다. 인터뷰 약속을 축하하려고 모두를 불러 테헤란 관광을 가자고 했다. 우리는 바자르, 박물관, 카펫 시장을 들렀고 모하마드 레자 팔라비의 영묘를 방문한 다음 퇴직 장군이 운영하는 테헤란에서 가장 우아한 레스토랑 수렌으로 가서 식사했다. 그리고 날이 어둑어둑해지고 더는 갈 만한 곳이 없어서 대사관으로 갔는데, 들어서자마자 매우 흥분

나는 침묵하지 않는다

한 사람들을 보았다.

"듣도 보도 못한 일이야. 망측해!" 누군가가 말했다. "국왕도 기분이 무척 상했다더군. 외교 관계를 악화시킬 만한 사건이야." 다른 사람이 말했다. "여태껏 이런 일은 없었어!" 또 다른 사람이 손을 내저으며 맞장구쳤다. 나는 안내원에게 물었다. "무슨 일인가요?" "모르세요? 왕비가 이탈리아 여기자에게 대담을 허락했는데 그 기자가 약속시간에 나타나지 않았대요." 전율이 등을 길게 타고 흘렀다. "약속 시간이 몇 시였는데요?" 나는 말을 더듬었다. "열한 시요." 시계를 봤다. 여섯 시였다. 일곱 시간 동안 소라야 왕비는 나를 기다렸고 나는 그것도 모른 채 놓쳐버린 인터뷰 기회를 축하하자고 테헤란 시내를 돌아다녔던 것이다. (…)

나는 사람들이 눈치 채지 못하게 조용히 빠져나왔다. 터져 나오려는 울음을 참으며 호텔 방으로 들어갔다. 왕비를 기다리게 했다니. 그런 전례는 없을 것이다. 이 민주주의 시대에서도. 나는 엄청나게 큰 결례를 범했고, 기자 경력에 도움이 될 절호의 기회를 놓쳐버렸다.

나는 망연하고 절망적인 심정으로 조에게 전화를 걸었다. "끔찍한 일을 저질렀어. 왕비가 나를 기다렸는데 난 그걸 몰랐어." "뭐라고?" 조는 소리를 질렀고 수화기를 세게 내려놓았다. 그 역시 화가 났던 것이다. 미국 기자가 화를 낸다는 것은 엄청난 일을 저질렀다는 의미이다. 나는 어찌할 바를 몰랐다. 천천히 방문 밖으로 나갔다. 스무 명가량의 리포터와 사진기자 들이 호텔 정문에서 대기하고 있었다. 앞쪽에 있던 조가 나를 로비 안으로 밀고는 무슨 일이 있었는지 말하라고 다그쳤다. 일종의 기자회견과 같은 상황이 벌어졌다. 리포터들은 거의 한 시간 동안 내게 질문을 해댔다. 그들에게는 이례적이고 재미있기도 한 사건이었다.

다음 날 모든 기자가 뉴스를 전하며 내 사진을 실었다. '그녀는 왕비를 기다리게 했다', '왕비와 회담을 잡고 바자르 구경에 나선 기자' 등등. 여파는 심각했고 나는 더욱 절망적인 상태가 되었다. 조는 나를 위로하려고 관광지 골레스탄 궁전으로 데려가서 달달한 과자류와 피스타치오, 상아 미니어처를 한가득 안겨주었다. 고서적, 아편을 피우는 담뱃대, 살아있는 칠면조까지 사주었다. 그는 재앙을 겪고 슬퍼하는 소녀를 위로하듯이 침착하고 다정했다. 시내를 걸으며 조가 말했다. "너무 상심하지 마. 결국 넌 왕비를 기다리게 했다고 쓸 수 있잖아. 그것도 아무나 할 수 없는 일이야."

이런 대화를 나누고 있을 때 군인 한 명이 우리를 막아섰다. 군인은 내 이름을 묻고 여권을 보여 달라고 했다. 나는 "사람을 잘못 본 것 같아."라고 조에게 말했다. 그러자 영어만큼이나 페르시아어를 능숙하게 쓰는 조가 말했다. "아니야, 정확히 널 찾고 있어." 군인은 몹시 서두르며 따라오라고 했다. 나를 응시하던 군인과 함께 우리는 택시를 타고 도시를 가로질렀다.

"무슨 일일까?" 나는 걱정이 되어 조에게 물었다. "누가 알겠어. 어쩌면 왕비를 기다리게 해서 널 체포하는 건지도 몰라." 나는 군인을 바라보았다. 그는 차가운 표정으로 계속 나를 응시하고 있었다. 분명히 나를 잡아가두려는 것이었다. 비통한 심정으로 내 기이한 운명에 대해 생각했다. 감옥에서 끝나려고 페르시아까지 오다니. 후회스러운 마음으로 엄마와 아버지, 동생들을 떠올렸다. 왕비를 기다리게 한 죄로 내가 테헤란의 감옥에 갇혔다는 소식을 듣고서 가족들이 지을 표정을 떠올렸다. 나는 절망적으로 소리쳤다. "조, 그들이 나를 죽일까?" 그는 머리를 가로저었다. "그러지 않을 거야. 어쨌든 넌 외국인이니까." 그는 이상하게도 즐거워 보였고, 나는 그의 따귀를 날리고 싶은 기분이 확 치밀어 올랐다. 정말로 손을 올리려는 순간, 택시가 우아한 정문 앞에 멈추어 섰다. 우리는 택시에서 내렸다. 나는 정원을 통과해서 유럽풍으로 꾸민 아름다운 집으로 들어갔다. 경찰서에 온 것이 아니라는 안도감이 들었고 기운을 되찾았다.

바로 그때 풍채가 당당한 신사가 미소를 머금고 나를 향해 두 팔을 뻗으며 들어왔다. 의전 장관이었다. 그는 안도의 한숨을 길게 내쉬며 말했다. "알라의 가호가 있기를. 다행히도 당신을 찾을 수 있었군요. 이 도시에 있는 자그마한 금발 외국 여성 중에서 당신을 찾아내느라 내 모든 인력을 동원했어요. 서둘러 검은색 예복으로 갈아입으세요. 왕비가 당신을 기다리십니다. 어제 그런 일이 있고 나서 당신이 어떤 사람인지 궁금하셨나 봅니다. 약속을 다시 잡으셨습니다."

나는 급히 호텔로 가서 예복으로 갈아입고 조와 함께 궁전으로 향했다. 조는 군인이 택시를 타라고 한 이유를 처음부터 알고 있어서 웃었던 것이다. 조가 "이제 넌 이 도시에서 가장 유명한 여자가 될 거야."라고 말했다. 그 이유를 물을 새도 없이 대리석 궁전 앞에 내리자마자 기자와 사진기자 들의 무리에 다시 둘러싸였다. 그 뒤에 벌어진 일은 잘 알려져 있다. 무장한 경비병이 나를 어떤 장군에게 데려가고 그 장군은 다른 장군에게 나를 데려가는 식으로 호위를 받으며 궁전의 정원을 가로질렀고 궁전 로비의 중앙 계단을 올랐으며 세상에서 가장 아름다운 카펫이 깔린 수많은 방을 거쳐서 응접실로 안내되었다.

그 응접실은 베키오 궁전의 500인의 방만큼이나 넓었으며, 페르시아 유명 배우들의 사진이 걸려 있었다. 이제 왕비에게 안내할 누군가가 오겠거니 생각하고 있었다. 그런데 소라야 왕비가 홀연히 들어왔고 한순간에 내 눈앞에 있었다. 검은 상복을 입은 그녀는 아주 자그마하고 연약해 보였다. 화장기 없는 창백한 얼굴은 엄격하고 강인해 보이는 사진과는 달라서 궁녀로 오해할 정도였다. 그래서 나는 "안녕하세요. 처음 뵙겠습니다."라고 인사했다. 그러고는 숨이 멎을 듯했다. 내가 허물없이 인사한 그녀는 페르시아의 지체 높은 왕후였던 것이다. 서둘러 사과의 말을 했다. 그리고 왕비 앞에서는 절을 해야 한다는 생각이 떠올랐다. 그러나 그녀는 내게 손을 내밀며 괜찮다고 했다. "걱정하지 말아요." 나는 계속해서 결례를 범하고 있는 것 같았다. 왕비는 소파를 가리키며 "앉으세요."라고 말했다. 내가 앉을 때까지 기다렸다가 그녀도 맞은편 소파에 앉았다. (…)

세상의 부러움을 한 몸에 받는 스물두 살의 왕비는 여자아이처럼 수줍음이 많았다. 그녀는 대화를 시작하기 전에 살짝 얼굴을 붉혔다. 내가 어느 호텔에 묵고 있는지, 이탈리아 항공사 LAI가 발족한 로마-테헤란 노선 비행기 여행은 어땠는지, 테헤란에서 무엇을 봤는지 등을 물었고 이탈리아 소식을 궁금해했다. 가늘고 또렷한 목소리로 "아, 이탈리아, 이탈리아!"라는 탄성을 내뱉었다. "아, 로마, 그립군요! 그곳에 사는 당신이 부럽네요!" 그녀는 언제든 로마에 다시 가고 싶지만, 남편이 늘 눈코 뜰 새 없이 바쁘기에 같이 갈

　　　　　　　　　　　　　나는 침묵하지 않는다

수 없다고 했다. 그녀는 국왕의 칭호 '샤*Scià*'가 아니라 친숙하게 '내 남편'이라고 말했다. 베네치아와 피렌체도 결혼 전에 가봤다며 아주 좋아한다고 했다. 평범한 여느 아내들처럼 '결혼 전에'라는 표현을 썼다.

이후 우리는 의상과 영화에 대해, 그리고 유명인들에 대해(의전 장관은 내게 정치적이거나 결례가 되는 질문은 하지 말아 달라고 부탁했다.) 이야기했다. 나는 세상에서 가장 동화 같은 궁전이 아니라 베네토 거리의 작은 탁자에 앉아 있는 것 같았다. 내가 그토록 많은 모험을 하며 만나려고 했던 왕후가 정말 이 여인이 맞는지 자문했다. 소라야 왕비는 내게 연이어 질문했다.

"프랑스 패션을 좋아하세요?" "H라인을 좋아하세요?" "크리스티앙 디오르를 아세요?" "자크 파트를 아세요?" "여배우 롤로브리지다를 아세요? 만가노는요? 어때요?" "그레고리 펙을 직접 본 적이 있나요?" 지금까지 누군가를 인터뷰하러 갔다가 오히려 내가 인터뷰를 받은 적은 한 번도 없었다. 어느 순간 그녀는 약간 미안해하는 기색을 드러내며 "이해하실 겁니다."라고 말했다. "나는 늘 궁안에 있고 몇 안 되는 사람들만 보거든요." 그녀는 프랑스 패션만큼이나 이탈리아 패션을 좋아했고, H라인을 몹시 싫어했고, 파트의 죽음을 대단히 슬퍼했고, 로마에서 롤로브리지다를 만났는데 매우 아름다웠다고, 세상에서 가장 아름다운 여인이라고 했다. (롤로브리지다의 아름다움을 알아본 것에 놀라웠다.) 그리고 그레고리 펙은 아직 본 적이 없지만, 할리우드에서 만나려 한다고 말했다. 며칠 뒤 미국을 방문할 계획이었다.

"아, 뉴욕, 5번가, 로키산맥!" 그녀는 행복해하며 감탄했다. 처음으로 기차여행을 떠나는 열두 살 소녀 같았다. 나는 막강한 권력과 부를 지닌 소라야 왕비가 자신의 황금과 상아의 탑에서 무척 지루해하고 있다는 것을 깨달았다. 그녀가 미국에 간다는 생각에 매우 행복해하고 있어서, 나는 미국 방문이 단순히 즐기러 가는 건지, 아니면 궁정 사정에 밝은 사람들이 말하듯이 유명한 의사에게 진찰을 받으러 가는 건지 물어볼 용기가 처음 잠깐은 나지 않았다. 사실 소라야 왕비는 결혼 생활 3년 동안 후손을 낳지 못했고, 이것은 그녀의 큰 고통이었다. 왕의 후손이 없는 것은 이란 전체의 걱정거리였고 왕조의 위기를 불러왔다. 소라야는 왕의 첫 번째 부인 파우자처럼 폐위될 수 있었다. 나는 마침내 입을 열었다. "여왕님, 의학적 치료를 받기 위해서 미국에 가시나요?"

소라야는 갑자기 미소를 잃고 조용해졌다. 그녀가 고개를 들었을 때, 더는 수줍은 여자아이가 아니었다. 기자에게 눈치 없는 질문을 받은 왕후였다. 그녀는 "아니오. 바람 쐬러 갑니다."라고 대답했다. 그리고 나서 "당신을 알게 되어서 매우 기쁩니다. 정말로 만나고 싶었어요."라는 말로 경직된 분위기를 누그러뜨렸다. 나는 그녀에게 감사하다고 했고 또 다시 사과의 말을 전했다. 그녀는 "괜찮아요. 걱정하지 말아요."라고 말하고는 일어나서 손을 내밀었다. 대담은 이것으로 끝났다는 뜻이었다. 그녀는 문 뒤로 사라지기 전에 "이탈리아에게 안부를 전해주세요."라고 말했다. 곧장 궁녀가 와서 나를 밖으로 안내했다.

나는 세상에서 가장 아름다운 카펫이 깔린 화려한 방들을 다시

나는 침묵하지 않는다

지나고 중앙 계단을 내려와서 연못과 꽃으로 가득한 정원을 통과한 뒤 테헤란의 동료들이 참을성 있게 나를 기다리는 궁전 정문에 도착했다. 조가 수첩과 펜을 들고 물었다. "왕비는 어땠어?" 잠시 말문이 막혔다. 소라야가 어떤지 설명하기가 쉽지 않았다. 곧 얼떨떨한 기분을 떨치며 대답했다. "그녀는 정말로 왕비였어." "허, 대단한 걸 발견하셨군!"[3)]

헝가리 혁명,
자유의 죽음을 보다

나는 부다페스트에 들어갈 수 없었다. 폐허가 된 도시와 공화국 광장의 나무에서 처형된 공산주의 지도자들의 시신도 보지 못했다. 촛불을 두른 시체들 앞에 우두커니 서서 싸우다 죽은 자식들을 보며 눈물 흘리는 부다페스트의 여인들을 보지 못했다. 하지만 나는 헝가리 국경을 두 번 넘었다. 아무도 가려고 하지 않았던, 유럽에서 가장 고통스러운 나라로 두 차례 이끌려 들어갔다.

그리고 1956년 11월 3일 토요일, 부다페스트의 참혹한 광경보다 더 비극적이고 절망적인 장면을 목격했다. 헝가리의 자유가 죽는 장면을 두 번째 목격했다. 영웅의 민족에게 드리운 철의 장막을 보았다. 무방비 상태의 창조물들을 향해 기관총을 겨누는 소련군의 전투 차량을 보았다. 나는 소련군에게 억류된 신문기자 동료들의 비극을 뒤따랐고, 헝가리 친구들이 속수무책으로 당하는 상황을 목격했다.[4)] 나는 헝가리 비밀경찰청 공산주의자들에게 혀가 잘린 부다페스트의 혁명가를 보았다. 나는 소련군의 총격에 쫓겨 밭을 기어서 도망 온 난민들을 보았다. 진흙으로 뒤범벅된 그들은 국경을 넘자마자 거꾸러졌다. 나는 소련군 탱크를 파괴하는 소년들을 보았다. 그들은 어린아이가 아니라 고뇌의 주름으로 가득한 생명체였다. 나는 충격에 휩싸인 통역가가 한 마디씩 전하는 시위대의 라디오를 들었다. 나는 홀로 교수도, 파르티잔 루드밀라도 사라진 헤제슈헐롬으로 돌아왔다.

그곳에는 군복과 모자에 붉은 별을 다시 단 헝가리 군인들이 있었다. 한번은 몇몇 동료들과 길을 잘못 드는 바람에 체코슬로바키아 영토로 들어갔다. 체코슬로바키아 군인들이 감시탑에서 저격 소총을 겨냥하는 그곳에서 간신히 빠져나왔다. 지뢰가 가득한 밭을 피해가며 오솔길을 따라서 도망쳤다. (…) 세상은 위기에 처해 있고, 이른바 두 번째 '벨 에포크'라고 부르던 시대는 끝나가고 있었다.

어쩌면 우리가 목격한 공포가 너무 커서 정신을 흐리는지 모르겠다. 하지만 그 공포를 체험한 사람들에게 연예인들의 사랑, 세속적인 스캔들, 담배 연기와 이브닝드레스로 가득한 영화 시사회 따위가 들어설 자리는 이제 없는 것 같다.[5]

유명인들과의
불쾌한 인터뷰

———

나는 배우들과의 저녁식사를 좋아하지 않는다. 간단하게 차 한 잔 마시는 것도 부담스럽다. 광고 두 줄을 얻으려고 그들이 나를 초대

할지 모른다는 걱정에 부끄러워지고 굴욕감을 느낀다.[6)]

어디서든 그들에 관해 이야기하고, 어디서든 그들에 대해 열띤 토론을 벌인다. 그들의 업적, 그들의 사랑, 그들의 투우, 그들의 시, 그들의 득점, 그들의 음악, 그들의 모임, 그들의 영화, 그들의 부와 가난에 대해서. 그들의 유명세는 그처럼 자자하고 그처럼 요란스럽고 그처럼 격렬해서 어디를 가나 우리를 따라다니며 귀찮게 하고 숨 막히게 해서 급기야 "귀찮은 사람들! 불쾌한 사람들!"[i]이라고 소리치게 할 정도다.

　나는 무엇보다도 기사제목에 이름을 올리는 누군가에게 사과하는 일이 없도록, 즉 누구에게도 변명하지 않도록, 또 독자들에게 오해를 남기지 않도록, 불쾌한 사람들이 사실 매우 유쾌한 사람들이라는 점을 말해둔다. 그 목록에 어째서 나를 포함하지 않느냐고 물을 수 있을 것이다. 미리 말해두지만, 나는 유명인이 아니기에, 따라서 유쾌한 사람이기에 거기에 낄 수 없다. 내가 성가신 사람인 것은 사실이지만 나는 나에 대해, 내 사랑, 내 투우, 내 시, 내 득점, 내 음악, 내 모임, 내 영화, 내 돈, 내 가난에 대해 이야기하게 하면서 귀찮게 하지 않는다. 유명인들과의 인터뷰로 그들의 이야기를 들려줄 뿐이다. (…)

　유명 인사의 입을 열게 하는 것은 몹시 피곤한 일이다. 하지만 잠

---

i 팔라치가 인터뷰한 영화감독, 배우, 시인, 작곡가, 작가 등 대중의 입에 자주 오르내리는 유명 인사들을 말한다. 팔라치는 《불쾌한 사람들 *Gli antipatici*》(1963)의 서문에서 그들은 매우 친절하며, 자신의 친구이거나 반쯤은 친구이거나 앞으로 친구가 될 수 있는 사람들이라고 밝히고 있다.

시 쉬거나 한숨 쉬는 것까지 모두 기록하는 녹음기 앞에서 하는 인터뷰는 절반이 비극으로 끝난다. 나도 처음에는 마이크를 사용하는 것이 당황스러웠다. 마이크가 있으면 누군가가 염탐하고 평가하고 조롱하는 기분마저 들었다. 녹음기 마이크를 갖다 대면 인터뷰이는 대개 얼굴이 하얗게 질리거나 모욕감으로 말을 더듬거나 판단력이 흐려진다. 입을 아예 닫아버리는 사람도 있다. 그도 아니면 두서없이 이야기를 장황하게 늘어놓는다. 녹음테이프는 무정하게 돌아가고 나는 뒷일을 걱정하며 초조해진다.

최악의 순간은 그 이후다. 인터뷰 내용을 정리하기 위해 침묵이나 수다를 다시 들을 때. 사람의 말을 직접 듣는 것과 기계를 통해 다시 듣는 것은 똑같지 않다. 사람 얼굴을 앞에 둔 것과 녹음테이프를 앞에 둔 것은 차이가 있다. 바보 같은 말일지라도 이따금 타당성을 부여하는 손동작과 반짝이는 눈빛, 그러한 눈빛과 손동작이 없이 들으면 그 문장은 당혹스러운 허튼소리로만 들린다. 이와 반대로 역겨운 표정이나 좀스러운 태도는 유창한 발언을 저평가하게 한다. 그러한 표정과 태도를 빼고 들으면 그 발언은 풍성한 의미를 되찾는다. 이 점은 다른 중요한 사실을 인식하면서 깨달았다. 다시 옮긴 말은 화자를 고스란히 반영할 수 없다는 것이다. 그 사람의 이목구비, 입고 있는 옷, 몸짓과 손짓, 요컨대 완벽한 초상화를 그리기에는 부족하다는 사실이다.[7]

———

내 친구 빌은 할리우드는 존재하지 않는다고 자주 주장한다. "할리우드는 일종의 정신 상태이고 신기루야. 할리우드를 눈으로 보지 않고 열망과 선망과 암시로써 바라보기 때문이지." 빌은 학자이다. 말하자면 강직한 지식인인데, 설령 진리가 담긴 말이더라도 나는 지식인들의 그럴싸한 역설에 매료되는 것을 경계한다. 나는 직업적인 이유에서만 그의 말을 인용한다. 실제로 미국에서는 그의 발언이 반복적으로 자주 들린다. 그리고 상당수 미국인은 할리우드를 부끄럽게 생각한다. 그와 달리 '링컨 대통령이 당선되고 진정한 미국이 창조된 것에 못지않게 미국적인 것'으로 할리우드를 정의하는 사람도 있긴 하다. (⋯)

나는 개인적으로 그의 견해에 동의할 수 없다. 지도에서 할리우드라는 지명이 캘리포니아주의 아주 정확한 지점에 적혀 있기 때문만이 아니다. 몇 주 전부터 나는 할리우드에, 바로 선셋 대로의 중심부에 거주하고 있기 때문이다. 나는 할리우드의 레스토랑에서 식사하고, 할리우드의 수영장에서 수영하고, 할리우드를 달리는 자동차에 치일 뻔하고, 방사능에 노출된 할리우드의 공기를 들이마시고 (네바다주의 사막에서는 거의 매일같이 원자폭탄 실험이 시행된다. 이유는 모르겠지만 그 재가 우리 머리 위로 떨어진다.), 할리우드 배우들의 오만과 친절, 갈망하는 눈물을 체험한다. 그러므로 나는 할리우드가 존재한다는 것을 여러분에게 보증할 수 있다. 눈으로 바라보고 손으로 만질 수 있는 곳임을.[8]

열쇠 구멍으로 바라보지 않고 할리우드를 이해하기란 불가능하다. 그 은밀한 엿보기 작업을 수행하는 방법 하나는 입장이 제한된 '상류 사회'의 파티에 참석하는 것이다. 실제로 이러한 파티에서는 온갖 사건이 벌어진다고 한다. 아주 권위 있는 인사들이 수영장으로 굴러 떨어질 정도로 술에 취하고, 남편은 아내를 바꾸고 아내는 남편을 바꿔 놀다가 결국에는 라스베이거스의 판사들 앞에서 끝나게 되는 경솔한 유희도 벌어진다.[9]

———

글 쓰는 일에는 가르침이나 충고가 있을 수 없다고 생각한다. 누구도 모방하지 않고 혼자서 써야 한다. 우리가 저지른 실수와 세상에서 가장 고독한 노력을 통해 깨달음을 끌어올리면서.[10]

작가나 기자는 사랑받고 환영받고 칭찬받는 직업이 아니다. 그들의 역할은 아름다운 것과 좋은 것과 잘되는 것을 들려주는 게 아니기 때문이다. 작가나 기자의 임무는 나쁜 것과 문제가 되는 것을 고발하는 것이다. 미움받고 공격당하고 모욕받는 어려움이 있더라도 그렇게 하는 것이다. 그런데 도무지 이해가 되지 않는다. 내가 이처럼 불쾌한 존재일 텐데, 어째서 사람들은 내가 쓴 글을 그토록 주의 깊게 읽으며 불편해하는 것일까.[11]

하찮은
성性
———

《하찮은 성》은 소설이 아니다. 〈레우로페오〉의 기자로 30일 동안

세상을 다니며 쓴 르포르타주이다.[12]

이 르포르타주는 어디서든 여성은 하찮은 방식으로, 다시 말해 그릇된 방식으로 살아간다는 점을 보여준다. 여자가 낙타로 취급되는 무슬림 국가와 같은 곳이든, 여자가 지나치게 대접받고 여성주의가 강한 미국이든, 일부는 낙타처럼 일부는 미국 여자처럼 사는 이탈리아든 상관없이 어디서든.[13]

편집장이 내게 세계일주를 하면서, 특히 동양에 머물면서 취재할 수 있겠냐고 물은 것은 여름이었다. 그는 당연히 우기가 끝나기를 기다렸다가 겨울에 떠나게 될 것이라고 설명했다. '우기'라는 표현은 '노픽 공작이 나에게 말했다.'라거나 '레닌그라드의 체호프 거리에 있는 그 레스토랑을 네가 아는지 모르겠다.'라고 말하는 것처럼 언제나 나름의 인상을 지닌다. 먼 나라에 가는 일이 다반사고 여행의 일탈성에 환상이 조금도 없는 기자조차도 강한 인상을 받고 귀가 솔깃하게 되는 표현이다. 나는 "좋습니다. 동양에서 내가 뭘 해야 하나요?"라고 말했다. 편집장은 여성에 관한 르포르타주를 써야 한다고 했다. 그 말을 듣는 순간 '우기'라는 표현은 그 인상을 잃었다.

　나는 가능하면 여성에 관해, 여성과 관련된 문제에 관해 쓰기를 항상 피해왔다. 그러한 글은 불편한 마음이 들고 우스꽝스러워 보이기 때문이다. 여자는 특별한 동물이 아닐 텐데 어째서 신문에서 스포츠나 정치, 일기예보처럼 따로 한 지면을 할애해야 하는지 이해할 수가 없다. 창조주는 서로 어울려 살게 하려고 남자와 여자를 같이 창조했다고 한다. 매우 좋은 의도에서 성별이 비롯되었으나, 편협한 시각을 가진 일부가 여자들을 다른 별에 살며 단성생식으로 번식하는 유별난 존재처럼 대하는 것을 보면 터무니없게 여겨진다.

남자들에게 흥미로운 것은 여자들에게도 흥미롭다. 나는 〈하퍼스 바자*Harper's Bazaar*〉를 읽는 남자들(지극히 평범한!)과 〈타임스*Times*〉의 사설을 읽는 여자들(마찬가지로 지극히 평범한!)을 알고 있다. 하지만 이 때문에 그들이 다른 사람들보다 더 바보이거나 덜떨어진 사람이지는 않다. 누군가가 내게 "당신은 여성들을 위한 글을 쓰나요?"라거나 "여성들에 관해 쓰나요?"라고 물으면 매우 화가 난다. 이번 경우에는 '우기'라는 표현이 있어서 감정을 추스를 수 있었다. 나는 편집장에게 생각해보겠다고 대답했다.

그리고 곰곰이 생각해보았다. 그 르포르타주를 쓰느니 '우기'를 단념하는 게 나을까? 사실 몇 달 동안은 단념한 듯했다. 그러다 예상치 못한 일을 겪었다. 오래전부터 알고 지내던 여성이 나를 저녁식사에 초대했는데, 식사 중에 그녀는 몹시 불행하다고 말하며 울음을 터뜨렸다. 그녀는 매우 성공한 여성이었다. 남자들보다 프로페셔널하게 일하고, 원하는 그 일을 할 수 있는 집을 소유한 독립적이고 아름다운 여성이었다. 한마디로 여자로서 가질 수 있는 모든 것을 가진 행운아 소리를 듣는 여성 중 하나였다.

사람들은, 그리고 처음에는 나도, 그녀가 불행하다고 느끼리라곤 생각지도 못했다. 나는 위로랍시고 그녀가 성공한 여성이라는 점을 상기시켜주었다. 그녀는 코를 풀고 흐느끼면서 말했다. "바보 같긴.

나는 침묵하지 않는다

내가 불평하는 게 바로 그거야. 넌 남자들이 하는 일을 할 수 있다는, 가령 공화국 대통령이 된다는 생각이 더 행복할 것 같니? 보잘것없는 나라에서 태어나면 우리 성은 하찮은 것일 뿐이야."

그녀의 말에 나는 다소 당황했다. 매일 아침 그 자리에 있기 때문에 귀가 달려 있다는 사실을 잊고 지내는 것과 같았다. 귓병이 나야 비로소 귀의 존재를 깨닫는 것이다. 남자들의 주요한 문제는 경제적이고 인종적이고 사회적인 문제에서 비롯되지만, 여자들의 근본적인 문제는 무엇보다도 여자라는 사실에서 나오기도 한다. 해부학상의 어떤 차이만을 말하는 게 아니다. 인체의 차이와 더불어 여자들의 삶에 영향을 끼치는 터부를 말하는 것이다.

예를 들어 무슬림 국가에서 남자는 외출하기 전에 얼굴을 천으로 가리지 않는다. 중국에서 남자는 뼈가 부러지고 근육이 오그라든 7센티미터의 작은 발을 만들지 않는다. 일본에서 순결하지 않다는 사실을 아내에게 들켜 태형을 당한 남자는 없다. (과연 남자에게 순결이라는 말이 적용되기나 할까?) 하지만 이 모든 일이 여성에게 일어났고, 지금도 일어나고 있다. 이런저런 생각 끝에 편집장의 제안이 나쁘지 않다는 쪽으로 기울었다. 다른 나라 여성들을 가까이서 보고, 그들의 삶이 실의에 빠져 코를 훌쩍이던 내 친구보다 더 행복한지 그렇지 않은지 비교해보는 것도 흥미로울 거라는 결론에 이르렀다. 겨울이 오고 우기가 끝났을 때, 편집장에게 떠날 준비가 됐다고 말했다.

우리는 여정을 논의했다. 먼저 세계일주에 대한 개념을 세워야 했는데, 문자 그대로라면 지구의 모든 구석구석, 라플란드에서 남아프리카까지, 누벨칼레도니에서 알래스카까지 가는 것을 의미한다. 하지만 그 일정은 너무 지나쳤다. 우리가 여정을 끝내기도 전에 소비에트의 우주비행사들은 금성에 도착해서 그 별의 여자들을 발견할 것이고, 따라서 우리 별의 여자들에 대한 관심은 이미 사그라졌을 것이다.

　게다가 나는 에스키모들이 바다표범을 요리하고 사람 사냥꾼들이 경솔한 탐험가의 머리를 달걀 크기로 박살낸다는 식의 민속학 책을 쓰고 싶지 않았다. 나는 여성들의 다양한 상황과 처지를 연구할 수 있는 지역을 길게 횡단하고 싶었다. 논의를 거친 끝에 가장 적절한 여정은 《80일간의 세계일주》를 비슷하게 흉내 내는 것이라는 결론을 내렸다. 그러니까 이탈리아에서 시작해서 파키스탄을 거쳐 인도와 인도네시아를 간 다음 입국 허가를 받을 수 있다면 중국으로 가는 것이다. (하지만 비자를 받지 못했고 우리는 홍콩에 가는 것으로 만족해야 했다.) 그리고 일본, 하와이, 마지막으로 미국을 거쳐 이탈리아로 돌아오는 여정이다.

　소설의 주인공 필리어스 포그처럼 나도 여행 친구가 있었는데 파스파르투와 같은 동반자는 아니었다. 사진작가 두일리오 팔로텔리가 나와 함께 여행에 나섰으며 성 평등의 관점에서 그가 파스파르투처럼 여행 가방을 대신 드는 일은 없었다. 여하튼 우리는 보건소로 가서 발진티푸스, 황열, 천연두, 콜레라에 걸리지 않기 위해 각종 예방 주사를 맞았다. 그리고 국경을 통과하려면 없어서는 안 된다는, '비자'라는 그 터무니없는 소인을 요청했으며, 민속학에 정신을 빼앗기지 말고 정곡을 찌르는 기사를 쓰라는 편집장의 당부를 건성으로 들었다. 그런 뒤 우리는 출발했다.

나는 침묵하지 않는다

우리는 사진기 열 대, 타자기 한 대, 아코디언같이 긴 항공 티켓, 그리고 거대하고 진실한 호기심을 지니고 출발했다. 오늘날 리나센테 백화점의 직원들은 우리 조부모 세대가 빈이나 파리에 갔던 것처럼 수월하게 봄베이에 간다는 것을 잘 알고 있다. 하루 지나면 이미 진부해지는 기사를 쓰기 위해 나 역시 일주일 일정으로 테헤란이나 뉴욕에 다녀온다. 하지만 그와 비교가 안 되는 대장정은 여러 사람의 주의와 관심에서 벗어날 수 없었다. 현대인의 무관심한 삶에 익숙한 사람들까지도 부러움이 섞인 눈으로 나를 보며 충고했다. "금지구역으로 들어가지 않게 주의하세요." "적도에는 뱀이 많다는 사실을 잊지 마세요." "따뜻한 곳으로 간다니, 부럽군요."

두일리오는 진정한 로마인으로서 아무것에도 동요하지 않았다. 만약 그가 화성인을 만난다면 하품을 하며 바라보는 것이 전부일 것이다. 그는 엄청난 열기로부터 필름을 보호하는 아이스박스 가방 문제로 나를 괴롭혔다. 내게 아마포 재킷을 대신할 모직 재킷을 요청하기도 했다. 그리고 엉뚱한 질문을 해댔다. "일본 사람들은 남녀가 발가벗고 혼탕을 한다는 게 사실이니? 홍콩에서는 여자들을 아주 쉽게 침대로 데려갈 수 있다는데? 인도 여자들이 146가지 섹스 체위를 알고 있다는 게 정말일까?"

솔직히 말해서, 그의 관심은 온전히 취재에만 집중되지 않았다. 참피노 공항에서 출발하면서부터 그는 돌아와서 친구들에게 어떤 중국 여자, 어떤 일본 여자, 어떤 인도 여자와의 모험담을 늘어놓을 순간을 떠올리고 있었다. 그의 앳된 얼굴은 그런 기대에 젖어 천진하게 웃고 있었다. 하지만 저급한 상상을 늘어놓는 그에 못지않게 나도 불순한 생각(어떤 중국인, 어떤 인도인, 어떤 일본인과의 모험에 대한 기대는 아닐지라도)에 빠져 있었다.

나는 우기에 대한 환상, 불상과 시바의 사원들, 아우트리거 카누들 속에서 헤엄치고 있었다. 비행기가 이륙하자 친구의 눈물과 그녀에게 감사하는 마음이 떠올랐다. 그제야 나는 내가 무모한 내기를 걸고 떠나는 필리어스 포그가 아니라 힘든 임무를 앞에 둔 한 여자라는 현실을 자각했다.[14]

서양 여자가 엄격한 무슬림 국가, 가령 파키스탄과 같은 나라에 도착해서 받는 첫인상은 세상의 모든 여자가 빠져 죽은 대홍수에서 자기만 유일하게 살아남았다는 것이다.

노처녀도, 사랑해서 하는 결혼도 없으며, 수학이 곧 생각이 되는 지구의 이 지대에는 6억 명이 살고 있다. 절반가량은 베일의 짙은 안개 뒤에서 사는 여성이다. 베일이라기보다는 수의처럼 머리부터 발까지 덮는 천이라고 하는 게 더 정확한 표현인데, 남편이나 아이, 또는 허약한 노예를 제외한 다른 모든 남자의 시선으로부터 몸을 가리기 위한 것이다. 푸르다, 부르카, 푸시, 쿨레, 젤라바라고 불리는 이 천은 눈높이에 구멍이 두 개 뚫려 있거나 가로 6센티미터, 세로 2센티미터의 조밀한 망이 달려 있다. 여성들은 감옥의 창살처럼 그 구멍이나 망을 통해 하늘과 사람을 본다. 이 감옥은 대서양에서 인도양까지 뻗어 있으며, 모로코, 알제리, 나이지리아, 리비아, 이집트, 시리아, 레바논, 이라크, 이란, 요르단, 사우디아라비아, 아프

가니스탄, 파키스탄, 인도네시아 등 이슬람의 광대한 왕국에 펼쳐져 있다.[15]

지구의 한쪽 끝에서 다른 쪽 끝까지 여성은 정의와 상식이 주는 안정된 균형 없이, 남자들과 마찬가지로 그릇된 방식으로 살아간다. 시체를 감싸는 수의처럼 몸을 휘감은 검은 천의 감옥에서 하늘과 사람을 바라보며 동물원의 짐승처럼 격리되어 살아가거나 매듭이 달린 붉은 재킷을 입고 찰싹거리는 채찍을 손에 든 조련사처럼 살아간다. 내가 목격한 가장 큰 형벌이 양로원에서 한 자리를 간청하던 무슬림 여성에게선지 남자들과의 사격 시합에서 메달을 딴 앙카라의 여군에게선지 잘 모르겠다.

그리고 국가의 저출산 정책을 돕는 인도의 여의사와 박제된 나비처럼 꼼짝 않고 있던 교토의 게이샤 둘 가운데 어느 쪽을 보고 더 놀랐는지도 모르겠다. 분명히 노예 상태는 끔찍하고 냉혹하지만 잘못 이해된 자유는 그와 똑같이 끔찍하고 냉혹할 수 있다. 나는 이 여행을 하면서 어떤 것이 더 나쁜 것인지 갈피를 잡을 수 없었던 적이 많았다.[16]

《전장의 페넬로페》 그리고 미국이라는 꿈

내가 궁극적으로 관심을 두는 한 가지는 책을 쓰는 일이다. 지금 그러고 싶은 간절한 마음이 든다. 좋은 아이디어도 있다. 수많은 책

중의 한 권일지라도 하나의 작품을 창작하는 위업에 대한 존중과 두려움. 내가 그럴 역량이 되는가?[17]

《전장의 페넬로페Penelope alla guerra》는 작품 속 이야기와 비슷한 경험에서 탄생한 소설이다. 실화가 아니라 비슷한 경험이다. 현실을 재창작하는 것은 분명 작가의 권리이자 의무이다. 여주인공 조는 그 당시의 나였다. 이 책에는 실제 사건에 매우 가까운 일화가 담겨 있다. 자신의 처녀성을 버리는 조의 일화인데, 내게 그와 똑같은 일이 있었다. 내가 숫처녀였다는 사실을 알았을 때, 남자가 울기 시작했다. 나는 남자를 달래며 말했다. "별거 아니야, 아무것도 아니야, 울지 마!"

여전히 흥미로운 소설이다. 물론 지금이라면 쓰지 않을 책이고, 재미로 읽는 소설을 시도했다고 스스로 평가한다. 단숨에 써내려갔고 작가로서 미숙한 상태였다. 하지만 그 안에 담긴 생각은 가볍지 않다. 시대를 앞선 페미니즘 사상을 다루고 있다. 아무도 여성 문제를 거론하지 않던 그 시대에, 내가 자연스럽게 그 이야기를 썼다는 것은 놀라운 일이었다.

마지막 일화에서 주인공이 추운 아침에 밖으로 나오고 인도 위의 신문이 바람에 이끌려 날아가는 장면도 사실이다. 내가 경험한 그대로이다. 나는 그 추위를 여전히 느끼고 있고 바람에 나부끼는 신문이 생생하게 눈앞에 떠오른다. 뉴욕이었다. 뉴욕에서 있었던 일

나는 침묵하지 않는다

이다. 그리고 나는 이미 스물여섯 살이었다.[18)

뉴욕은 하루하루 놀랄 것이 더 많은 기적 같은 곳이었다. (…) 똑같은 수직의 직각들로 잘린 이 섬에서는 조각상이 보이지 않는다. 둥근 지붕도 정원들도 보이지 않는다. 곡선도 기이한 나선형도 한 점의 녹색도 없는, 비극적인 잿빛의 시멘트 숲이 솟아 있다. 어디서든 시선을 압도하는 단단한 모서리, 기하학적인 철 계단, 정육면체 석조들을 볼 수 있다. 하지만 이처럼 우아함의 부재 안에서 모든 것은 마법의 매력을 지닌다. 뻣뻣하게 굳은 거인들 같은 고층 건물부터 끝이 없는 거리를 나아갈 때 느끼는 숨 막히는 두려움까지. 하지만 결국 어느 길이든 그 두려움을 떨쳐줄 푸른빛의 여지가 있다. 태양 아래 유리창들은 다이아몬드보다 더 밝게 빛나고 어둠속에서 별보다 더 불타오른다.[19)

나는 미국을 사랑하도록 교육받았다. 미국인들이 우리 땅에 폭탄을 떨어뜨리고, 교실에서 내 옆에 앉던 열세 살 소년을 죽였을 때도. 8월 11일 마침내 미국인들이 피렌체에 도착했다. 그 당시 내게, 여자아이의 환상 속에서 미국인들은 카키색 군복을 입은 천사들의 모습으로 영원히 남았다. 그들은 참으로 멋졌다. 나는 미국에 가는 꿈을 꾸기 시작했고, 오랜 세월이 흘러 그곳에 갔으며, 이제 미국이라는 꿈을 물질적으로 사랑하게 되었다.[20)

나는 뉴욕에 살고 있다. 내 조부모 세대에 프랑스 파리가 그랬듯이 뉴욕은 국제적인 도시이기 때문이다. 이 도시에는 문화와 민족 집단의 바람개비가 있고 지식과 이익의 게임이 있으며 기회의 박람회장이 있다. 그리고 오늘날 우리에게 싫든 좋든 신제국주의는 영어라는 언어이다. 영어는 오늘날 과학과 문화의 언어이다. 책이 읽히려면 작가가 영어로 글을 쓰든지 영어로 번역되어야 한다. 로마제국 시대에 세상의 언어는 라틴어였고 그전에는 그리스어였다. 만약 내가 카르타고에서 태어났다면 로마로 갔을 것이다.[21]

인류의 모험을 쫓다
《만약 태양이 죽는다면》

———

나는 모든 것에 마음이 동하고 모든 것을 이야기한다. 나는 감정적이고 수다스러운 사람이다. 하지만 내 나름의 감동하는 방식과 말하는 방식이 있는데, 인류의 거대한 모험 앞에서는 무조건 감동하고 무엇이든 말하게 된다. 눈과 귀에 장애를 갖거나 뇌와 심장과 혀가 마비되지 않는 한 그러한 사건을 의식하지 않을 수 없다.

소련이 인류 최초의 인공위성 스푸트니크 1호를 발사했다는 소식을 접한 날, 나는 안절부절못하며 우리의 미래를 준비하는 사람들을 당장 만나러 가고 싶었다. 미국이든 소련이든 상관없었다. 나는 그곳으로 가서 르포르타주를 쓰고 싶었지만, 그 당시 국장이 허락하지 않았다. 대중적이지 않다는 이유에서였다. 누가 달이나 화성을 신경 쓰겠는가. 이렇게 1년, 2년, 3년 세월이 흘렀고, 국장은 여전히 부정적으로 대답했다. 그러다 어느 날 드디어 국장은 나를 보내기로 했다. 기대가 크면 실망도 크다고 하지만 전혀 실망스럽지 않았다. 나는 첫 방문 이후 세 차례 더 미국을 방문했다. 회사에 다시 구실을 내세우거나 항공권과 숙박비 등 비용 전부를 내가 직접 들여서 가기도 했다. 갈 때마다 더 새롭고 흥미진진하고 두려운 그 세상을 찾아갔다.[22]

나는 미국에서 많은 사람을 만났지만, 우주비행사들은 내가 만난 사람들 중 최고였다. 나는 이탈리아에서 용기와 희생, 단련의 덕목을 매우 존중하고 감탄하면서 자랐다. 전쟁이 끝나고도 여전히 이러한 덕목을 발견할 수 있는지 주변을 둘러보곤 했다. 사람들을 시험대에 올리고 나만의 잣대에 맞춰 평가했다. 이 사람은 파시스트들에게 체포되어 고문을 당한다면 굴복하지 않고 입을 다물 사람인가? 내 대답은 종종 부정적이었다. 우주비행사들이 내 마음에 든 이유는 그러한 극한 상황에서도 하나같이 입을 다물 것 같아서였다.[23]

이곳에서 달을 향해 출발한다. 예전에는 케이프커내버럴이라고 불렸으나 지금은 케이프케네디*라고 불리는 우리 별의 한 지점에서 출발한다. 우주비행의 꿈을 죽어서 이름으로 보상받은 한 남자의 이름을 딴 곳이다.[24]

달 탐사 로켓은 앨라배마주 북부 헌츠빌이라는 도시에 있다. 과거

---

i 미국 남부 플로리다주 중동부에 있는 미국항공우주국 *NASA* 우주로켓 기지. 1963년 케네디 대통령 서거를 기념해서 케이프케네디로 개칭했다가, 1973년 케이프커내버럴로 다시 고쳤다.

에 목화밭이 많았고 흑인들이 구슬픈 영가를 부르던 곳이다. 로켓의 이름은 새턴이고 높이가 110미터에 달한다. 자유의 여신상보다 1.5배 높다. 무게는 110톤으로 존 글렌이 타고 우주를 날았던 위성의 80배이다. 로켓 소리는 마치 세상의 종말이 온 듯한데, 무언가 웅얼거리면 땅은 언덕과 계곡을 흔들어대고 담벼락은 요동치고 유리창은 산산 조각나고 고막은 발작을 일으킬 정도로 아프다. 헌츠빌에는 지구의 다른 어느 지역보다 청각 장애인이 많다. 이미 많은 사람이 무기한 정적의 형벌을 받았으며 국가의 보상금을 받아 다른 곳으로 이주했다. 남아 있는 사람은 푸념을 늘어놓거나 달을 향해 침을 뱉는다.[25]

나는 지퍼를 움직여서 우주복 안으로 들어갔다. 박사는 설명했다. "우선 지퍼는 우주복에 불충분한 장치입니다. 99.99퍼센트의 안전을 위해서는 지퍼를 떼어내고 잠수복 형태로 제작해야 합니다. 그런 뒤 목 부위에서 밀봉되는 플렉시글라스 헬멧을 써서 한 치의 틈도 없게 합니다. 이해되셨나요?" 나는 그렇다고 대답했다. "그러니까 밀폐 상태가 되는 겁니다. 아시겠지만, 우주복은 비행사들이 몸에 지니는 유일한 장비입니다. 생존을 위한 단 하나의 수단이지요. 보이지 않는 미세한 균열이라도 있으면 공기 부족 상태에 노출됩니다. 그런 상태에서 인체는 단 몇 분 안에 끓어오르고 폭발합니다. 자, 이제 헬멧도 한번 써보세요."

헬멧을 쓰자 온몸에 고문을 당하는 것 같았다. 우주비행사는 눈에 흐르는 땀도 닦을 수 없고 코가 가려워도 긁을 수 없다. 가려운 코를 긁지 않으려면 정말이지 강철 신경이 필요하다. 나는 모리스 박사에게 가서 이런 불편함을 이야기했다. 박사는 "그건 잠수복도 마찬가지지요."라며 말을 이었다. "오히려 더 최악은 우주복 안의 소음입니다. 산소, 여압, 냉각, 건조 등 각종 장치에서 끊임없이 발생하는, 외부의 모든 것을 완전히 차단하는 소음이지요. 이 소리가 멈추면 끝입니다. 가령 산소 공급은 겨우 5분간 지속하거든요. 게다가 우주복은 가벼워야 합니다. 그렇지 않으면 제 기능을 할 수가 없으니까요. 가볍기 때문에 튼튼하지 않습니다. 바위에 살짝 부딪히기만 해도 찢어질 위험이 큽니다. 죽지 않기 위한 유일한 수단이 그 자체로 위험에 노출되어 있으니 모순이죠." 나는 죽지 않기 위한 유일한 수단이 냄새를 맡고 만지고 듣는 것을 막는 데다 유리 장벽을 통해 보는 것만 허용하는 장비라니 모순이라고 덧붙여 말했다.[26]

미국인 우주비행사들은 스물여덟 명으로, 턱없이 부족한 인원이라고 생각한다. 나는 그들과 같이 일하는 행운을 누리지는 못했지만, 내 책 《만약 태양이 죽는다면 Se il Sole muore》은 내 아버지와 그들에 대한 책이다. 달에 가고 싶지 않은 아버지와 태양이 사라질 수도 있기에 달에 가고자 하는 우주비행사 친구들에 대한 책이다. 나는 특히 올해 비행을 떠나는, 제미니 계획의 우주비행사들을 잘 알고 있다.

그들은 무엇보다도 공부를 아주 많이 하는데, 집에서 밤낮으로 공부한다. 모두 우주공학을 전공한 엔지니어들로 지질학, 수학, 물리학, 생물학을 공부한다. 이론 공부뿐만 아니라 사막과 정글에서 아주 혹독한 훈련을 받으며 강제 노역이나 다름없는 시간표에 따라 생활한다.

특히 에드워드 화이트. 화이트는 천사 같다. 나는 내 책에서 그를 천사라고 부른다. 외모도 천사를 닮았다. 길고 고상하고 우수에 찬 마른 얼굴에 온화한 파란 눈동자와 금발 속눈썹. 입가에는 언제나 부드러운 미소를 머금고 있다. 미국 육군사관학교 웨스트포인트를 나온 공군 대위이지만 아주 힘든 인생을 살아온 남자라고는 상상할 수 없을 정도로 수줍음이 많다.

내가 이 남자들을 만나면서 가장 인상 깊었던 것은 29~39세의 젊은 나이에도 그들 영혼으로부터 우러나온 노년의 기색이었다. 그들은 이미 대머리이거나 머리카락이 절반쯤 빠졌거나 은발이었다. 그렇지 않은 경우에도 얼굴에 주름과 걱정, 고뇌, 중책, 힘겨운 인생의 무게가 고스란히 반영되어 있다. 사람들은 그들이 직면한 힘겨운 인생을 이해하지 못할 것이다.

나는 우주비행사 모두에게 공통 질문 하나를 던졌다. 겁나요? 두려우세요? 거의 모두가 같은 대답을 했는데, 이는 내가 그들을 매우 존경하고 많은 애착을 갖게 된 이유 중 하나이다. 앨런 셰퍼드와 다른 한 명을 제외한 모두가 그렇다고 대답했다. 여기에 화이트가 답변한 내용을 그대로 옮길 수 있다. 당시 인터뷰를 메모한 수첩에는 다음과 같이 적혀 있다. "첫 우주 비행이 두려우세요?" "두렵지 않다면 거짓말이겠죠."[27]

프랭크 보먼, 나는 그를 괴짜 지식인이라고 정의하고 싶다. 우주 분야에서도 말 그대로 지식인이 있다는 것이 신기했다. 나는 2년 전 이곳 케이프케네디에서 프랭크를 알게 되었다. 그를 처음 만난 곳은 여기서 가까운 홀리데이인 호텔의 수영장이었다. 그를 처음 봤을 때의 인상은……. 그 사람이 어떤 사람이냐는 대개 첫인상이 정확하기 마련이다. 우주비행사들이 모두 거기에 있었는데 일곱, 여덟 명씩 모여 있었다. 새턴호의 발사가 연기되었고, 그날 그들은 서로 이야기하고 장난치고 있었다. 프랭크는 따로 떨어져 깊은 생각에 잠겨 있었다. 두 가지가 인상적이었다. 매우 엄격한 표정, 그리고 흉부의 기이한 흉터(나는 이 일화를 내 책에서 썼다). 우리는 모두 수영복을 입고 있었다. 그래서 그의 흉부에 고기 조각을 올려둔 것 같은 직사각형 모양의 흉터가 보였다. 나는 조금은 섬뜩하고 조금은 호기심 어린 눈으로 그를 바라보았다. 내가 보고 있는 것을 그가 알아채지 못했을 거라 생각하면서.

그는 갑자기 고개를 들더니 내게 말했다. "한국에서 생긴 상처입니다. 무거운 배낭을 멨는데 끈이 마찰을 일으켰어요. 치료를 받지 않았거든요. 흉측하지요? 제 이름은 프랭크 보먼입니다." 그리고 우리는 친구가 되었다. 그날 수영장에 있던 여러 사람 중에는 고든 쿠퍼와 함께 마지막 비행에 올랐던 우주비행사 피트 콘라드가 있었다. 피트는 유쾌하고 약간은 천진난만한 성격이었다. 그는 필라델피아에서 강연 일정이 잡혀 있었는데, "첫마디를 뭐로 할지 누가 좀 알려줘, 나 좀 도와줘!"라고 소리치며 돌아다녔다. 모두가 그를 보며 웃었다.

프랭크 보먼은 자리에서 일어나더니, 반나체의 몸과 직사각형의 붉은 흉터에 상상의 토가를 두르면서 셰익스피어의 비극 〈율리우스 카이사르〉에 나오는 안토니우스의 연설을 낭송하기 시작했다. 나는 기술자이자 운동선수, 우주비행사인 이 남자가 셰익스피어를 잘 알고 있다는 사실에 큰 감명을 받았다. 이후의 만남은 그의 이러한 면모를 확인하는 기회였기에 더 놀라지는 않았다. 그의 집은 말 그대로 책으로 도배되어 있었다. 집에서 항상 독서를 했고 밖으로 나가지 않았다. 그는 미국인들이 이른바 스몰 토크*small talk*라고 하는 사소한 대화를 나눌 수 없는 남자이기도 했다. 요컨대 그와 대화하면 날씨 이야기에서 시작해 최소한 신에 대한 이야기로 끝난다.

짐 러벨은 완전히 다른 타입이었다. 어째서 나사는 이번 비행에서 완전히 다른 두 부류의 개성을 계속 연결하려 했는지 신기하다. 그는 매우 단순하고 어떤 면에서는 더 쾌활하며 더 빨리 친해질 수 있다. 심각한 이야기보다는 농담을 좋아한다. 그를 처음 만난 것도 2년 전이었는데, 뉴멕시코주의 라스크루시스에서 우주선 발사가 있을 즈음으로, 나는 책을 쓰기 위한 자료를 모으고 있었다. 내가 그를 느긋하게 만난 마지막은 올여름 7월인가 8월쯤 휴스턴에서였다.

그는 비행사들을 포함한 친구들과 함께 나를 자기 집의 저녁식사에 초대했다. 당시 그의 아내 마릴린은 임신 중이었다. 지금도 넷째 아이를 기다리고 있는데, 그가 지구로 돌아오는 우주선에 있을 무렵이 출산 예정일이다. 그날 마릴린은 몸이 좋지 않았던 탓에 소파에 몸을 기대고 있었다. 우리는 조금 걱정스러워하며 그녀에게 누가 식사준비를 하느냐고 물었다. 배가 몹시 고팠던 것으로 기억한다. 그러자 그녀는 "요리사는 저쪽에 있어요."라고 대답했다. 짐은 작은 오리들과 꽃무늬가 그려진 예쁜 앞치마를 두르고 닭 두 마리를 요리하고 완두콩과 채소류를 데우고 있었다. 짐은 훌륭하고 자상한 미국 남편처럼 저녁식사를 준비해서 우리에게 대접했다.[28]

———

나는 《만약 태양이 죽는다면》을 쓰기 위한 자료 수집 차 미국 텍사스 샌안토니오 의과대학을 방문해서 우주비행사들이 치른 지능검사를 받을 수 있는지 물었다. 그 시험은 학문적 지식이나 기술적 정보를 평가하는 수단이 아니라 보편적 인식과 기초적 사고에 바탕을 둔 시험이라는 점을 주목해야 한다. 결과가 어땠을까? 내 지능은 갓 태어난 원숭이 수준이었다……. 평가 점수는 0점에서 250점까지로 기억하는데, 나는 우주비행사들이 받은 150, 180, 200점에 훨씬 못 미치는 35점을 받았다. 시험이 어떤 식으로 진행되었을까? 심사위원들은 내게 백지장을 보여주며 물었다. "이게 뭐라고 생각하세요?"

나는 눈 덮인 밭이라고 대답했다. 아마도 오하이오주나 롬바르디아주, 혹은 우크라이나의 밀밭일 거라고. 그리고 밀알 뿌리들이 눈망토를 뚫고 첫 싹을 틔우려고 힘겹게 싸우는 동안 농부가 초조하게 기다리는 상황을 열정적으로 묘사했다. 농부는 수확을 망치는 혹독한 겨울을 원망하고 있다는 등의 상상을 덧붙이면서. 농부가 혹독한 겨울 날씨에 악담을 퍼붓는 것까지 말했을 때 심사위원이 진저리치며 말을 막았다. "도대체 무슨 소리를 하는 거죠? 이건 종잇장이라고요!"

한 장의 종이라는 것을 나도 알고 있었다. 시각 장애인이 아니니까. 하지만 내 지능 유형은 그 종잇장을 종잇장 그대로 인식하지 않았다. 밀알 뿌리가 지면을 뚫고 싹을 틔우려고 고군분투하는 눈 덮인 밭으로 보았다. 나는 우주비행사가 아니다. 나는 작가다. 작가는 나뭇잎을 떨군 겨울나무를 바라보면서 잎이 없는 나무만을 보지 않는다. 봄이 되면 그 나무에 달릴 잎들과 나뭇잎 사이에서 필 꽃들을 본다. 그리고 운이 좋은 작가라면 나무가 땅속에 숨긴 뿌리까지도 본다.[29]

뉴욕에서 산다는 것

———

나는 뉴욕으로 돌아왔고 집을 옮겼다. 이제 나는 이전과 같은 구역에 있는 고층건물의 21층에 살고 있다. (…) 나는 주소를 알리지 않겠다. 주소를 알렸다간 잭 잭슨이 나를 찾아올 테니까. 잭 잭슨은 나를 죽이려고 했고, 이 때문에 나는 38구경 스미스 앤드 웨슨 리볼버 권총을 샀다. 나는 새집에 비용이 얼마나 드는지 말하지 않겠다. 그걸 말할 때마다 컨디션이 나빠져서 의사를 불러야 한다. 의사는 훨씬 전에 예약해둬야 한다. 몸이 아플 때 곧바로 의사를 만날 수 없기 때문이다. 따라서 아플 때를 예상해야 하고, 그날에 맞춰 의사를 예약해두어야 한다.

　의사의 비서를 통해 예약을 하면, 의사는 전화를 걸어 증세가 어떤지 묻는다. 증세가 어떠하든지 의사는 아스피린을 먹으라고 하고

　　　　　　　　　　　　　　　나는 침묵하지 않는다

진료비는 10달러라고 말한다. 아스피린을 먹고 죽거나 다 낫고 나서 의사를 기다린다. 예약 당일 의사는 큰 호의를 베푼다는 분위기로 와서는 몸이 어떤지 말해주지도 않고 처방전을 준다. 비용은 30달러이다. 처방전을 드러그스토어로 보낸다. 약품만 파는 약국이 아니라 나일론 스타킹과 엽서, 장난감, 프랑스 향수, 신문, 우유, 아이스크림 등을 파는 상점이다. 상점일 뿐만 아니라 먹고 마시는 스낵바이다. 몇 시간이 흐른 뒤 드러그스토어는 환자 이름만 달랑 적힌 작은 병을 내준다. 그 병 안에는 형형색색의 알약이 잔뜩 들어 있고, 환자는 그것이 무엇인지 모른다. 앞으로도 계속 모를 것인데, 의사도 상점 주인도 환자가 그걸 알 권리를 있다고 생각하지 않기 때문이다. 이게 바로 내가 의사를 부르고 싶지 않은 이유이고, 내 집이 얼마짜리인지 말하지 않는 이유이다.

단 하나, 뉴욕에서 혼자 살기에는 아주 큰 집이라는 것만 말해두겠다. 방 두 개에 주방, 욕실로 되어 있다. 이 집은 보스턴의 이혼녀가 내게 빌려준 것이다. 이곳에서 딸과 같이 살았던 금발의 이혼녀는 가구들을 남기고 갔다. 인도 램프 셋, 달걀 모양의 등나무 안락의자 둘, 중국 서랍장 하나, 침대 하나, 소파 하나, 식민지풍 파란색 의자 세 개가 딸린 둥그런 철재 소형 탁자 하나. 이 집 식구들은 내게 평범한 실내 장식, 뉴욕의 평범한 집이라고 했다.

보스턴의 이혼녀는 트렁크 두 개와 서른일곱 벌의 의상과 외투, 무더기의 신발, 브래지어, 모자도 남겼다. '관리인에게 넘겨주세요.'라는 메모 한 장과 같이 그 모든 걸 거실 한가운데에 쌓아두었다. 나는 관리인을 불렀고, 조금 뒤에 누군가 문을 열고는 허락을 구하지 않고 집 안으로 들어왔다. 그는 아파트의 모든 열쇠를 가지고 있고 필요할 때면 들어갈 수 있다. 언제든지, 밤이고 낮이고. 나는 그에게 어떻게 이 집 열쇠를 가지고 있으며, 이런 식으로 들어올 수 있냐고 소리쳤다. 그는 기분 나빠하며 규정이라고, 뉴욕 어디서나 적용되는 규정이라고 말했다. 누군가가 아프면 도와주러 오거나 고독사하면 시신을 처리하러 오거나 매달 1일 선급으로 월세를 내지 않으면 모든 걸 불태워야 해서 열쇠를 지니고 있다고 했다. 관리인은 이혼녀가 남긴 물건을 둘러보더니 "몽땅 태워야겠어요."라고 말했다. (…)

그러면서 물건을 그냥 둘 수 있는 규정을 깨달았다. 팁 20달러를 지급해야 어길 수 있는 규정. 나는 팁을 주면서 뉴욕에 화재가 자주 발생하는 이유를 깨닫는다. 소방차 사이렌 소리가 끊임없이 귓가를 때리고, 유니폼 입은 소방관들은 으스대며 꼿꼿하게 걸어서 빨간색 신호등이 걸린 길을 건넌다. 모든 것을 불태우는 관리인들의 불을 끄러 가려고. 이 또한 규정이다.[30]

———

나는 텔레비전을 좋아하지 않는다. 특히 텔레비전에 출연하는 것을 좋아하지 않는다. 화면에 내 모습이 비친다는 생각은 불쾌하기 짝이 없고 상스럽게 느껴진다. 어쨌거나 대중의 호주머니를 터는 총체적 수단일 뿐이다. 대개 미국 텔레비전은 수지가 잘 맞는 장사다. 그리고 미국에서 가장 인기 있는 버라이어티 쇼 프로그램인 〈더 투나잇 쇼 _The Tonight Show_〉는 아주 좋은 돈벌이다. 미국 전역에서 매일

나는 침묵하지 않는다

밤 방송되는 이 프로그램은 자니 카슨이라는 진행자가 가장 터무니 없는 사람, 배우, 가수, 마술사, 작가, 스포츠 챔피언, 저명한 미망인, 유명한 범죄자 등을 인터뷰하고, 출연자에게 최저 320달러를 지급한다.

나는 320달러에 귀가 솔깃했다. 얼마 전 미국에서 출간된 《만약 태양이 죽는다면》에 관해 12분을 얘기하는 것으로 그 돈을 받는다면 스타들이나 받을 법한 괜찮은 금액이라는 생각이 들었다. 이렇게 해서 나는 1분당 27달러를 말하러 갔고, 미국 시민들에게 만약 태양이 사라진다면 다른 태양들을 찾아야 한다는 필요성을 서술했다. 그리고 사람들에게 그리 설득력 있게 말하지는 못했지만 320달러, 즉 맨해튼에서 성냥갑 아파트의 월세로 내가 내야 하는 금액을 벌었다는 것에 분명한 의미를 두면서 집으로 돌아왔다. 그나마 그걸 위안으로 삼았다. 수표가 도착하기 전까지는. 달랑 20달러짜리 수표였다.

당연히 실수라고 생각했다. 그렇게 확신하며 〈투나잇 쇼〉에 전화를 걸어 수표는 받았지만 착오가 있다고 말했다. 그들은 착오가 있을 리 없다고 말했다. 320달러에서 90달러는 세금이라고 했다. "90달러요? 아, 네. 알겠습니다. 그러면 나머지는요? 320에서 90을 제하면 230이고, 230에서 20을 빼면 210인데, 210달러는 어디로 갔나요?" "음, 노동조합이죠." "무슨 노동조합?" "연기자, 그러니까 연예인 조합입니다. 미국 텔레비전 라디오 예술가협회. AFTRA라고 부르죠." "하지만 전 연기자가 아니고 AFTRA 소속이 아닙니다." "아니, 가입되셨습니다." "잘못 아신 거겠죠." "아닙니다. 당신은 가입 신청서에 서명까지 했어요." "제가요? 언제?" "촬영 들어가기 전에요." 어렴풋이 기억이 났다.

촬영 들어가기 몇 분 전, 누군가가 내게 종잇장을 내밀며 말했다. "여기에 어서 서명하세요. 사소한 형식상의 절차입니다." 그때 나는 돈 때문에 텔레비전에 출연한다는 부끄러움에 당혹스러웠고, 정말로 의례적인 절차라고 믿으며 아무것도 읽지 않고 서명했다. "하지만 210달러! 내 출연료의 3분의 2가 넘는! 미쳤군요!" "아! 당신은 운이 좋은 겁니다. 어떤 영국 부인은 단지 6센트가 남았거든요. AFTRA에 문의하세요."

AFTRA의 사무장 마이클 세이지 씨는 매우 친절했다. 그는 버라이어티 쇼에 나오려면 어떠한 쇼 프로그램이든 연예인 노조에 가입해야 하고, 연예인이 선망하는 최고의 노동조합은 AFTRA인데, 이곳의 가입비가 바로 210달러라고 설명하는 친절을 베풀었다. "하지만 세이지 씨, 저는 연예인이 아닙니다. 저는 기자이고 작가입니다." 세이지 사무장은 침착한 어조로 많은 기자와 작가가 연예인이기도 했으며, 한 가지 활동만 하고 사는 것은 아니라고 말했다. 피터 유스티노프와 클레어 부스 루스를 한번 생각해보라고. "음, 저는 피터 유스티노프도 클레어 부스 루스도 되고 싶지 않습니다. 오로지 제 210달러만 원할 뿐입니다."

세이지 씨는 한숨을 내쉬었고 더욱더 침착하게 말했다. 나는 그 누구도 아닌 자기 자신일 거라며, 진정한 자신을 발견하는 감동, 내 안에 숨겨둔 재능, 연예인의 장점, AFTRA에 가입함으로써 얻는 엄청난 혜택을 쉬지 않고 열거했다. 대화를 계속하기가 불가능했다.

나는 침묵하지 않는다

그는 내게 편지를 쓴다고 했고 그다음 날 정말로 편지를 썼다. 친근한 말투로 빼곡하게 쓴 두 장의 편지.

내 안부를 묻는 것에서 시작해서 AFTRA가 전국 차원에서 벌이는 사업들과, 워싱턴, 시카고, 로스앤젤레스 지부에 관한 설명을 늘어놓더니 내게 20달러를 더 요청하는 것으로 마쳤다. 알다시피, 210달러는 월 회비가 포함하지 않은 가입비에 해당한다고. 그러니 월 회비 20달러와 함께 법적 성명, 예명, 생년월일, 남편이나 아내 이름, 아이들 이름, 합법적인 부모인지 확인하기 위한 결혼 날짜, 생명보험 증권번호를 적어서 보내라고 했다.

내 답장이 매우 공격적이었다는 것을 인정한다.

먼저, 나는 보험증권이 없고 아내가 없고 남편이 없고 아이가 없고 예명이 없다는 말로 시작해서 질문 하나만 하겠다고 했다. 노동조합은 자본가로부터 노동자를 보호하는 단체, 즉 정당한 대가를 받을 수 있게 도와주는 곳이라고 알고 있다. 내가 연예인이냐 아니냐를 떠나서, 연예인 노동조합은 자본가들로부터 나를 어떻게 지켜줄 수 있는가? 자본가들이 내게 주는 돈을 기만적으로 착취하면서? 그렇다면 자본가로부터 나를 보호한다고 하는 노동조합으로부터 누가 나를 보호하는가? 노동조합의 부정한 행위를 고발하는 노동조합?

"세이지 씨, 나는 당신에게 20달러를 보내지 않을 것입니다. 내가 AFTRA에 가입되어 있다면 거기서 탈퇴하겠습니다. 그리고 조합을 탈퇴하니, 내가 내겠다고 동의한 적이 없는 210달러를 돌려주시기 바랍니다." 답장에 대한 답장은 더 과격했다. 그는 내게 다음과 같이 썼다. "만약 20달러를 내지 않으면 당신은 직접 서명한 계약을 이행하지 않는 것입니다. 따라서 우리 조합은 가입비 210달러를 압수하는 것은 물론이고 법적 수단을 써서 당신에게 대응할 수밖에 없습니다."

나는 20달러를 냈다. 실수로 적었다고 생각하며 수표로 그 돈을 냈다. 다음 달에는 동전으로 낼 것이다. 이제 나는 AFTRA의 조합원이다. 하루가 멀다고 AFTRA의 소책자, 서신, 규정집이 도착했다. "친애하는 조합원 여러분…"으로 시작하는 화선지 편지에는 마이크와 텔레비전 안테나, 바이올린이 새겨진 인장이 찍혀 있다. 오늘 아침에는 조합 대표 멜 브랜트의 이름으로 우편물이 도착했다. 그는 조합이 파업에 들어간다고 알렸다.

"선량한 연예인들을 착취하는 자본가들에 맞서, 우리는 파업에 돌입할 것입니다. 파업위원회는 뜨거운 투쟁을 전개할 것입니다. 투쟁 성금 모금에 동참해주시기 바랍니다." 나는 일자리가 없는데 무슨 성금이냐고 반박했다. 〈투나잇 쇼〉 이후로 아무도 나를 불러주는 사람이 없었고 마을 극장의 코러스 걸로도 불러주는 사람이 없다고 말했다. 그들은 내게 답변했다. "더 낫군요. AFTRA를 위해 몸으로 봉사할 시간이 있으니까요."[31]

———

나는 내가 언제 떠나고 언제 돌아오는지 모른다. 예를 들면 이런 식이다. 나는 세인트루이스에 있다가 갑자기 챙 넓은 모자 솜브레로를 사기 위해 멕시코시티로 달려가고 싶은 생각이 든다. 그러면 나는 공항으로 가고 다섯 시간 뒤에는 멕시코시티에 있다. 이상하게 보일 수 있다. 내 아버지는 나를 괴짜라고 말한다. 하지만 글을 쓰는 사람은 항상 미치광이 같은 구석이 있다.[32]

———

내가 자신의 이야기를 쓰는 데만 재주가 있다는 점을 부정하지 않는다. 어쩌면 내 큰 한계일 테지만 진실이기도 하다. (…) 인터뷰와 관련해서 내가 단호한 사람이라는 것은 사실이다. 하지만 이것도 나로선 공정한 행위이다. 내 관점을 분명하게 드러내기 때문이다. 나는 객관성을 믿지 않는다. (…)

나는 어리석기 그지없을 정도로 많은 결함을 지닌 여자이다. 나는 트렁크를 싸고 풀면서, 글을 쓰면서, 여행하면서, 키안티 와인과 꿀을 생산하면서, 메추라기를 기르면서 산다. 실제로 거주하지는 않지만, 내 진짜 집은 시골에 있다. 숲과 포도밭으로 둘러싸여 있고 최상의 와인으로 가득한 커다란 지하저장고를 갖추고 있다. 내 위대한 야망은 여권의 직업란에 '와인 생산자'라고 쓰는 것이다.

며칠 전 마드리드에 있었다. 투우장에서 투우사 비엔베니다는 혼자서 미우라 황소 여섯 마리를 상대했다. 세 번째 황소와 겨룰 때 나는 내가 무척 아끼는 모자(나는 모자와 보석류를 좋아하는데, 여자들이 좋아하는 쓸데없는 것을 모두 좋아한다.)를 벗어서 경기장으로 던졌다. 그 황소에게 매우 감탄하며 찬사를 보냈다. 솔직히 질투심이 났다고 해야 할까? 녀석은 매우 용감했다. 그 어떤 미덕도 지성도 선함도 용기만큼 나를 매료시키는 것은 없다. 내게 최고의 덕목은 남자다움이다. 세상에서 내가 가장 사랑하는 것은 남자다움이고, 용기는 남자다움이다. 한 여자가 받을 수 있는 가장 멋진 칭찬은 "당신은 남자다워요. 당신은 위대한 남자예요."라고 생각한다. 나는 위대한 남자가 되기 위해 뭐든 할 것이다.[33]

폐허가 된 피렌체

룽가르노 코르지니, 룽가르노 아르키부지에리, 산타 트리니타 다리의 오르막, 데 바르디 거리, 그리고…… 더는 존재하지 않는다. 아무것도 없다. 삭제되고 사라지고 지워졌다. 아르노강의 제방도 강변도 길도 집들도 없어졌다. 강바닥에 설치한 높이 솟은 거대한 들보와 버팀대만 남았다. 손으로 접시 위의 케이크를 쓸어버린 듯하다. 애초에 아무것도 존재하지 않았던 것처럼, 우리가 걸은 적이 없던 것처럼, 강물은 그 공간으로 넘실거린다. 도시에 가해진 폭격.[i] (…) 폭격 이후에 적어도 폐허와 돌덩이는 남는다. 그런데 이곳에는 한 가닥 연기조차 남지 않았다. (…)

베키오 다리, 그곳의 찬란함, 문명, 아름다움, 풍요로운 상점들은 어디로 갔나? 휩쓸어갔다. (…) 가루가 되었다. 베키오 다리 위를 걷는다. 다리의 구석구석에서 저주받은 아르노강의 흔적만 볼 뿐이

---

i 제2차 세계대전 당시 독일군은 연합군의 진격을 늦추기 위해 베키오 다리만 남기고 아르노강의 다리들을 모두 폭파했다. 1944년 8월 3일과 4일, 이틀 동안 피렌체의 다리가 하나하나 폭파되었다.

다. 이곳저곳 귀금속 가게들은 텅 비어 있다. 고작 상점 두 곳만 남았다. 끔찍하게 파괴됐지만 상점이기는 하다. 한 곳은 은제품을 파는 가게이고, 다른 곳은 넥타이 가게이다.

은제품 상점은 폐허의 흔적을 치우고 여기저기서 되찾은 애처로운 몇 가지 물건을 내놓았다. 꽃 한 송이 아래 게시판에는 다음과 같이 적혀 있다. '미안합니다. 우리가 가진 전부입니다. 제발 사주세요.' 영어로 쓰여 있다. 넥타이 가게에는 온통 쭈글쭈글해진 진열대 안의 넥타이들과 물로 씻어 낸 가죽 가방 몇 개만 남았다. 그 가게에도 영어로 쓴 게시판이 붙어 있다. '침수된 상품을 제발 사주세요. 감사합니다.' 모든 상점이 이런 식이다.

포르 산타 마리아 거리에서도 서너 군데 상점에 담벼락이 남아 있다. 그들은 가까스로 찾아낸 몇 안 되는 물건을 씻어서 탁자 위에다 올려두고 문을 닫기 전까지 아주 싼 가격에 팔고 있다. 나는 심란한 마음으로 텅 빈 가게들로 들어가서 필요하지도 않은 오물을 산다. 그렇게 하는 게 옳다고 여겼다. 침수된 넥타이는 볼품이 없었다. 내가 열 개짜리 꾸러미를 사겠다고 하자 그들은 기뻐했다. 그리고 고마워하며 말했다. "매고 다닐 수 있어요. 소독했고 악취가 나지도 않습니다." 마음이 아팠다. 글을 쓰면서도 울컥하는 마음이 든다.

나는 도시를 둘러보는 내내 눈물을 삼켜야 했다. (…) 폐허가 된 도시 때문만이 아니었다. 그 재앙을 겪고 훼손된 시민들의 존엄성 때문이기도 했다. 나는 밤 열 시, 열한 시까지 거기에 머물렀는데, 사람들은 여전히 다시 치우고 씻고 다시 치웠다. 남자, 여자, 아이 할 것 없이 사다리에 올라 벽과 천장에 붙어서 남은 기름때를 긁어

내고 있다. 살아남기로 한 사람들의 끈질기고 고요하고 완고한 태도. 눈으로 보고도 믿을 수 없었다. 이를테면 도시는 죽었지만, 그들은 살아 있는 도시처럼 대했다. 그 용기와 힘이 놀랍기만 하다.

한 신발 가게는 아직 전기가 들어오지 않았다. 가게 주인은 완전히 구겨지고 쭈그러진 신발 여섯 켤레를 진열했는데, 가격은 '덤핑 판매가 500리라'이다. 진열장은 양초 세 자루가 불을 밝히고 있고, 중간에 장미 한 송이가 꽂힌 화병이 놓여 있었다. 다른 가게는 프랑스산 미용 비누를 진열해두고 한 개에 50리라에 팔고 있다. '어찌 됐든, 프랑스산 비누입니다.'라고 적혀 있었다. 나는 가게 주인과 이야기를 나눴는데 그는 다음과 같이 말했다. "나는 누구에게도 구걸할 마음이 없습니다. 포르첼리노에 가서 엉덩이를 백 번 부딪친 뒤 가게를 다시 열었어요." (밀짚모자를 파는 노점상들이 있던 포르첼리노에는 석판이 하나 있다. 중세시대에 파산자들을 벌주려고 거기에다 엉덩이를 백 번 부딪치게 했다. 그래서 오늘날 재산을 몽땅 잃은 사람을 '시퍼런 엉덩이*Culo-blu*'라고 부른다.)[i]

그나마 다행인 점은 피렌체 사람들이 유머 감각을 전혀 잃지 않았다는 것이다. 그들은 서로를 보고 웃고 눈앞의 광경을 보고 웃는다. "쯧쯧, 저치도 시퍼런 엉덩이야."라며 웃는다. 그들은 자긍심도 전혀 잃지 않았다. 포르 산타 마리아 거리에 보급품을 실은 독일 트럭이 한 대 도착했다. 중년의 독일인이 운전대를 잡고 있었다. 사람들은 그를 둘러싸고 물었다. "당신네 군인들이 이 도로에 지뢰를 설

---

i 불명예의 돌, 파산자들의 돌, 수치의 돌 등으로 불린다. 고대 로마에서 유래한 것으로 동그란 모양의 돌바닥이다. 파산한 사람들을 벌하기 위해 주로 사람들의 왕래가 잦은 광장에 설치되었다. 피렌체에는 포르첼리노 회랑이라고 불리는 누오보 메르카토 회랑에 있다.

치할 때 당신은 어디 있었소?" 그 가엾은 독일인은 어쩔 줄 몰라 하며 말을 더듬거렸다. 사람들은 그에게 "여기서 썩 꺼지시오, 제발!"이라고 소리쳤다. 내 아버지는 잔인한 이야기라며 피렌체인들이 실망스럽다고 했지만 나는 속이 후련했다. (…)

나는 악취로 숨을 쉴 수 없는 우피치 미술관 앞을 지나갔다. (우피치 옆의 제방도 사라지고 보이지 않았다.) 두오모 광장으로 가보니 20년은 더 과거로 돌아간 듯했다. 산 조반니 세례당의 기베르티의 문들은 금이 아닌 석탄으로 보였다. 석탄처럼 새까맣게 변해 있었다. 청동판 두 개가 빠져 있었다. 그런데 숭고하고 감동적인 장면이 눈에 들어왔다. 천국의 문 세 번째 판에 조각되어, 도드라지게 튀어나온 기베르티[ii]의 머리를 누군가가 깨끗하게 닦아놓은 것이다. 그래서 정면을 주시하는 기베르티의 머리만 온통 시커먼 문에서 금빛으로 빛났다. 한 노인이 지나가다가 멈춰 서서 말했다. "자비의 하느님이 당신에게 한 걸 보았소? 당신은 그분을 위해 천국을 조각하느라 그토록 고생했는데, 그분은 당신에게 지옥을 줬군. 이런, 천치 같으니라고!"

산타 크로체 광장으로 갔다. 여기서 본 것은 잊을 수 없는 악몽으로 떠오른다. 물이 3층 높이까지 차올라 붉은색 자국(물과 섞인 등유처럼 보이는)이 그 높이까지 길게 남았다. 핏자국처럼 흉측했다. 그 소름 끼치는 장면은 떨칠 수 없는 망상으로 변했다. 가로등과 덧창문에 들러붙은 덤불 나무들도 끈질긴 망상이 되었다. 어떤 주택의 지

---

ii Lorenzo Ghiberti(1378 – 1455). 이탈리아의 조각가, 금세공인, 건축가로 산 조반니 세례당의 북문과 동문(천국의 문)을 제작했다.

붕에는 황금색 나무 천사상이 서 있다. 누구 것인지, 물에 휩쓸려 어디서 왔는지 알 수 없는 그 천사상을 사람들은 거기, 지붕 위에 올려두었다. 적어도 보기에는 좋으니까. (…)

피렌체 시장 바르젤리니는 분노와 실망감에 휩싸인 나머지 심장마비를 일으켰다. 그가 침대에서 보내온 비통한 공보가 벽에 게시되었다. "친애하는 피렌체 시민 여러분, 걱정하지 마세요. 저는 잘 있습니다. 고통스러웠지만 지금은 괜찮습니다. 쓸고 닦고 재정비하는 일에 최선을 다해주세요. 여러분의 시장이 안부를 전합니다." 오, 문명은 백 년 만에 이룰 수 있는 게 아니거늘![34]

베트남 전쟁에서 보낸 7년

베트남에서 전쟁이 일어났고 기자라면 머잖아 그곳으로 가야 한다. 신문사에서 기자를 보내거나 기자가 신문사에 요청해서 가는데, 나는 내가 가겠다고 했다. 여동생 엘리자베타에게 대답하지 못했던, 인생은 무엇이냐는 질문에 스스로 답하기 위해서, 그리고 내가 너무도 일찍 배웠던 전쟁의 참상과 공포를 낱낱이 전하기 위해서였다.

그런데 사이공에 도착했을 때 전쟁의 흔적을 발견하지 못해서 한참 당황했다. 어디서 전쟁이 일어났단 말인가? 탄손누트 공항에는 제트기들과 무거운 기관총을 장착한 헬리콥터들, 네이팜탄을 실은 트레일러들이 우울한 분위기의 군인들과 같이 정렬돼 있었다. 하지

나는 침묵하지 않는다

만 이것은 아직 전쟁이 아니었다. 도시로 향하는 길을 따라서 철조망 장벽, 모래 자루로 쌓은 보루, 군인들이 소총을 겨누는 작은 탑들이 보였다. 하지만 이것은 아직 전쟁이 아니었다. 도시에서는 무장한 병사들이 탄 지프차들, 기관포를 장착한 트럭들, 탄약통을 실은 수송대가 지나갔다. 하지만 이것도 아직 전쟁이 아니었다.

북적대는 길을 가볍게 누비는 페달 인력거들, 대나무 장대에 매단 저울 접시의 균형을 유지하며 종종걸음으로 뛰어가는 물장수들, 검은 베일처럼 등 뒤로 풀어헤친 머리칼을 하고 긴 옷을 입은 자그마한 여인네들, 자전거들, 오토바이들, 왁스 상자와 구두 닦는 솔을 든 아이들, 지저분하고 민첩한 택시들이 도대체 전쟁과 무슨 상관이 있단 말인가.

1967년 11월의 사이공은 유쾌하기도 한 혼란이 있었다. 처음 사이공에 도착했을 때는 전쟁의 기운을 크게 느낄 수 없었다. 오히려 전쟁을 치른 뒤의 풍경처럼 보였다. 음식이 그득 놓인 상점들, 금빛이 가득한 보석점들, 문을 연 레스토랑들, 그리고 태양. 호텔로 들어갔을 때는 엘리베이터와 전화기, 천장 선풍기까지 작동됐으며, 종업원은 손님이 부르면 언제든 달려갈 태세인 데다 탁자 위에는 신선한 파인애플과 망고가 담긴 쟁반이 놓여 있었다. 죽음과는 거리가 먼 것들이었다.

그러다 밤이 되자 갑작스럽게 전쟁의 소리가 내 귀를 찢었다. 대포가 발사되는 소리가 '펑' 하고 들렸다. 그리고 한 발, 또 한 발. 벽이 진동으로 흔들렸고 창문이 깨질 듯이 덜컹거렸으며 방 가운데 있는 램프가 격렬하게 요동쳤다. 나는 창문으로 달려갔다. 지평선의 하늘은 붉은빛이었다. 그리고 나는 너무도 일찍 배운 죽음의 전쟁을 알아봤다. 그 순간 세상의 다른 쪽에서는 심장이식에 관한 논쟁이 불붙고 있을 거라는 생각이 들었다. 세상의 다른 쪽에서 사람들은 생명이 10개월 남은 환자를 살리려고 생명이 10분 남은 환자의 심장을 떼어내는 것이 정당한 것인가를 묻고 있었다.

그런데 여기에는 튼튼한 심장을 가진 젊고 건강한 전 국민의 인생을 송두리째 앗아가는 것이 정당한가를 묻지 않는다. 나는 온몸을 휘감고 머릿속까지 파고드는 분노에 휩싸였다. 그리고 이 모순을 글로 적어야겠다고 다짐했으며, 그때부터 일지가 작성되었다. (⋯)

전쟁에 관한 소식을 들으려면 프랑스 통신*FP*을 찾아가 보라고 사람들이 알려주었다. 통신사 국장 프랑수아 펠루가 적임자라고 했다. 나는 오전에 그를 보러 갔고 만날 수 있었다. 그는 회색빛 머리카락에 탄탄한 체격을 한 잘생긴 남자였다. 무표정하고 신중한 얼굴에다 속내를 알 수 없는 고통스럽고 냉소적인 눈빛이었다. 첫 모습이 매우 인상적이었다. 보통 사람과 다르게 보이고 어떤 여운을 남겨서, 한 번 더 뒤돌아보게 하는 유형이었다. 거칠고 까다로운 행동도 인상적이었다. 타인을 신뢰하지 않고 거리를 두는 사람으로 보였다. (⋯)

나는 호텔로 돌아와서 그가 남긴 메모를 발견했다. 머리글자로만 서명을 남겼는데, 이니셜을 곧바로 알아보지 못했다. 하지만 다정하면서도 뻣뻣한 어조가 느껴져서 프랑수아가 보냈다는 것을 알았다. '닥토에서 좋은 시간을. 두려워하지 마세요. FP'

내가 처음으로 전쟁을 접한 곳은 닥토에서였다. 11월이었고, 그때까지 전투 장면을 직접 겪지는 않았지만, 군복 주머니에 프랑수아의 메모를 가지고 다녔다. '두려워하지 마세요.' 나는 두려워하지 않으려고 했으나 겁이 많이 났다. 어쩌면 그래서 내 눈은 그 어느 때보다도 휘둥그레졌다.[35]

————

용기 있다는 것은 두려워하지 않는다는 뜻이 아니다. 두려워도 행동하는 것을 의미한다. 나는 전쟁과 위기에서 언제나 두려워했고, 항상 두려움을 느낀다. 지독한 두려움이다. 어떤 이들은 두려워서 화장실로 간다. 내게 두려움은 다른 증세로 나타난다. 위와 장이 수축하고 경련을 일으켜서 화장실에 가고 싶은 욕구가 없어진다. 나는 베트남에서 화장실에 잘 가지 못했다. 두렵지 않은 날은 없었다. 전쟁에서 두렵지 않다고 말하는 자는 비열한 거짓말쟁이, 위선자이다. 거짓말쟁이! 위선자! 어떻게 전쟁이 두렵지 않겠는가?

모두가 전쟁을 두려워하고, 전쟁에서 두렵지 않은 군인이나 영웅은 단 한 명도 없다. 폭탄에 대한 두려움, 총격에 대한 두려움, 죽음에 대한 두려움. 나는 모두에게 물었다. "겁나세요?" 모두가 하나같이 대답했다. "네. 많이요." 그러면 나는 "저도 그래요."라고 말했다. 두려움 때문에 일을 못 한 적도 있었다. 케산에서 전투가 벌어졌는데, 그곳으로 들어갈 수 없었다. 두 차례 시도했지만 마지막 순간에 해내지 못했다. 세 번째로 시도했다. 나는 CH-47 헬기에 올라 탄약 더미 사이에서 혼자 있었다. 그런데 베트콩 탄환이 날아왔고 뇌관을 제거한 폭탄처럼 튀어 올랐다.

하지만 나는 헬기에서 내리지 않았다. 나는 출발해야 한다고 생각했다. 다른 사람들도 위험을 무릅썼고, 또 다른 사람들도 그렇게 할 것이고, 나도 그래야 한다고 생각했다. 그런데 그때 두 명의 헬기 조종사가 겁을 먹고 말았다. 그들은 프로펠러가 작동하지 않는다고(실제로는 잘 작동했지만) 말했고 출발하지 않았다. 나는 헬기에서 내려야 했으며 그 후로는 다시 시도하지 않았다.

하지만 케산에서 무슨 일이 벌어졌는지는 말해야겠다. 케산은 몇 달 전부터 북베트남군 수천 명이 공격하는 작은 계곡이었다. 디엔비엔푸와 마찬가지로 거기서는 담배를 태우듯이 사람들이 죽었다. 그리로 가는 것은 크나큰 역경이었다. 비행기와 헬리콥터가 멈춰 서는 법이 없었기 때문이다. 일단 착륙하면 활주하는 동안 뒷문이 열리고 다시 날아올랐다. 비행기가 활주하는 사이 몸을 던져 참호 속으로 굴러 들어가야 했다.[36]

나는 우주비행사들을 영웅이라고 불렀다. 그런데 영웅적 행위란 수많은 기술자와 과학자, 정밀한 장치의 도움을 받아 마지막 볼트 하나까지 점검한 뒤 99.99퍼센트의 안전도를 갖춘 로켓을 타고 달에 착륙하는 것일까? 만약 일이 잘못되어 달에서 죽으면, 전 세계가 당신을 칭송하고 당신을 찬양하고 당신을 위해 눈물 흘리는 가운데 세상 사람들의 눈앞에서 죽는 것이 영웅적 행위일까? 아니다. 나는 이곳에서 진정한 영웅들을 보았다. 꿈의 이름으로 죽이고 죽임을 당하는 베트콩. 죽을 것을 알면서 언덕의 전쟁터로 돌격하다가 숲속의 한 마리 개처럼 파멸하는 군인. 조롱을 당할지언정 소화기라

나는 침묵하지 않는다

도 들고 불을 지르려 달려드는 소녀와 승려. 이들의 행위야말로 영웅적 행위이다.[37]

나는 《아무것도 없이, 그러할지어다*Niente e cosi sia*》에서 베트남 전쟁에 관해 썼다. 이 책은 전쟁의 폭력성, 공포, 무용성, 어리석음에 관한 증언이다. 외부인이면서 참여자인 한 사람이 매일같이 가까이에서 지켜본 증언이다. 우리가 모두 알고 있지만 잊고 있는 사건에 대한 보고이다. 하지만 결론적으로 인간에 대한 극진한 믿음 역시 강조하고 있다. 내가 본 것과 베트남에서 벌어진 모든 일, 우리가 목격한 학살, 살인, 전쟁 범죄, 이 모든 것이 드러나면 인간에게 믿음을 가지지 않을 수 없다. 만약 우리가 인간을 믿지 않고 보호하지 않고 사랑하지 않는다면 집으로 가서 정말로 아이들에게 폭탄을 던질 것이다.[38]

———

1975년에 나는 사이공으로 돌아갔다. 당연한 일이다. 하지만 베트남 사람들이 도착하기 며칠 전에 다시 떠났다. 나는 서너 달, 혹은 여섯 달 동안 그곳에 빠져서 머무는 게 두려웠다. (…) 알레코스 때문에 그랬던 것만은 아니었다. 무엇보다도 어머니를 위해 내린 결정이었다. 당시 엄마의 병세가 아주 깊어졌고 모두 임종 날짜가 얼마 남지 않았다고 생각했다. 만약 사이공에서 석 달이나 여섯 달 동안 억류돼 있느라 엄마의 임종을 지키지 못한다면 나는 나를 절대 용서할 수 없을 것이다.

투도 거리로 행진하며 들어오는 북베트남군과 베트콩을 기다리지 않고 돌아가기란 내게 몹시 힘든 일이었다. 베트남에서 7년을 보낸 사람에게는 너무나 힘든 일이었다. 그것은 엄청난 희생이었다. 오, 세상에! 엄청난! 하지만 거기 남아 있던 몇 안 되는, 두세 명의 미국인과 두세 명의 프랑스인 기자는 내가 두려워했던 대로 억류돼 있었다…… 그리고 나는 선택해야 했다. 그 희생이 내 선택이었다…… 사랑을 위한 선택이었다.[39]

멕시코 학생운동, 죽음의 목전에서

멕시코에서 나는 다리에 총상을 입었고, 비가 오면 눈에 띄게 절뚝거리며 걷는다.[40]

매우 심각한 부상이었지만 내가 다친 것은 일하면서 당한 사고였다. 전쟁이나 폭동 현장에 있는 기자에게 총상은 언제든 발생할 수 있는 일이다. 내가 다쳤다는 사실은 중요하지 않다. 내가 사건을 지켜봤다는 것, 그것도 아주 가까이서 목격했다는 사실이 중요하다. 나는 정확히 태풍의 눈 한가운데에 있었다.[41]

그 광장은 멕시코의 세 문화가 상징적으로 결합해서, 틀라텔롤코 광장이라고 불렸다. 아스테카 문명의 피라미드 유적 잔해, 16세기 스페인 성당, 현대식 고층 건물이 어우러진 곳이다. 많은 진입로와

도주로를 갖춘 거대한 광장이었기에, 학생들이 독재에 반대하는 집회 장소로 이곳을 선택한 것은 우연이 아니었다. 학생, 노동자, 교사 등 독재에 저항하는 용기를 가진 사람을 멕시코에서는 제도혁명당PRI, 사회주의자라고 부르지만, 농장에서 주당 8백 리라를 받는, 세상에서 가장 가난한 민중에 속하는 멕시코 빈민들은 사회주의 같은 것을 이해하지 못했다. 이들이 모여 떠들기라도 하면 경찰은 총격으로 입을 막아버렸다. 이에 학생들은 집회의 자유를 주장했다. 그리고 군인들이 대학을 점령하고 강의실에서 기물을 파손하며 진을 치고 있는 것을 반대했다. 또 멕시코에서 개최되는 올림픽을 반대했다.[42]

"걱정하지 마세요. 아무 일도 없습니다." 그날 정오에 정부 고위 공무원이 내게 분명하게 말했다. 나는 틀라텔로코 광장에서 오후에 열릴 집회를 무력으로 진압한다는 계획이 사실인지 물으려고 그를 찾아갔다. 그 시간에 전차부대는 이미 삼엄하게 경계하고 있었고, 멕시코의 악명 높은 진압 부대가 대기하고 있었다. 그들은 알고 있었고, 모두가 알고 있었다. 우리도 잘 알고 있었다. 내가 레지나 이자벨 호텔에서 나서며 다른 특파원들에게 "여러분도 같이 가시죠." 라고 말하니 그들은 "아닙니다. 당신이 다녀와서 나중에 알려주세요."라고 대답했다.[43]

나는 총에 맞은 그날 본 것을 말할 수 있다. 광장에는 학생들이 오륙천 명가량 있었는데 완벽하게 침착하고 평화적이었다. 그러다 철도원들과 철도 노동자 대표단도 도착했는데 그들 역시 질서정연한 모습이었다. 광기 어린 폭력 진압을 불러일으킬 만한 어떠한 명분도 없었다. 전국파업대책회의 소속 대학생이 자극적인 용어를 배제한 채 대중에게 말하고 있었다. 그는 학생들이 월요일부터 단식투쟁을 시작하려 한다고 알렸다.

바로 그때 헬리콥터 한 대가 광장 위로 날아올랐고 점점 더 낮게 날더니 신호탄을 발사하기 시작했다. 베트남에 있는 것 같았다. 일 분 정도 만에, 어쩌면 채 일 분도 안 되어 군 트럭들이 광장의 사방을 완벽하게 에워쌌다. 군인들이 트럭에서 내렸다. 백여 명 정도 되었던 것 같다. 그들은 군중을 향해 총을 쏘아대며 트럭에서 뛰어내렸다. 나는 학생들이 연설하고 있던 건물의 테라스에 있었는데, 군대가 발포하고 학살하며 트럭에서 뛰어내리는 그 순간 경찰들이 리볼버 권총을 겨누며 테라스로 들이닥쳤다. 처음에는 사십여 명 그러다 팔십여 명으로 불어난 경찰들은 우리 위로 총을 쏘고 우리를 벽으로 밀어붙이며 꼼짝 마라고 외쳤다.[44]

나는 베트남에서 왔다. 그랬다. 나는 테트 공세와 후에 전투, 닥토 전투와 다낭 전투, 그리고 쾅트리 전투에서 온 것이었다. 나는 폭발과 발포, 피 따위가 담배처럼 익숙해져 있었다. 하지만 나는 내 눈을 믿을 수 없었다. 그곳은 전쟁터가 아니었기 때문이다. 나는 곧 올림픽이 열리는 도시에 있었다. 그리고…… 깃발을 들고 쓰러지는 철도원들. 한 사람 한 사람 연속해서. 거꾸로 굴러 계단 아래로 떨어지던 노파들. 공포에 질려 달아나던 아이들. 연발 사격을 맞고 두

나는 침묵하지 않는다

동강이 난 친구를 향해 절규하던 소년. "움베르토오오오! 놈들이 무슨 짓을 한 거야, 움베르토오오오!" 그러다 자신을 향해 날아온 총알을 맞고 숨을 거둔 소년. (…)

그들은 내 머리채를 잡아서 나를 벽으로 내던지고는 때렸다. 그러고 나서 학생들과 같이 땅바닥에 엎드리라고 명령했다. 그들은 몸을 숙이고(방어가 되는 창턱의 벽 아래에) 나를 향해 리볼버 권총을 겨냥했다. 방아쇠에 손가락을 올렸다. 총알을 발사하고는 피 흘리는 나를 내팽개쳐두었다.[45]

총알이 등을 관통했을 때, '만약 죽지 않는다면 몸이 마비된 채 살게 될 거야.'라는 생각이 들었다. 엄청난 두려움이 밀려왔다. 그리고 다리에 총알을 맞았을 때는 '과다출혈로 죽지 않는다면 평생 한쪽 다리로 살아야 할 거야.'라고 생각했다. 또다시 큰 두려움이 밀려왔다.[46]

어두워져서야 독일 기자의 요구("사령관, 이자는 학생이 아닙니다. 작가이자 기자인 오리아나 팔라치입니다.")에 못 이겨 그들은 나를 끌어냈다. 어떻게? 내 머리채를 다시 움켜잡고 감자 부대처럼 질질 끌어서 계단 아래로 내렸다. 계단 모서리마다 상처 입은 부위가 부딪쳤다. 계단에서 젊은 군인 하나가 내 시계를 훔쳐갔다. 그는 몸을 구부리더니 내 손목에서 시계를 빼갔다. 웃으면서. 계단을 벗어나서는 여전히 낄낄거리는 다른 두 명의 군인이 나를 바닥에 내려놓았다. 어디였을까? 짐작건대 포격으로 파괴된 화장실에서 새어나온 배설물과 액체의 악취가 진동하는 곳이었다. (…)

그들은 내가 죽었다고 믿고 응급실에 데려가는 대신 시체들을 옮겨둔 넓은 공간에다 나를 내던졌다. 나는 그곳에서, 시체 더미 사이에서 다시 눈을 떴다. (…) 나는 분노가 치밀어 올랐고 마지막 남은 힘을 끌어 모아 이탈리아어로 울부짖었다. 아무렇게나 욕설을 쏟아내며 모욕을 퍼부었다. "개자식들, 살인자들, 더러운 파시스트들, 날 여기서 꺼내!" 다행히 사람들이 내 소리를 들었고, 사제 한 명이 내게 다가왔다. 그는 종부성사를 집행할 때 매는 보라색 영대를 늘어뜨리고 있었는데, 기쁨과 놀라움이 섞인 목소리로 "살아 있어!"라고 외쳤다. 그러고는 내게 머리를 숙이며 물었다. "가톨릭 신자이신가요?" 그 상황에 얼토당토않은 질문이었고, 나는 차마 옮길 수 없는 욕설로 대답했다. 어쨌든 그 대답이 나를 살렸다. 살아있는 사람만이 그런 비속어를 말할 수 있다고 확신한 사제는 즉시 나를 응급실로 옮기게 했다. 그곳에는 몇 시간 전부터 숨 가쁘게 나를 찾고 있던 과스토네 벨크레디 대사가 있었다. 나는 이탈리아 대사관 차량에 실려 다른 병원으로 이송되었고, 바살리 의사에게 총알을 제거하는 두 차례 긴 수술을 받았다. 그리고 며칠간 꼼짝없이 누워 있었다.

나는 살면서 끔찍한 일을 많이 겪었다. 독재정권 아래 태어났고, 전쟁 중에 자랐으며, 인생 대부분을 종군 기자로 살았다. 수년간 베트남 전쟁에서 보냈다. 나는 전투 현장을 쫓아다녔고, 총격과 포격, 폭격 아래 있었으며, 인간의 잔인무도함과 우매함을 목격했다. 대량 학살과 살육에 대해 알고 있다. 하지만 평화로운 시기에 틀라텔로코 광장에서 벌어진 참사만큼 파렴치하고 냉혹하고 잘 조직된 학살은 본 적이 없었다. 결단코.[47]

만약 이 세 군데 흉터가 없었더라면 나는 스스로 끊임없이 불행하다고 느꼈을 것이다. 태어나고 죽는 것은 무슨 소용이 있는지 여전히 자문했을 것이고, 인간의 손에 죽은 모든 인간의 죽음은 무의미하다고 생각했을 것이며, 햇빛 아래에서 꼼짝 않고 무기력하게 하품이나 하는 도마뱀처럼 무관심하게 살았을 것이다.[48]

———

1978년 여름, 리촐리 출판사 뉴욕 지사장은 멕시코에 관한 책을 낼 생각으로, 그 책의 편집과 감수를 내게 제안했다. 제안을 듣고 처음에는 웃었지만 다시 생각해보았다. 세상은 변하고 사람은 변한다. 어쩌면 내가 받아들일 수 있는 일이라고 생각했다.

나는 뉴욕에서 당시 멕시코의 이탈리아 대사, 라파엘레 마라스에게 전화를 걸어 조언을 구했다. 그는 좋은 생각이라며 당장 멕시코 시티로 오라고 했다. 당혹스러운 기억이 남아 있었지만 그곳으로 향했다. 그런데 비행기에서 내렸을 때, 대사는 경찰에 둘러싸여 대사관 직원들과 같이 나를 기다리고 있었다. 나는 어리둥절해서 이유를 물었고, 그는 다음과 같이 설명했다.

"마지막 순간에 혹시나 하는 생각이 들더군요. 지역 당국에 전화를 걸어 팔라치에게 내려진 어떤 제재가 없는지 물어봤습니다. 그들은 만약 당신이 돌아온다면 구속 영장이 발부될 거라고 하더군요. 당신에게 알리기엔 너무 늦은 시간이었고요. 그래서 경찰들과 같이 온 겁니다. 당신을 대사관으로 곧장 데려간다면 체포하지 않겠다는 약속을 5분 전에 받았거든요." (…)

이후에 체포 영장은 철회되었지만 나는 멕시코시티에 얼마 있지 않았다. 리촐리 출판사 뉴욕 지사가 출판 계획을 취소한 것은 말할 것도 없다.[49]

우리는 무엇이 되려고
달에 착륙했을까

———

나는 내가 성가신 사람이란 걸 알고 있다. 미국 우주비행사들이 뭐라고 했는지 아는가? 달에서 지구로 돌아오는 가장 확실한 방법은 오리아나를 데려가는 것이라고 했다.[50]

그날 저녁에 휴스턴에서는 달이 보이지 않았다. 하늘은 다시 불룩하게 비를 머금은 두꺼운 구름으로 덮여 있었다. 여덟 시 삼십 분이 되었고 이내 아홉 시가 되었다. 여덟 시 삼십 분에 암스트롱과 올드린은 밖으로 나갈 준비가 되어 있지 않았다. 아홉 시가 되었고 곧 아홉 시 삼십 분이 되었다. 아홉 시에도 그들은 나갈 준비가 되어 있지 않았다. 아홉 시 삼십 분에 중앙관제본부는 이제 그들이 준비되었고, 15분쯤 뒤에는 로켓의 문이 열릴 것이라고 알렸다. 우리는 컴퓨터의 정보가 차례차례 정렬된 강당의 대형 스크린에 시선을 고정했다.

케이프케네디, 4시 30분.

여기에서 로켓이 아주 잘 보인다. 바로 앞에서 보는 듯하다. 오,
어찌나 아름다운지! 여태껏 본 적 없는 장관이다. 유럽에서 기념물
을 비추는 것처럼, 서른 개 남짓의 조명으로 빛을 밝히고 있는 광경
이란……. 그러고 보면 로켓도 하나의 기념물이다. 36층 고층건물
처럼 높이 솟은 기념물. 온통 금속으로 만들어진, 하지만 금속은 보
이지 않고 빛만 보인다. 어둠속에서 광선을 발사하며 빛나는 거대
한 보석, 빛무리와 같다. 그리고…… 감동적이다. 감동적이라는 표
현이 적절할 것이다. 하나의 별처럼 감동적이다.

새벽 두 시쯤 도착했을 때, 나는 목이 메는 듯했다. 멀리서 바라
본 로켓은 흡사 지구에 떨어진 별처럼 보였다. 그런 광경을 앞에 두
고 냉정함을 잃지 않기란 어렵다. 로켓이 발사되는 순간 무덤덤하
게 있기가 힘들 듯이 말이다. (…) 이제 나 또한 그 감동에 사로잡혔
다. 지구에 인간이 살기 시작한 때부터 인간은 하늘을 올려다보며
달이라고 불린 행성을 보았다. 인간이 그곳에 가겠다는 꿈을 꾸기
시작한 것은 그때부터다…… 몇 시간 후면 그곳에 간다. 그동안 저
지른 모든 결점과 잘못을 안고서…… (…)

인류는 그러하다. 원자폭탄을 발명해서 수많은 생명체를 죽이고
는 달로 간다. 인류는 천사도 짐승도 아니지만, 천사이기도 하고 짐
승이기도 하다. 새턴 로켓이라고 불리는 거대한 별에 감동할 때도
나는 그 점을 잊지 않는다. 그리고 이 순간에도 수백 명의 창조물은

베트남에서 죽어가고 있다고 생각한다. 로켓이 지구에서 발사되고 모두가 기적을 외칠 때, 적어도 한 명 혹은 열 명의 생명체는 총과 박격포에 맞아 죽음을 당할 것이다…….

4, 3, 2, 1, 로켓은 출발을 앞두고 있고 누군가는 죽음을 앞두고 있다……. 끔찍한 현실이다. 하지만 인류가 달에 가는 것도 중요하다. 인류의 진보가 인간의 삶을 향상하고 짐승보다는 천사에 가까운 존재로 이끌지도 모르니. (…)

처음에는 목소리만 들렸다. 촬영기는 LM 달착륙선, Lunar Module 안에 있었고 LM은 외부에서만 조정할 수 있었기에, 촬영기를 작동하기 위해 암스트롱은 밖으로 나와서 사다리 중간까지 내려와야 했다. 목소리는 매우 선명하게 우리에게 전달되었는데, 평상시의 담담한 목소리가 아니었다. 매우 불안하고 불안정한 목소리였다. 암스트롱의 목소리는 마침내 떨리기까지 했다. 사상 최초로 달에 첫발을 내딛는 사람이라면 마땅히 그러해야 할 목소리처럼 떨렸다. 우리도 떨고 있기는 마찬가지였다. 오, 어찌나 부들부들 떨렸던지. (…)

암스트롱은 휴스턴 본부와 교신하는 동안 왼손을 뻗어 카메라 회로를 열었을 것이다. 왜냐하면 바로 그 순간에 화면이 밝아지면서 전 세계가 보는 것을 우리가 봤기 때문이다. LM의 아랫부분인 받침대와 달의 지평선이 보였다. 그런 뒤에 우리는 그의 발, 사다리의 발 디딤대를 찾으며 내려오는 그의 큰 발을 보았다. 왼발이었다. 그는 매우 천천히 아주 조심스럽게, 그러면서 매우 결연하게 내려왔다.

중앙관제본부에서 브루스 맥캔들리스가 소리쳤다. "이런*man*! TV에 영상이 나오고 있어! 이런!" 올드린이 기뻐하며 대답했다. "멋진 장면이야, 그렇지?" 브루스 맥캔들리스가 이어서 말했다. "닐, 닐! 당신이 사닥다리로 내려오는 게 보여요." 휴스턴 시간으로는 아홉 시 오십육 분이었다. 강당에 있던 모두는 "이런! 오, 이런!"이라고 반복해서 말했다. 맨, 인간이란 무엇일까? 인간은 신이 아니다. 사람들이 신의 이름 대신 인간을 부르고 있는 동안 암스트롱은 힘이 얼마나 드는지 시험하려고 사다리 두세 칸을 다시 올라갔다. 그는 아무런 힘을 들이지 않고 아주 수월하게 올라갔다가 다시 조심스럽고 결연한 발걸음으로 내려왔다.

곧 그의 전신이 다 보였는데 처음에는 흰색 몸체가 보였고 이후 헬멧이 보였다. 마지막 디딤대에서 잠시 주저하는 기색이 보였는데, 마지막 층은 꽤 높았으므로 LM의 받침대가 놓인 달의 지표면으로 내려서려면 가벼운 점프를 해야 했다. 멈칫하는 순간 그에게 뛸질할 용기가 없는 듯이 보였다. 물 밖으로 나갈 용기, 마지막 파도를 뒤로한 채 연안으로 뛰어드는 그런 용기. 하지만 그는 곧 용기를 내어 사다리를 내려왔고 땅에 발을 디뎠다. 그러곤 "사다리 발치에 도달했습니다……."라는 첫마디를 달에서 보냈다.[51]

이제 역설적인 공연은 끝났고 드라마는 막을 내렸으며 인간의 지성과 역사의 경계는 고요의 바다까지 확장되었다. 우리는 달을 정복했다는 생각에 흠뻑 취했고 조금 전의 불안과 염려를 웃음으로 넘겼다. 몇몇은 다음에는 이렇게 어렵지 않을 것이라 말하고 성냥에 불을 붙이며 자리를 떴다. 우리는 모든 것에 익숙해진다. 못생긴 그 섬에 도달하려고 우리의 푸른 감옥에서 빠져나온 그 기적도 예외가 아니다.

우리는 금세 잊어버릴 것이다. 인간이 되려고 물 밖으로 나와 땅에 도착한 첫 물고기의 기적을 잊어버렸던 것처럼. 계속해서 도전하는 것은 이제 우리에게 신을 모독하는 위험이 아닌 듯하다. 그리고 놀라운 모험을 치하하며 우리가 선물한 영웅의 자격, 우표의 이미지, 교과서 속의 이름, 역사의 한자리 등 두 비행사를 둘러싼 축제 분위기는 얼마 가지 않을 것이다. 어쩌면 그 성공이 우리에게 균형 감각을 잃어버리게 했는지 모른다. 또 어쩌면 그 성공은 우리가 판단하기에 너무도 큰일인지 모른다. 인간이 되려고 물 밖으로 나가는 물고기가 이해하지 못했듯이, 우리는 우리가 상상조차 못하는 무언가가 되려고 다른 행성에 간 것을 이해하지 못한다.[52]

나의 출판인
안젤로 리촐리

안젤로 리촐리가 죽어가고 있다는 사실을 알았을 때, 나는 평소의 나답지 않았다. 나는 남아메리카에 있었고 부당한 죽음을 접하고 있었다. 경찰의 총알을 맞은 열여덟 살 학생, 전기 충격 고문을 당한 반란군 사제. 나는 체 게바라가 서른아홉에 살해되고 사지가 잘려 바람 속에 버려진 볼리비아에 있었다. 논리적으로, 적어도 내 논리에서, 넉넉한 인생을 산 뒤 고통 없이 침대에서 맞는 여든한 살

덕망 있는 노인의 평온한 죽음에는 충격받지 않아야 한다. 하지만 나는 유럽으로 가는 첫 비행기를 타러 달려갔다.

왜일까? 나는 비행기 안에서 그 이유를 자문했다. 그는 가족이 아니고 친구도 아니다. 그는 내가 글을 써서 책을 내는 출판사 대표일 뿐이다. 그와 친분이 있는 건 맞지만 그렇다고 내가 황급히 달려가서 그를 위해 울어야 한다고 할 사람은 없었다. 이해관계나 도의적인 책임, 특별한 애정이 있던 것도 아니었다. 그런데 왜 그랬을까?

그가 죽고 나서 모든 사람은 그가 위대한 사람이었다고 말한다. 그의 신화는 유쾌한 일화들과 진부한 이야기들, 그리고 그가 생전에 부와 권력과 권위로써 불러일으킨 경외심을 통해 확대되고 부풀려졌다. 사람들은 그에게 경외심을 품었다. 사람들은 일종의 두려움을 가지고 황제의 재물에 굽실거리는 신하처럼 그의 말에 찬성하고 그에게 아첨하고 그에게서 돈을 얻어내고자 혈안이 되어 있었다.

노예근성을 보이는 무리 중에서 그는 엄격하고 예리한 얼음송곳 같은 시선을 발사했다. "알겠습니다, 대표님. 물론입니다, 대표님. 당장 하겠습니다, 대표님!" 사심 없는 애정을 담아 그에게 선물하는 사람은 없었다. 내가 작은 암포라 항아리에 물망초 두 송이를 넣어 가져간 날, 그는 믿기지 않는다는 놀라움으로 눈물을 흘릴 지경이었다. 그는 축성한 성체를 받아가듯 엄지와 검지로 항아리를 쥐고서 자리를 떴다.

나는 그가 두렵지 않았다. 모순처럼 들릴지 모르지만, 나는 그에게서 동정심 같은 감정을 느꼈다. 왜냐하면 그가 외롭고 연약하고 의지할 곳 없는 사람으로 보였기 때문이다. 전족한 중국 여자들의 발처럼 조그마한 발을 가진 것부터 그러했다. 그의 발로 시선이 가면 저 작은 발로 어떻게 저 몸과 주어진 책임을 지탱할까 하는 생각이 항상 들었다. 아이들과 돈을 어루만질 때는 부드러운 깃털로 변하던 그의 손도 작았다. 그는 몸 전체가 작았다. 흰 머리와 둥글고 동양적이고 완고한 얼굴까지. 매부리코와 얇은 입술, 누군가 즐겁게 해주지 않는 한 결코 웃음 짓지 않던 눈까지. 그리고 이따금 나는 그를 즐겁게 했다. 어떤 수를 써서? 산호 뿔을 만지는 것보다 그를 만지는 것이 불행, 역경, 총알을 물리치는 데 더 효력이 있다고 말하는 것으로.

나는 위험한 취재를 떠나기 전에 그에게 가서 팔이나 어깨를 쳤다. "터치, 리촐리, 감사합니다!" 그러면 내 익살맞은 태도에 얼음 송곳은 녹아내렸다. "원숭이!" 그는 나를 원숭이라고 부르며 책망했지만 주술사의 역할, 그러니까 행운의 마스코트가 되기를 거부하지 않았다. 단 한 번 그가 난색을 보인 적이 있었다. 캄보디아에 가야 했는데, 많은 기자가 캄보디아에서 실종되었다. 나는 그의 사무실로 달려가서 소리쳤다. "리촐리, 오늘은 좀 더 특별한 방식으로 당신에게 터치해야 해요." 그러고는 팔이나 어깨를 접촉하는 대신 복부에 손을 올려놓았다. 그는 얼굴을 붉히며 벌떡 일어났다. "버릇없는 원숭이!"

순간 그가 내 뺨을 때릴까 봐 겁이 났다. 하지만 그는 그러지 않았다. 손으로 때릴 줄 모르는 사람이었기 때문이다. 그가 벌주지 않는 사람이라는 의미가 아니라 알고 보면 매우 소심한 사람이라는 것이다. 인생에 대해서가 아니라 사람에 대해 소심했다. (…)

이탈리아 문학과 저널리즘의 가장 뛰어난 지식인들은 리촐리 출판사를 거쳐 갔다. 홍콩을 킹콩이라 말하며 즐거워하던 그 지혜로운 노인이 아니었다면 누가 그들을 발견하고 포착했겠는가? 누가 가장 훌륭한 백과사전들과 가장 공들인 예술 서적들을 출간했겠으며, 누가 타키투스와 플라톤, 헤로도토스와 키케로, 셰익스피어, 몰리에르, 고리키와 톨스토이의 저서들을 50리라짜리 문고판으로 만들어 팔았겠는가? (…)

하지만 그는 선택은 자신이 하지 않았고, 자신이 채용한 사람들이 했다고 말한다. 덧붙이자면 그는 사람을 알아보는 안목을 가졌다. 그는 인생을 보듯 지성을 감지했다. 한눈에 알아보고 말했다. "제 마음에 드는군요."라거나 "당신은 정말 형편없군요. 아세요?"라고. (…)

그는 아침 여덟 시에 사무실로 출근해서 저녁 여덟 시가 돼서야 퇴근했다. 한번은 이걸 가지고 놀린 적이 있다. 나는 문으로 다가가서 자극했다. "리촐리 씨, 노후 대비를 위해 일하시나 봐요." 그는 그 차가운 눈을 깜빡거리더니 반박했다. "원숭이, 난 죽지 않으려고 일하는 거야." 그는 일하지 않으면 죽는 사람이었다. 그가 기력이 떨어졌거나 아플 때 의사들은 다음과 같이 진단 내렸다. "무엇보다 그가 일하는 것을 막지 마세요. 상태가 더 나빠질 겁니다." (…)

위대한 사람이란 어떤 사람일까? 잘 모르겠지만 이런 사람을 가리키는 말일 수도 있을 것이다.[53]

헨리 키신저와의
인터뷰

———

베트남 체류 이후 나는 세계의 지도자, 국가 정상 들을 인터뷰하기
시작했다. 이 인터뷰들을 통해 많은 사랑을 받은 책 《역사와의 인터
뷰*Intervista con la Storia*》가 나왔다.[54]

나는 인터뷰를 싫어한다. 이른바 세상의 권력이라 부르는 인물들과
만나는 것을 비롯해서, 인터뷰는 언제나 큰 부담으로 다가왔다. 인
터뷰를 잘하려면 인터뷰이의 마음속으로 들어가서 빠져들어야 한
다. 이 점은 항상 불편했다. 그 안에서 폭력성과 잔인함을 항상 봐
왔다.[55]

나는 일부 우매한 사람들이 나를 정치 인터뷰 기자로 소개할 때 신
경이 매우 예민해진다. 그리고 사람들이 내 직업, 내 인생의 정점으
로 호메이니나 키신저 등의 인터뷰를 인용하면 감정이 상하고 화가
난다. 오, 세상에, 내가 《모비 딕》을 썼더라도 그들은 키신저 인터뷰
의 '카우보이'라는 유명한 표현과 호메이니 인터뷰에서 '빌어먹을!'
이라고 말하면서 벗은 차도르를 언급하며 나를 소개할 것이다. 그
들은 내 인터뷰가 한 리포터의 단순한 인터뷰라고만 이해한다. 내
인터뷰는 내 인격과 문화적 유형에 따라서만 작성한 것이 아니라
작가의 인터뷰이기도 하다. 작가의 상상으로 구성되고, 작가의 감
수성에 이끌리고, 작가의 인생관으로 형성된 인터뷰들이다.[56]

나는 인터뷰를 통한 저널리즘을 개척했다. 내 인터뷰들은 언제나 매우 엄격하고 정확했다. 나는 누구도 배신한 적이 없다. 내가 증오하거나 존경하지 않는 사람일지라도 인터뷰이가 내게 한 말을 충실하게 전달하고자 주의를 기울였다. 그 누구도 부정확하거나 사실이 아닌 말을 썼다고 나를 비난할 수 없었다.[57]

내 인터뷰는 대체로 완벽하기에 수정하는 경우는 드물다. 기껏해야 반복된 표현을 삭제하는 정도다. 하지만 그런 작업조차 없었던 인터뷰가 두 건 있었다. (…) 보응우옌잡과 키신저와의 인터뷰였다.[58]

———

나는 헨리 키신저 국무장관과의 인터뷰가 멋진 인터뷰라고 생각한 적이 없다. 그리고 그 인터뷰가 어떻게 미국에서 온갖 정치 서적에 나올 정도로 주목받는 기사가 되었는지 이해할 수 없다.[59]

1972년 11월 2일 목요일, (…) 그는 가쁜 숨을 몰아쉬며 도착했고 웃음기 없는 얼굴로 인사했다. "굿모닝, 미스 팔라치." 그러고는 서적, 전화기, 종이, 추상화, 리처드 닉슨 대통령의 사진이 있는 그의 근사한 사무실로 들어오라고 했다. 여전히 무뚝뚝한 얼굴이었다. 그는 사무실에서 등을 돌려 긴 서류를 읽으면서 내 존재를 잊었다. 내가 있는 것을 다소 멋쩍어하며 뒤돌아선 채로 서류를 읽었다. 그 상황은 어리석고 무례했지만, 그가 나를 파악하기 전에 내가 그를 먼저 연구할 수 있었다. 키가 아주 작고 숫양처럼 완고하고 중압감

을 주는 분위기의 매력 없는 남자라는 점뿐만 아니라 자유로운 정
신도 자신감도 부족한 사람이라는 점을 파악할 수 있었다. 그는 누
군가를 상대하기 전에 시간을 벌면서 자신의 권위로 방어하는 과정
이 필요했다. 소심하고 자신감이 없는 사람들에게 자주 엿보이는
현상이다. 그들은 그렇게 하면서 자신의 소심함을 감추려고 하지만
무례해보이거나 정말로 무례한 태도로 끝나고 만다. (…)

그는 인터뷰 내내 표정 없는 표정, 냉소적이고 엄격한 눈빛을 보
였으며 단조롭고 우울하고 변화 없는 목소리도 일정하게 유지했
다. 녹음기 바늘은 목소리가 높아지거나 낮아질 때 움직였다. 그가
말할 때는 바늘의 움직임이 전혀 없어서 나는 녹음기가 잘 작동하
고 있는지 여러 번 확인해야 했다. 지붕 위로 떨어지는 빗방울의 지
루하고 끈질긴 소리를 들어본 적이 있는가? 그의 목소리가 그랬다.
결국에는 그의 생각도 그러했다. 환상의 열망이나 기묘한 행동, 실
수의 유혹이 비집고 들어갈 틈이 없었다. 오토파일럿이 조종하는
비행기가 날아가듯이, 그에게는 모든 것이 계산되고 통제되었다.
한마디 한마디에 무게감을 실었고 의도하지 않은 말은 절대 흘리지
않았으며 그가 한 말은 언제나 유용성의 체계로 다시 들어갔다.

가장 냉혈한 뱀, 얼음같이 차디찬 남자였다.[60]

그는 아주 유명해진 표현, 카우보이[i]에 대해 부정했을 뿐만 아니라
사진에서 보는 것과는 달리 실물로 본 내 외모가 미운 오리 새끼였
다고 말하는 등 나에 대해 부정적인 말을 쏟아냈다. 그의 저서《백

악관 시절》에서 '허영심' 때문에, 다시 말해 내 '영향력 있는 인물의 대열'에 포함되고 싶어서 인터뷰를 수락했다는 말을 썼다. 그리고 그다음 책에서 내가 그에게는 못되게 굴었지만, 베트남 정치가 레득토에게는 착하게 대했다고도 썼다. 명청한 양반 같으니라고![61]

그 누구도 내가 허위 사실을 썼다고 비난한 적이 없으며, 아무도 그럴 수 없다. 내게 반감을 마음껏 드러냈던 키신저 국무장관도 그럴 수 없었다. 사실 그는 인터뷰 기사에서 내가 무엇을 거짓으로 꾸며서 썼다고는 주장하지 않았다. 카우보이 이야기를 포함해서. 그는 나와 인터뷰를 한 것은 인생에서 가장 어리석은 일이었다고만 했을 뿐이다. (음······ 나로선 더 최악이었다고 생각한다.)[62]

나는 아직도 그 인터뷰가 내 인생에서 최악이었고 흥미롭지도 않았다고 생각한다. 카우보이는 매우 선량하고 멋진 일꾼이고 매력적인 사람들이다. 전 세계는 카우보이를 사랑한다. 카우보이에 관한 문학이 존재하고 카우보이에 관한 놀라운 영화들이 제작되었다. 카우보이들이 아니었다면 미국은 사랑과 존경을 훨씬 덜 받았을 것이다. 미국의 최근 역사에서 카우보이를 빼면 외교 정책 말고는 남을게 없을 것이다. 아아![63]

---

i 인터뷰에서 팔라치가 "대통령보다 큰 명성과 인기를 누리는 이유가 뭔가요."라고 묻자 키신저는 "미국인은 말 위에 앉아 마차 행렬을 이끄는 카우보이를 좋아합니다."라고 대답했다. 이 인터뷰에서 키신저는 베트남전쟁이 쓸데없는 전쟁이라고 자백했다.

제 3 부

———

사랑과 자유를 향한 투쟁

알레코스와의
필연적인 만남

———

나와 알레코스. 나와 그의 관계는 낭만적인 관점에서 볼 수 없다. 그와 나의 관계는 정치적인 접촉이었고 지적인 만남이기도 했다. 도덕적 선택이면서 정치적 선택이기도 했다. 서로 같은 방식으로 생각했고 모든 것에 대해, 정치적으로도 의견이 일치했기 때문에 우리는 만나거나 맞닥뜨렸다. 그래서 우리의 만남과 사랑은 아주 필연적이고, 매우 복잡하고 복합적이었고, 마지막에는, 그토록 비극적일 수밖에 없었다.[1]

"우리 둘은
싸우려고 태어났어!"

———

그는 십자가에 열 번 못 박힌 예수의 얼굴이었고 서른네 살보다 더 나이 들어 보였다. 창백한 뺨에는 벌써 몇 가닥 주름이 나 있고 검은색 머리카락에 희끗희끗한 부분이 눈에 띄었다. 눈은 우수로 가득한 두 우물이었다. 혹은 분노의 우물이었을까? 그는 웃을 때도 웃는 것 같지 않았다. 한순간에 퍼붓고 금방 그치는 억지웃음이었다. 웃음기가 가시면 이내 입술은 굳게 닫혀 씁쓸하게 일그러졌고, 그 찡그린 얼굴에서 건강한 청춘의 기억은 찾을 수 없었다. 그는 젊음과 더불어 건강을 잃었다.

그가 처음으로 고문대에 묶였을 때, 고문하는 자들은 "고통스러울 거야. 태어난 걸 후회할 만큼."이라고 말했다. 하지만 그들의 예상은 빗나갔다. 그는 결코 후회하는 법이 없는 사람이었다. 그리고 죽음도 살아가는 방법으로 삼는, 가치 있는 죽음을 위해 일생을 바치는 사람 중 한 명이었다. 가장 잔인한 고문도, 사형 선고도, 총살형을 기다리며 보낸 3일 밤도, 가장 비인간적인 감옥도, 1.5미터의 3인실 시멘트 감방에서 보낸 5년 세월도 그를 굴복시키지 못했다.[2]

1973년 8월 19일, (…) 파파도풀로스는 모든 정치범의 사면을 허용했고, 알레코스도 풀려났다. 얼마 뒤 우리는 만났다. 나는 그를 인터뷰하러 갔고, 우리의 사랑은 폭탄처럼 폭발했다. 우리는 그때부터 1976년 그가 살해되는 날까지 떨어지지 않았다. 나는 그가 곧바로 투쟁을 재개한 아테네에서 같이 있었다. 그리고 그가 일 년간 망명생활을 했을 때, 다시 말해 그를 그리스에서 탈출시켜 이탈리아로 데려왔을 때 같이 있었다. 독재정권이 몰락한 이후 그가 돌아간 그리스에서도 거의 같이 있었다. 그는 사회민주주의 정당의 하나

나는 침묵하지 않는다

인 중도연합 소속으로 국회의원에 선출되었다. 그가 그리스로 돌아온 이후 자유로운 한 남자로서, 그리고 의원 자격으로 벌인 자유를 향한 투쟁은 권력자에게 눈엣가시 같았을 것이다. 어느 정권에서든 민주주의를 향한 그의 신념은 후퇴하거나 안일하게 변하지 않았다. 투쟁의 도구와 수단만 바꾸었을 뿐이다. 그는 더러운 정치 게임과 권력의 악용을 고발했으며, 우파든 좌파든, 그가 소속된 정당이든 가리지 않고 똑같이 비난의 목소리를 높였다.[3]

무덤에서 갓 나온 사람에게 어떻게 인사해야 할까? 상징적인 투사에게 뭐라고 말해야 할까? 나는 초조하게 손톱을 물어뜯었다. 나는 완벽하게 기억하고 있다. 그날, 8월 23일 목요일을 하나도 빠짐없이 기억하고 있다. 나는 아테네에 도착했다. 그에게 도착을 알렸지만 그를 만나지 못할까 봐 두려운 마음이 들었다. 그의 집이 있는 글리파다 구역 아리스토파노스 거리로 향했다. 택시기사는 겨우겨우 주소에 적힌 집을 찾았고 안도의 십자가를 그으며 "여깁니다!" 하고 외쳤다. 무더운 오후였고 땀에 젖은 옷이 몸에 달라붙었다. 정원과 테라스, 그의 집 구석구석에는 그를 찾아온 군중으로 가득 차 있었다. 기자들, 소음, 밀치기, 그 혼란의 한가운데 예수의 얼굴을 한 그가 앉아 있었다.

그는 매우 피곤한, 녹초가 된 듯한 분위기였다. 하지만 나를 보자마자 고양이처럼 의자에서 벌떡 일어섰다. 그리고는 달려와서 원래 알던 사람인 것처럼 나를 힘껏 포옹했다.[4]

우리는 한 번도 본 적이 없었지만, 서로 알고 있었다. 그는 감옥에 있던 수년간 내가 친구가 되어줬다고 말했다. 내가 쓴 기사들과 책들로……. 처음에 나는 그 말을 믿지 않았지만, 나중에 그가 감방에서 갖고 있던 신발 한 켤레와 침구, 책과 신문 꾸러미 등의 물건을 돌려받았을 때, 매우 기쁜 목소리로 "이것 봐, 이것 좀 봐!"라고 외쳤고 내 책 두 권과 내가 쓴 기사 모음집, 그리고 이탈리아어 문법책과 그리스-이탈리아어 사전을 꺼냈다. 그는 무슨 이유로 감옥에서 이탈리아어 공부를 시작했을까……. 그리고 내 책 한쪽에는 이탈리아어 동사 '사랑하다amare'의 활용형이 메모되어 있었다. '만일 내가 사랑했더라면, 만일 네가 사랑했더라면, 만일 그가 사랑했더라면……' 여하튼 그가 감옥에서 나온 그날, 우리는 처음 봤지만 서로를 알아봤다.[5]

그는 어떤 방으로 나를 데려갔다. 거기에는 그리스어로 번역된 내 책의 복사본이 잔뜩 있었다. 그리고 나를 맞이하러 보낸 친구 편에 딸려 보냈지만, 그 친구가 나를 찾지 못해서 다시 돌아온 붉은 장미꽃 다발이 있었다. 나는 감동했지만 무뚝뚝하게 고맙다는 말을 했다. 그가 내 무뚝뚝한 어조를 알아챘을 때, 순간적으로 그의 눈동자에서 우울한 기색이 사라지고 장난기 섞인 빛이 번뜩였다. 그의 반응은 나를 다시 곤혹스럽게 했다. 한없는 부드러움, 그것과 대조되는 격분, 평화 없는 영혼을 직감하게 하는 섬광이었다. 나는 과연 그를 이해할 수 있을까? (…)

나는 침묵하지 않는다

나는 그의 목소리를 듣자마자 매혹되었다. 목울대 깊은 곳에서 울리는 듯한 매력적인 음색이었다. 대중에게 호소력 있는 목소리, 위엄 있고 침착한 어조였다. 자신에게 당당하고 한 번 한 말은 번복하지 않는 자의 어조였다. 그만큼 자기 생각을 확신한다는 뜻일 게다. 한마디로 지도자처럼 말했다. 그는 말하면서 파이프 담배를 피웠다. 입에서 파이프를 절대 떼지 않았다는 표현이 정확할 것이다. 그의 관심은 대화 상대에게 있지 않고 파이프에 집중된 듯이 보였는데, 이는 그에게 강인한 이미지를 부여했다. 그런 면모는 위협적인 느낌마저 풍겼는데, 육체적, 정신적 고문으로 최근에 단련된 것이라기보다는 태어나면서부터 지닌 면모로 보였기 때문이다. 타고난 강인함 덕분에 그는 육체적, 정신적 고문을 견뎌낼 수 있었다.

동시에 그는 다정하고 친절했다. 그럴 때면 앞으로 나아가던 모터보트가 돌연 뒤로 꺾으며 갑작스럽게 방향전환을 할 때처럼 당황하게 된다. 그의 강인함은 부드러움이 되어 어린아이의 미소처럼 가슴을 뭉클하게 한다. 가령 맥주를 따라줄 때나 사려에 대한 감사의 표시로 한 손을 잡을 때는 얼굴의 고통스러운 표정이 사라지고 천진한 얼굴이 된다. 잘생긴 얼굴은 아니었다. 이상하게 생긴 작은 눈, 더 이상하게 생긴 큰 입, 짧은 턱, 그리고 입술과 광대뼈 부위에 두드러진 흉터들. 하지만 이내 그가 잘생긴 남자라고 생각되었다. 그의 아름다운 영혼과는 별개로 터무니없고 역설적인 아름다움이다.

아니, 어쩌면 나는 그를 절대 이해하지 못할 것이다. 나는 첫 만남부터 언제나 미스터리를 품고 있는 모순과 놀라움, 이기주의, 너

그러움, 불합리의 우물이라고 그 남자를 단정했다. 하지만 그는 끝없는 가능성의 원천이기도 했다. 정치인으로서 지닌 가치를 넘어서는 인물이었다. 아마도 정치는 그의 생애의 한순간만을, 그가 지닌 재능의 일부만을 보여주는 것일 터이다. 만약 그가 젊은 나이에 살해되지 않았더라면, 감옥에 갇히지 않았더라면, 사람들은 다른 것을 두고 그에 대해 말했을지 모른다.

그는 영웅적인 행위로 사형선고를 받았다. 판결이 내려질 때 그는 눈 하나 깜짝하지 않았다. 그가 살던 대로 사는 것보다 죽는 것이 쉬울 수 있기 때문이다. 그들은 다른 감옥으로 그를 옮겨 보내면서 "곧 총살형에 처할 거야."라고 말했다. 그들은 감방으로 들어와서 그의 온몸에 마구 매질을 가했다. 그리고 11개월 동안 수갑을 채운 채로 놔두었다. 손목에 상처가 나서 곪아도 그들은 아랑곳하지 않았다. 그리고 때때로 흡연과 독서를 못하게 하고 종이와 연필을 압수해갔다. 하지만 그는 시 쓰기를 단념하지 않았다. 티슈나 작은 종잇장에 잉크 대신 피로 시를 썼다.

펜 대신 성냥개비 / 잉크 대신 바닥에 떨어진 피 / 종이를 대신하는 붕대 뭉치 / 하지만 무얼 쓸까? / 어쩌면 내게는 주소 쓸 시간만 있다 / 이상하게도, 잉크가 굳어버렸다 / 감옥으로부터 / 그리스에서[6]

그의 영웅주의는 그가 시인이라는 것의 결과물이거나 그가 시인이라는 것과의 결합물이다.[7]

나는 침묵하지 않는다

그가 감옥에서 풀려나고 우리는 같이 지냈다. (…) 그리고 그가 쓴 시들을 찾았다. 시들을 모두 모았을 때, 우리는 같이 그리스어에서 이탈리아어로 옮겼다. (내가 이탈리아어만큼 그리스어를 잘 알지는 못했으므로) 번역을 마치고 나서 한 권의 책으로 낼 수 있었는데, 나는 내 책을 엮듯이 그 시집에 정성을 쏟았다. 제목을 《그리스의 감옥으로부터*Vi scrivo da un carcere in Grecia*》로 정하고 여러 차례 교정을 거치고…….

따라서 어떤 면에서 그 시들은 내 시이기도 했다. 알레코스가 그 시들의 아버지이자 창조자라면 나는 유모와 같았다. 나는 책이 인쇄되고 그에게 초판을 가져가는 날까지 '그의 아들'을 돌봤다. 유모처럼……. 나는 그날을 기억한다. 우리는 로마에 있었고 이혼에 관한 국민투표가 치러지는 날이었다. 이혼 찬성이 압도적인 득표를 기록하고 진보진영이 승리한 날이었다. 로마는 깃발들의 축제였고 거리마다 온통 경적을 울려대는 차들로 가득했지만, 알레코스는 호텔 방에서 자고 있었다. 그는 비밀리에 아테네를 다녀오는 위험한 여정에서 돌아온 직후였던 터라 긴장과 피로로 녹초가 되어 있었다. 나는 그의 머리맡 베개에다 책을 올려두고는 기사를 쓰러 편집부로 가야 했기에 다시 밖으로 나왔다. 내가 호텔 방으로 돌아왔을 때 그는 아직 자고 있었지만 마치 아기인 것처럼 품 안에 책을 안고 있었다.[8]

어째서 나는 알레코스를 그토록 사랑하게 되었을까? 어째서 그에게 내 고독을 침범하게 허락했을까? 나는 다른 사람과 한 침대에서 잘 수 없는 사람이었다. 알레코스와 같이 자는 것은 내게 고문이나 다름없었다. 그는 침대를 몽땅 차지하고는 계속해서 나를 한구석으로 밀어붙였고 참다못한 나는 "제발, 침대는 내 것이기도 해!"라고 소리쳤다. 두 차례 나를 아래로 굴러 떨어지게 했을 때는 정말로 화가 났다. 오, 얼마나 화가 났던지! 그리고 내가 불을 끄고 싶을 때 그는 켜두기를 원했고, 내가 켜고 싶을 때 그는 끄고자 했다. 내가 추울 때 그는 이불을 걷었고, 내가 더울 때 그는 이불을 덮었다. 그런데도 나는 그와 같이 잤다. 그를 사랑했기 때문이다. 사랑의 경계는 사랑하는 순간에만 국한되지 않는다. 혼자 고독에 빠지고 싶을 때도 사랑하기 때문에 둘이 있는 것을 받아들여야 한다.[9]

"우리 둘은 서로 싸우기 위해 태어났어!"라고 그가 말하곤 했다. 격렬한 입씨름, 끝없는 충돌. 둘 중 누구도 물러서려고 하지 않았다. 우리는 너무도 똑같았기 때문이다. (…) 자유를 숭배하고 개인의 자유 또한 숭배하는 두 사람에게 위대한 사랑은 견디기 힘든 구속일 수밖에 없다. 그렇지만 자유를 향한 이상에도 불구하고 구속의 고리가 끊어지지 않는다는 사실은 그들의 사랑이 얼마나 위대한지 보여주는 것이다.[10]

우리는 결혼식을 올리지 않았고 주소가 서로 달랐지만, 둘의 결속은 매우 끈끈했고 혼인 관계보다 진지했다. 알레코스는 평생 나와 함께하길 바랐고 나도 그러하길 소원했다. 내 집은 그의 집이었고 그의 집은 내 집이었다. 혼인 관계와 비교해서 다른 점이 있다면 각

나는 침묵하지 않는다

자의 자유를 존중했다는 것과 서로의 가족을 신경 쓰지 않았다는 것이다. 오로지 우리 둘만 생각했다.[11]

그 남자의 인생에서 역설적인 것 중 하나는 그가 원했던 모든 여자를 가질 수 있었다는 것이다. 그리고 삶의 마지막 비극적인 순간에는 키 155센티미터에 몸무게 42킬로그램의, 관능적인 매력과는 거리가 먼 여자를 선택하고 옆에 두었다는 것이다. 그는 그 여자를 소년, '알리타키alitaki'라고 불렀다. 내가 그에게 인격 말고 내 어떤 점이 마음에 들었냐고 물으니 그는 천진난만하게 대답했다. "넌 소년 같아. 작은 소년."[12]

한 영웅의
죽음

———

알렉산드로스 파나굴리스는 진실을 찾았기 때문에, 그리고 그것을 발견했기 때문에 죽었다.[13]

1975년 여름, 드디어 그의 마지막 전투가 시작되었다. 정권을 장악한 정치인들의 책임과 잘못을 입증할 수 있는 그리스 군사독재정권 정보국의 비밀문서를 찾는 것이었다. 그리스의 워터게이트 사건과 같은 것이었으나 그는 늘 그랬듯이 혼자서 그 일을 했다. 총체적인 고독 속에서 진행된 그 위험한 탐색은 몇 달간 계속되었다. 그러다 1976년 초에 그는 문서 대부분을 손에 쥘 수 있었다. 그리스의 가장 막강한 인사들을 처벌하기에 충분한, 위험한 자료들이었다. 거기에는 정부 당국과 정치적 반대파는 물론이고 그가 속한 정당의 인사들까지 포함되어 있었다. 그는 탈당하고 무소속 의원으로 남았다. 그런데 그 문서를 대중에게 공개하는 일은 쉽지 않았다.

먼저 그는 신문에 발표하려고 했지만 거절당했다. 책으로 엮어 출간하려고 했지만 그것도 이뤄지지 못했다. 따라서 그는 임시국회가 열리는 동안 카라만리스 총리에게 그 문서 꾸러미를 제출할 생각이었다. 그런데 그의 계획이 외부로 알려지고 말았다. 예정대로라면 모든 일은 5월 3일 월요일에 일어났을 것이다. 하지만 주말, 그러니까 금요일과 토요일 밤사이, 5월 1일에 사고로 위장한 자동차 충돌로 그가 살해당했다.[14)]

그는 집으로 돌아가는 밤이면 자신을 미행하는 자동차 두 대를 이야기했다. 그런 일이 처음이 아니었으니……. (…) 그들은 자동차로 그를 죽이려고 여러 번 시도했다. 우리를 죽이려고도 했다. 적어도 세 번은 나도 그의 차에 타고 있었으니……. 이는 중요한 지점이다. (…) 죽음은 언제나 두 눈처럼 번뜩이는 헤드라이트를 단 자동차의 모습으로 다가왔다. 그를 죽이기 위해, 우리를 죽이기 위해……. 그래서 그가 매일 밤 미행당하고 있다고 말했을 때, 문제가 심각하다는 것을 직감했다. 나는 뉴욕에 있었는데, 매사추세츠주 보스턴 인근의 애머스트 대학교에 강연하러 간 것이었다. 애머스트에서 돌아온 나는 그에게 전화를 걸었고, 그는 내게 곧장 미행에 관해 이야기했다. 그전에도 그가 넌지시 언급했지만, 대수롭지 않게 들었다.

나는 침묵하지 않는다

그날 이후 나는 매일 밤 뉴욕에서 그에게 전화를 걸었다. 마음이 놓이지 않아 하루에 두 번 걸기도 했다. 그는 늘 침울하고 불안했다. 마지막으로 통화하던 날, 그가 거의 겁에 질려 있다는 느낌을 강하게 받았다. 두려움은 알레코스에게 상상도 할 수 없는 일이자 어울리지 않는 말이었다. 목소리가 불안에 떨고 고뇌에 차 있었기에, 나는 그를 안심시키며 바로 아테네로 가겠다고 말했다. 우리는 5월 5일에 만나기로 되어 있었다. (…) 하지만 나는 급하게 여행 가방을 챙겨서 공항으로 달려갔다. 내가 도착했을 때 그는 이미 죽어 있었다. 가고 있는 동안 그들은 그를 살해했다. (…)

엄마가 매우 위중한 상태여서 나는 아테네에 간다는 말을 하러 엄마에게 들렀다. "있잖아, 엄마. 알레코스에게 가야 해. 그가 아픈가 봐." 그 말을 하는 동안 나는 정말로 알레코스에게 있어야 했다. 그가 몹시 아파하고 있었으니……. 그날 엄마는 기운을 조금 차리고 소파에 앉아 있었다. 하지만 "다시 간다고, 넌 왔다가 또 떠나는구나."라고 하셨다. 그리고 전화벨이 울렸다……. 처음에는 변호사였고, (…) 어떤 이유에선지, 뒤이어 안사 통신에서 전화가 왔다.

"그분에게 사고가 났어요……." 나는 믿을 수 없었기에, (…) "아니에요, 별소리를 다 듣네요. 엊저녁에 그와 통화했는걸요. 그의 형이 죽었을 거예요. 아니, 아니에요. 잘못 아셨어요."라며 사실을 부정했다. 또 전화가 걸려왔다. "아닙니다, 잘못 아셨어요. 다른 사람일 겁니다." 나는 사실이라는 것을 알았지만 인정하고 싶지 않았다. 그리고 곧바로 안사 통신에 전화를 걸었다. "저는 오리아나 팔라치입니다. 그 말이 사실인가요?" 긴 침묵이 흘렀다. 전화를 받은 여성이 말했다. "네, 사고가 난 것으로 알고 있습니다." 그러고는 상황을 더 정확하게 알고 있는 누군가에게 물으러 갔다.

수화기를 내려놓았다. 나는 여행 가방을 싸놓고 있었다. 그 가방을 복도에다 두었다. 전화벨이 다시 울렸다. 그의 친한 친구였고, 나는 그에게 말했다. "알고 있어. 바로 갈게." 택시를 다시 불렀다. 저녁 비행기를 타려고 방금 돌려보낸 터였다. 나는 택시를 타고 곧장 로마 공항으로 갔다.[15]

엄마의 죽음,
내 죽음의 예고편

———

나는 예상치 못한 알레코스의 갑작스러운 죽음 이후에 천천히 다가온 죽음, 예측해온 죽음도 지켜봤다. 아직 건강해야 할 나이에 암으로 투병하던 엄마의 죽음이었다. 계피나무 껍질에서 물방울이 떨어지는 것과 같은 죽음. 톡, 톡, 톡……. 영원히 마르지 않을 것 같은 물방울. 하지만 원치 않을지라도 반드시 끝이 있고, 그 끝에는 해방이 있다는 것을 안다……. 나를 사랑하고 내가 사랑하는 창조물은 십자가에 못 박힌 예수처럼 괴로운 시련을 겪고 있다……. 양쪽 콧구멍에 꽂은 산소 호흡기에 의지해서 숨 쉬고 있다……. 성대가 제 기능을 하지 못하고, 두 눈은 나를 바라보며 입이 말하지 못하는 것을 말하려고 한다…….

그러면 그 말을 짐작하고 묻는다. 이거? 이거? 아니면 이거? 머리가 천천히 움직이면서 아니, 아니, 아니라고 말한다……. 절망으

나는 침묵하지 않는다

로 울부짖고 싶다. 내가 이해하지 못해서, 그리고 내가 이해하지 못하는 것을 알고 엄마가 말없이 울고 있어서……. 그리고 어느 밤 엄마는 최후를 맞았다. 지저귈 힘도 없이 눈 위에서 숨을 거둔 작은 새처럼. 아![16]

사랑했던 남자가 죽었고, 나는 그의 비극적인 이야기를 담은 소설을 쓰기 시작했다. 글을 쓰기 위해 토스카나의 집 2층에 있는 방에 틀어박혔다. 한 줄기 빛도, 끝도 보이지 않는 터널로 들어가는 것과 같았다. 사실 그 방은 책장과 작은 탁자, 의자가 있는 아주 짧은 복도였는데, 올리브나무 밭으로 난 반쪽짜리 창으로 겨우 빛이 들어오는 곳이었다. 태양을 찾아 하늘을 바라볼 때면 밭의 가장자리, 그러니까 창문 바로 아래로 배나무 한 그루가 보였다. 나는 집 밖을 아예 나가지 않았다. 정원이나 수영장에 내려가는 일도 없었다. 그리고 가족들하고도 말을 나누지 않았다.

새벽에 일어나서 탁자에 앉았고, 어떤 때는 마음에 들지만 어떤 때는 흡족하지 않아 던지기도 하는 종잇장을 쌓아가면서 한밤중까지 거기에 머물렀다. 엄마를 보러 아래로 내려갈 때만 자리를 떴을 뿐이다. 엄마는 암이라는 보이지 않는 괴물에게 사로잡혀 침대에서 촛불처럼 꺼져가고 있었다. 나는 똑같은 발걸음과 똑같은 동작으로, 1층과 연결된 계단을 내려가서 60분마다 웨스트민스터 성당의 종소리를 울리던 커다란 시계가 있는 거실을 가로질렀다. 그리고 엄마가 분노하고 체념하며 누워 있던 방으로 들어갔다.

엄마의 아름다운 얼굴은 갈수록 핼쑥해졌고 아름다운 손은 갈수록 야위어갔다. "좀 어때?" "아파." 우리는 말을 조금밖에 하지 않았다. 생각하고 있는 것을 말하기가 두려웠다. '이제 엄마도 가는구나.' '이제 나도 가지.' 엄마와 보낸 휴식시간은 간병인이 하는 동작을 차례로 따라하는 시간이었다. 그렇게 하면서 우리의 침묵을 감추려고 했다. 나는 엄마를 들어 올려 덜 불편한 자세를 취하게 하고 베개를 정돈하고 산소 탱크를 점검했다. 일련의 의식이 끝나면 엄마는 거의 언제나 똑같은 말을 소곤거렸다. "그 책 때문에 눈이 멀고 말 거야." 그러면 나는 안경을 쓰면 된다고 장난스럽게 대답하고는 희끄무레한 이마에 가볍게 입맞춤했다. 그리고 다시 거실을 가로지르고 계단을 올라와서 세상과 차단된 유배지로 돌아왔다.

터널 안에서 공간은 공간이 아니었고 시간은 시간이 아니었으며 역사는 존재하지 않았다. 나는 아무도 만나지 않았고 전화도 전혀 받지 않았고 신문도 읽지 않았다. 내 뇌는 내가 애타게 고뇌하면서 기억과 환상으로 생명을 다시 불어넣으려고 했던 그 유령에 대한 고단한 작업 안에서만 전적으로 작동하는 근육이었다. 그러는 동안 몇몇 소식을 들었다. 마오쩌둥이 베이징에서 사망했으며 미라 상태의 시신을 천안문 광장의 기념관에 안치했다는 것, 테헤란에서 이슬람 종교 지도자들을 중심으로 혁명 분위기가 과열되어 레자 팔라비 황제가 축출될 위기에 처했다는 것, 마나과에서는 산디니스타 운동이 확산되면서 독재자 소모사의 집권이 오래가지 않을 거라는 것, 그리고 미국에서 지미 카터가 대통령으로 선출되었다는 것.

나는 침묵하지 않는다

하지만 과거에 내게 열정의 불을 지피고, 중국이나 이란, 니카라과로 이끌고, 사무실과 두 번째 집이 있는 뉴욕으로 이끌었던 그런 소식들은 이제 관심이 사라지고 가라앉은 반향처럼 내 의식을 가볍게 스치며 지나갈 뿐이었다. 나는 달력까지 무시했다. 하루가 흘러간다는 사실을 내게 알려주는 것은 한 시간마다 집요하게 종소리를 반복하는 거실 시계뿐이었다.

계절의 변화를 증명하는 것은 반쪽 창문 아래로 보이는 배나무가 유일했다. 탁자에 앉아서 보이는 배나무에 열매가 맺히면 여름이 온 것이고, 잎이 누렇게 물들면 가을이 온 것이고, 눈밭 가운데서 배나무가 발가벗고 있으면 겨울이 된 것이다. 그리고 날씨가 추워지고 비가 오고 누군가가 작년 성탄절과 새해에 대해 이야기하면 겨울이 된 것이다. 비록 내게는 성탄절과 새해를 축하한 기억이 없을지라도 말이다. 아마도 그런 날에는 엄마에게 가장 오래 머물면서, 목에 넘기지 못하는 달달한 과자를 드시도록 돕지 않았을까?

어느 추운 저녁 나는 1층으로 내려가서 산소 탱크를 점검하고 베개를 정돈하고 엄마가 덜 불편한 자세를 취하게 했다. 엄마가 입술을 움직였지만 소리가 나오지 않았다. 보이지 않는 괴물이 성대까지 점령한 것이다. 나는 겁에 질린 채, "그 책으로 눈이 멀 거라고?" 하며 되물었다. 엄마는 고개를 저었다. 나는 엄마 말을 이해하려고 숱한 질문을 나열했다. 목이 마른지, 욕실에 가고 싶은지, 견딜 수 없게 아픈지. 하지만 모든 질문에 고개를 저으며 아니, 아니, 아니라고 부정했다.

간병인이 '신부님'이라는 단어로 짐작하고 사제를 불러달라는 말이었다는 것을 이해하기까지 한참 걸렸다. 그리고 성수와 성유, 성물들이 담긴 작은 가방을 든 사제가 왔다. 그는 신비스러운 의식을 준비하는 주술사처럼 금실과 은실로 자수를 놓은 검은색 영대를 걸치고 기도문을 읊조리고는 성스러운 액체들을 뿌렸고 엄마가 짓지 않은 죄들을 사하여주었다. 사제는 돌아갔고, 짓지도 않은 모든 죄를 용서받았다는 생각에 들떠 있는 엄마와 내가 단둘이 남았다.

엄마는 침대 옆 소파를 가리켰고 나는 가슴이 찢어질 것 같은 마음으로 거기에 앉았다. 그리고 책 작업으로 엄마에게서 나를 떼어놓았던 그 유령은 잊어버린 채 그곳에서 여섯 날과 여섯 밤을 머물렀다. 엄마의 죽음은 사랑했던 남자의 죽음과 비교할 수 없다. 그것은 내 죽음에 대한 예고이다. 나를 수태하고 자궁에서 품고 생명을 선사한 창조물의 죽음이다.

내 살은 엄마의 살이고, 내 피는 엄마의 피고, 내 몸은 엄마 몸의 연장이다. 엄마가 죽는 순간에 내 한 부분 혹은 나를 분리하려고 잘라낸 탯줄도 필요 없이 내 시작이 육체적으로 죽는다. 나는 내 죽음의 예고였던 엄마의 죽음을 거부하기 위해 깨어 있었다. 깨어 있으려고 엄마를 깨어 있게 했다. 나는 끊임없이 말을 했다. 엄마에게 그동안 내가 말하지 않았던 것과 아무에게도 말하지 않을, 내 상처와 후회, 의심, 그리고 그 자체로 소중한 내 삶의 무게에 관해 이야기했다. 그러한 상처와 후회, 의심이 있었음에도 나는 인생을 매우 사랑한다고, 이 세상에 태어난 것이 기쁘다고 말했으며, 엄마에게 무릎을 꿇고 나를 낳아줘서 감사하다고 했다. 선함과 너그러움으로 좋은 일을 한껏 베풀지 못했더라도 내게 삶을 선물한 것만으로도 엄마는 내게 충분히 은혜로운 존재라고 했다.

그리고 이러한 감사가 그동안 내가 엄마에게 안겨주었을 모든 근심에 대한 보상이 되길 바랐다. 자신이 이룬 가장 아름다운 업적을 칭송하며 행복하고 뿌듯하게 해준 것에 화답이라도 하듯 엄마가 내 손가락을 힘껏 잡는 바람에 나는 깜짝 놀랐다. 그리고 나중에 아버지가 왔을 때 엄마는 미소 지으며 검지로 아버지를 가리켰다. 은혜가 아버지에게서도 비롯되었다는 점을 알려주려는 것 같았다.

7일째 되던 날 밤, 나는 더 버티지 못하고 갑자기 고단한 잠에 빠져들었다가 몹시 놀란 간병인이 외치는 황급한 소리에 눈을 떴다. "일어나세요, 일어나보세요!" 엄마는 거의 숨을 쉬지 못했고 푸른 눈동자는 이미 초점을 잃고 허공을 응시했다. 엄마는 내 품에서 추위에 떠는 작은 새처럼 세상을 떠났다. 그리고 묘지로 가기 위해 나는 마침내 집 밖을 나섰다. 길은 여전히 그 길이고 사람은 여전히 그 사람이었다. 하지만 문밖 세상은 여전히 나를 끌어내지 못했고, 나는 곧바로 터널로 돌아와서 더욱더 고립된 은둔 생활에 빠져들었다. 나를 탁자에서 일어나게 하고 계단으로 내려가서 시계가 있는 거실을 가로질러 지금은 열쇠로 잠가두고 아무도 들어가지 않는 그 방으로 들어가게 했던 엄마가 사라졌다.

이제는 올리브나무 밭으로 난 반쪽 창문이 달린 그 방을 나올 아무런 동기가 없었다. 한편 6일 밤낮 동안 잊고 있었던 유령이 내 존재를 다시 사로잡았고, 내 뇌는 내가 쓰는 책을 위해서만 기능하는 근육으로 돌아왔으며 작업실은 배나무 위의 감방이 되었다. 어김없이 배나무는 봄이면 흰 꽃구름을 다시 피우고, 여름이면 다시 열매를 맺고, 또 가을이 오면 나뭇잎을 다시 물들이고, 겨울이면 눈밭 가운데서 발가벗었다. 두 번째 봄이 오고 세 번째 여름과 가을, 겨울이 찾아왔다. 세상은 더욱더 아련해지는 기억 속에 있었다. (…)

그러다 어느 날 터널의 어둠 속에서 갑자기 한 줄기 빛이 나타났다. 그 빛은 내 무감각의 휘장을 뚫고 들어와서는 사랑했던 두 사람과 같이 묻어버렸던 세상에 대한 향수를 내게 불러일으켰다. 배나무가 세 번째로 꽃을 피운 시기에 일어났던 일로 기억한다. 소설은 마지막을 향해 가고 있었다.[17]

알레코스의 죽음을
이용하는 사람들

나는 알레코스의 무덤으로 꽃을 가져간 적이 없다. 해마다 그가 사망한 5월 1일이면 서른일곱 송이 붉은 장미를 그에게 보냈다. 그렇다. (그는 서른일곱 살에 살해되었다.) 나는 그 꽃을 직접 가져간 적이 없다. 나는 피렌체에 있는 우리 가족 묘지에 그를 기리는 비석을 세웠다. 내가 묻힐 구석에다가 비석을 놓았다. 하지만 지금까지 그가 실제로 묻힌 무덤을 본 적이 없고, 앞으로도 볼 일이 없을 것이다. 그의 무덤을 보고 싶지 않다. 그걸 본들 무슨 의미가 있을까? 거기에는 야수들이 묻은 그의 뼈만 있을 뿐이고, (…) 글리파다에서 죽은 영웅의 얼굴이 찍힌 티셔츠를 파는 파렴치한들만 있다. 그의 영혼은 내 심장 속에 있다.[18]

엄마가 위독했기에 나는 상황이 허락할 때만 그리스로 돌아갔다. 알레코스가 죽은 날, 엄마의 상태가 갑자기 악화되었다. 엄마는 알레코스를 매우 사랑했으므로 그의 죽음을 몹시 슬퍼했다. 그도 엄마를 많이 사랑했다. 실제로 엄마라고, 토스카 엄마라고 불렀는데 엄마가 듣기 좋아한다는 것을 알고 있었다. 그날 엄마는 침대에 누워 있었고, 죽는 날까지 다시 일어서지 못했다. 죽기 하루 전날 엄마는 내게 "알레코스에게 간다."라고 말했다.

그리고 이제 그리스에서 내가 무얼 한단 말인가? 꽃을 들고 그의 무덤을 찾아가서 미완성인 흉측한 그 무덤을 보며 우는 것밖에는 없다.

(처음에 무덤을 조성해달라는 요청을 받았는데, 알레코스가 바랄 것으로 그려지는 무덤을 만들려고 돌을 주문하기도 했다. 십자가가 없는, 가리발디의 무덤과 비슷하게 만들려고 했다. 하지만 비석이 준비되었을 때, 사람들은 나중에 나를 위해 그 돌을 써도 될 거라고 했다…… 십자가 때문일 거라고 짐작한다. 내가 십자가 놓기를 원하지 않아서. 그렇지만 알레코스는 십자가를 몹시 싫어했다.)

하지만 이탈리아에서는 중요한 임무가 있었다. 고통받는 엄마 곁을 지키는 일이었다. 엄마의 병세가 더 악화되었고 암세포가 몸 전체로 퍼졌다. 나는 엄마와 한집에 머물며 곁을 떠나지 않았다. 알레코스가 죽고 8개월 동안은 엄마의 죽음을 기다리는 시간이었다. 엄마가 돌아가셨을 때는 너무나 참담했다. 알레코스가 죽었을 때 겪은 일을 똑같이 되풀이해야 했다. 시신에 옷을 입히고 관에 넣고 관을 무덤으로 옮기고 시커먼 구멍으로 내려가는 관을 지켜

봐야 했다…….

하나 알아둘 것이 있다. 알레코스와 엄마는 내 인생의 두 창조물이었다는 것. 내 인생을 돌아봤을 때, 내가 알레코스와 엄마만큼 사랑한 사람은 없었다. 이제 둘 모두 떠나갔다. 단 8개월의 시간을 두고 한 명 한 명. 그런데 하고 싶은 말이 있다. 엄마가 돌아가셨을 때 아테네에서 아무도 애도의 말을 전하지 않았다. 꽃 한 송이 보낸 사람이 없었다. 알레코스의 어머니와 동생은 엄마를 알고 있었다. 둘은 1975년 시골에 있는 우리 집에 왔었고, 우리 가족의 큰 사랑을 받았다.

물론 알레코스의 기일인 5월 1일 그리스로 가려고 했다. 하지만 중도연합과 파판드레우의 사회당이 추모 의식을 주최할 거라는 사실을 알게 되었다. 분노가 치밀었다. 알레코스는 실망과 환멸을 느끼고 중도연합에서 탈퇴한 뒤 국회에서 독자적 좌파로 남았다. 파판드레우에게는 늘 경멸감을 표했으며 그리스에서 가장 위험한 사람 중 하나라고 했다. 그를 존경하지 않았고 믿지 않았다. 그런 파판드레우가 이제 변신을 꾀하고 말을 뒤집으려고 하는 것이다. 무덤에서 대답할 수 없는 알레코스에게 파렴치한 짓을 벌이는 것이다. 알레코스는 국회에서 그의 앞을 지나가면서도 인사조차 안 나눌 정도로 파판드레우에게 반감이 컸다. 감옥에서 나온 날부터 죽 계속되어 온 반감이었다. (…)

이런 내용만으로도 아주 긴 글을 쓸 수 있을 것이다. 나는 모든 것을 알고 있다. 내가 직접 보았거나 알레코스가 과거의 일을 얘기해주었기 때문이다. 그런데도 중도연합과 파판드레우의 정당이 내

나는 침묵하지 않는다

이름을 이용하게 돼야 할까? 그들이 마련한 추모 의식에 참석해서 그들의 선거용 도구가 되어야 할까? 천만의 말씀이다. 나와 알레코스의 존엄성을 위해서 그럴 수 없다. 우리 존엄성을 배반할 수 없다.

꽃을 들고 알레코스의 무덤을 찾아가고 싶다면 말없이, 조용히 갈 것이다. 아무에게도 알리지 않고. 그의 기일에 찾아가지는 않을 것이다. 그날은 나만의 방식으로 알레코스를 기억할 것이다. 내 시골집 기도실에다 그를 추모하는 꽃을 둘 것이다. 아니면 내가 지금도 침실로 쓰는 시골집 우리 방에다 둘 것이다. 그 방은 그가 떠날 때와 달라진 게 하나도 없다. 그의 슬리퍼와 수건도 그대로이고, 성탄절이나 부활절, 내 생일에 와서 나를 위해 쓴 시들도 그대로이다.

매년 성탄절이나 명절이면 알레코스는 여기 시골로 와서 나와 내 가족과 함께 보냈다. 1973년부터 매년. 그러니까 그는 여기서 몇 달을 산 셈이다. 아테네의 묘지보다 이곳에 그의 흔적이 더 많다. 아테네의 묘지에는 왼쪽 새끼손가락에 내 반지를 낀 그의 뼈만 있을 뿐이다. 게다가 콜로코트로니 거리에 있던 우리 방도 이제는 없다. 나도 모르는 사이에 우리 공간이 사라졌다. 지금은 거기에 누가 사는지 모른다. 오히려 다행이다.

그리고 추모 의식은 죽은 자가 아닌 산 자를 위한 것이다. 더 정확히 말해, 시체를 먹는 야수들을 위한 것이다. 정치적으로 악용하는 자리에서는 알레코스가 누구였고 왜 죽었는지를 세상에 이야기할 수 없다. 그것은 내가 할 일이다. 무엇을 할까? 어디 보자.

판사 앞에서
알레코스의 죽음을 증언하다

———

나는 알레코스의 죽음을 조사하는 판사에게 증언하겠다고 몇 달간 변호사들에게 요청했다. 하지만 8, 9월경이 돼서야 마침내 출두하라는 연락을 받았다. 나는 조사 담당 판사 가부넬리스 앞에서 장장 열한 시간 삼십 분에 걸쳐 증언했다. 마지막에 그가 갑자기 물었다. "그런데 어째서 당신은 이제야 왔나요?" "왜냐하면, 이제야 저를 불렀기 때문이죠! 몇 달 전부터 기다렸고 가족 변호사들에게 말했어요." "어제서야 변호사들은 당신이 아테네에 올 거라고 알려줬습니다. 그래서 제가 당신 증언을 듣고 싶다고 요청한 겁니다."

나는 놀라서 당황했다. 그에게 다시 물었다. "그렇다면 왜 진작 부르려고 생각지 않았나요?" "처음부터 그러고 싶었어요. 하지만 가족들이 당신은 아무것도 모르기 때문에 부를 필요가 없다고 했어요. 당신은 알레코스를 모르거나 알고 지낸 지 얼마 되지 않았다고 하면서요." "내가 알레코스의 연인이었다는 것은 그리스 전체가 알고 있어요. 우리는 1973년 10월에 같이 떠나서 망명 기간에 함께 살았어요. 그 이후로도 늘 같이 있었고요. 이 사실은 신문에서도 얼마든지 확인할 수 있어요. 신문 안 보세요?" "하지만 가족은 알레코스가 당신을 만난 지 얼마 되지 않아서 당신은 아무것도 모른다고 했어요."

내 증언이 그리스 언론에 오롯이 전달되지 않았다고 생각한다. 증언 내용을 신문사에서 삭제했다고는 믿기 어렵기 때문이다. 삭제된 내용은 내 증언에서 가장 흥미로운 부분이었다. 만약 언론에서 내용을 알았다면 분명히 그냥 흘려버리지는 않았을 것이다. 내가 진술을 마쳤을 때 가부넬리스는 다음과 같이 말했다. "당신의 증언은 지금까지 들은 것 중에서 가장 중요할 겁니다. 당신은 가족이 알지 못하는 많은 것을 알고 있군요. 이제 나는 알레코스가 평범한 자동차 사고로 죽은 것이 아니라는 점을 확신합니다. 그가 살해됐다는 것을 확신합니다. 하지만 그 밤에 왜 경호원도 없이 혼자서 갔을까요?"

그즈음 알레코스의 동생을 다시 만났다. 그는 공항으로 나를 마중 나왔고 항상 내 옆에 있었다. 사진기자들이 잘 알고 있다. 내가 아테네에 다시 갔을 때, 집회장에서 그를 만났다. 나치와 파시즘에 맞선 저항운동을 기념하는 의식이 진행됐는데, 나는 알레코스의 옛 친구를 만나기 위해 거기에 갔다. 이유는 모르겠지만, 그는 이 신사를 향해 모욕적인 말을 퍼붓기 시작했으며, 내가 아베로프와 안드레오티의 친구였다고도 했다. 말하자면, 정상이 아닌 것처럼 보였다. 나는 기분이 몹시 좋지 않았다. 그래서 그 자리에서 일어나서 엘리아스 엘리우의 옆으로 가서 앉았다. 그날부터 나는 아무도 만나고 싶지 않았다. (…)

나의 이름을 걸고 산다

———

내가 수줍어하는 것이 있다. 자랑거리로 내세우기보다는 되레 쑥스럽게 여기는 것이다. 바로 품위 있게 지켜나가야 하는 내 이름이다.

적들에게도 존경받을 만큼 소중한 이름이다. 작가이자 기자로서 내 개인 명성을 넘어서, 팔라치 집안은 정치적으로 공헌한 집안이다. 우리 가족은 레지스탕스 운동에 매우 훌륭한 모습을 보였다. 아버지는 레지스탕스 지도자 중 하나였고 체포되고 고문당하고 사형선고를 받았다. 알레코스처럼. 알레코스는 이러한 사실 때문에도 아버지를 사랑했다. 따라서 나는 존경하지 않거나 존경받지 않는 사람들과는 어울릴 수 없다. 나로선 관심이 가지 않는다.

나는 내 이름으로 알레코스에게 도움이 될 수 있다는 것이 매우 기뻤고 자랑스러웠다. 특히 그가 석방되고 독재정권이 무너지기까지의 기간에 도움이 되었다. 알레코스의 가족이 이런 이유로도 나를 받아들였다는 것을 알고 있다. 나는 유명했고 존경받았기에 알레코스 옆에 내가 있는 것은 여러 의미에서 알레코스의 보호막이 되었기 때문이다. 하지만 알레코스가 죽고 없는 지금, 나와 무관하고 그와 같은 성을 쓴다는 점을 제외하면 아무 의미도 없는 누군가의 홍보 담당자가 되어야 할 이유는 없다. 나는 자선가가 아니다. 특히 받을 자격이 없는 자에게 베풀고 싶지 않다.

나는 대중에게 전시되기를 원치 않으며 드러내기보다는 방어하는 편이다. 이런 이유로 나는 최근 1976년 선거에서 상원에 입후보하는 것을 거절했다. 나는 사회당 후보에서 무소속으로 입후보해야 했다. 처음에는 내 이름을 걸고 당선될 수 있다고 확신하면서 그렇게 했다. 나는 알레코스가 그리스 국회에서 했던 일을 이탈리아 국회에서 이어가고 싶었다. 하지만 사람들이 내 이름을 이용하려 한다는 생각에 계획을 만류했다.

'유명한 팔라치'는
달갑지 않다

나는 성공을 추구한 적이 없다. 자신을 찾아서 맹렬하고 사납게 덤벼든 것, 그것이 성공이 되었다. 벌써 10년, 15년 전 일이고, 나는 깨닫지 못하고 있었다. 아주 긴 시간 동안, 나를 알아보는 사람은 없을 것으로 생각했다. 하지만 내 책들은 이미 팔려나갔고 내가 쓴 기사들은 벌써 많이 읽혔다. 내가 나를 떠난 존재라는 것, 즉 유명해졌다는 것을 인식한 것은 베트남 체류 이후, 그러니까 베트남 전쟁에 관한 책이 출간되고 이후 국가 정상들과의 초기 인터뷰가 나오고부터다. 그때가 1968년, 1969년경이었다.

아주 먼 작은 나라를 방문해도 기자들이 나를 인터뷰하러 왔다. 그리고 내가 인터뷰하러 가는 사람들은 놀랄 정도로 나를 공손하게 대하거나 기분 나쁠 정도로 두려워했다. 이렇게 해서 나는 '유명한 팔라치'가 된 것을 깨달았다. 믿을지 모르겠지만, 나는 그 명성이 달갑지 않았다. 오히려 스트레스 같은 것으로 다가왔다. 나는 내가 늘 거부했던 유명인의 세상으로 들어온 것이다.

내 눈에는 명성과 성공에 저속한 무언가가 있다. 언젠가 미국 영화배우 엘리자베스 테일러가 매우 그럴싸한 말을 했다. 성공은 모든 악취를 제거하는 탈취제라고. 하지만 내게는 털어낼 만한 악취가 없다. 내 인생은 언제나 흠잡을 데가 없었다. 개인적 관점이나 직업적 관점에서 부끄러운 짓을 저지른 적이 없었고, 따라서 숨겨야 할 것도 없었다. 다행히 지금도 그렇다.

얼마 전 나는 친구에게 다음과 같이 말했다. "만약 내일 죽는대도 나는 종이 한 장 불태울 게 없어. 숨길 게 전혀 없거든." 그러한 의미에서도 성공은 내게 부질없는 것이었다. 성공은 푸짐한 식사 후에 나오는 디저트처럼 내게 다가왔다. 먹고 싶은 마음이 없는 데다 오히려 배탈이 나게 하는 음식과 같다. 성공하고 유명해지면 더 이상 자신에게만 머물 수 없다. 모두가 각자 다른 방식으로 그 사람을 바라보고 그 사람에 대한 모든 것을 알 권리가 있다고 믿는다. 사람들에게 공개되는 동물원의 동물이 된다. 누구든 입장권을 사면 동물원을 구경할 수 있다. 어떤 때는 입장권을 사지 않아도 된다. 사람들은 열차나 레스토랑에서 그 사람을 알아보고 그 사람을 구경하려고 고개를 돌리며 힐끗댄다. 끔찍하다. 앞에서 말했듯이 저속하다.

나는 성공과 명성으로부터 항상 나를 보호하려고 했다. 나는 좀처럼 인터뷰를 수락하지 않았고, 반쯤은 자신을 숨긴 채 살았다. 외식도, 파티도, 극장도 가지 않았고 데이트도 하지 않았다. 나를 두고 '그 여자를 알고 있다.'라고 말하는 사람들은 대체로 거짓말을 하는 셈이다. 나는 아무도 모르거나 극소수의 사람만 알고 있다. 나는 매우 비사교적이고, 매우 괴팍하고, 매우 까다로운 여자다. 그리고 유명해지면서 더욱 비사교적이고 괴팍하고 까다롭게 변했다. 내 주위로 다가오는 사람들에게 실망을 주기 위해서다.

나는 경박함을 증오한다. 누군가 유명해지면 사람들은 경박한 태도로 그에게 다가간다. 나는 이에 맞서려고 이따금 지나치게 진지하거나 불친절한 모습을 드러냈다. 그렇게 해서 종종 사람들 기분

나는 침묵하지 않는다

을 상하게 하고 불쾌한 사람이라는 인상을 주었다. (…)

내가 바라는 것은 성공과 명성이 아니라 고독이다. 고독은 다른 사람들을 필요로 하지 않는 것이다. 자신에 대한 확신이기도 하다. 자신을 믿지 못하고 그 자신만으로 충분하지 않다면 혼자 있을 수 없다.

형제애처럼
신의를 지킨 사랑

————

알레코스도 고독을 사랑한 한 남자일 뿐이었다. 우리의 만남은 두 고독의 만남이었다. 나는 지금 영혼의 고독에 대해 말하고 있다. 우리는 고독을 통해 형제가 될 수 있었다. 그리고 우리가 나눈 사랑의 위대함은 서로 형제가 되고 동지가 된 데 있었다. 이 말은 우리가 침대에서 사랑을 나누고 같이 잠자는 남자와 여자로만 사랑한 것이 아니었다는 것이다. 우리는 친구, 형제, 동지로서 사랑했다.

1975년에 나는 긴 인터뷰에 응한 적이 있다. 기자가 사랑하는 남자에게서 무엇을 원하느냐고 물었다. 나는 '형제애'라고 대답했다. 그러자 기자는 알레코스를 언급하며, "당신에게 그는 어떤 사람입니까?"라고 물었다. 나는 '내 형제'라고 대답했다. 그로부터 며칠 뒤 독일에서 오는 알레코스를 만났는데, 그는 어떤 기자가 내가 어떤 사람인지 묻길래 '내 형제'라고 답했다고 했다. 누이가 아니라 형제라고. 그러고는 알레코스는 폭소를 터트렸다. "어쨌거나 우리는 근친상간 관계로군!" 실제로 우리는 그랬다. 우리는 매우 다르면서도 매우 비슷했다.

예를 들어 우리는 자유에 매우 집착했다. 정치의 자유뿐만 아니라 개인의 자유도 매우 중요하게 여겼다. 사랑만큼 개인의 자유를 위협하는 것은 없다. 사실 처음에는 둘 다 우리의 사랑에 대해 많이 두려워했다. 그는 사랑을 닻이라고 불렀고 나는 족쇄라고 불렀다. 하지만 개인의 자유를 죽이는 것은 결혼이다. 결국 결혼에 대한 우리 둘의 반감은 사랑의 두려움, 닻의 두려움, 족쇄의 두려움을 극복하는 데 도움이 되었다.

누군가는 남자와 여자가 같이 사는 것과 결혼은 차이가 없다고 말한다. 틀린 말이다. 결혼하지 않고 같이 사는 것은 의무나 법, 종교, 서약서에 구속되지 않고 관계를 유지하는 것이다. 각자 다른 주소에 살면서 사랑하는 것은 더 좋은 관계라고 생각한다. 알레코스가 이탈리아에서 망명 생활을 했을 때 우리는 언제나 같이 있었다. 피렌체에 우리 아파트가 있었다. 그가 그리스로 돌아간 이후로는 서로 다른 주소에서 살았다. 그리고 모든 것이 더 좋아졌다. 더 자유로워졌기 때문이다. 나는 자주 아테네로 갔고 그는 더 자주 이탈리아로 왔다. 우리는 20일 이상 떨어져본 적이 없었다. 각자 혼자 있다가 다시 만났을 때, 기쁨은 두 배로 컸다.

우리에게 부르주아 순응주의는 있을 수 없었다. 우리의 개인적 삶, 일상의 삶에서 혁명을 적용하지 않는다면, 변혁을 일으키고 혁명 구호를 외쳐본들 무슨 소용이 있겠는가. 내가 이해하는 혁명, 알레코스가 의도했던 혁명은 거리에서 벌이는 내전이나 빼앗고 처형하는 과정을 거쳐 사회를 바꾸는 것보다 더 적극적인 무엇이다. 개

개인이 각자의 삶 속에서, 각자의 행동과 생각 안에서 시작하는 무엇이자 수천 년 전부터 우리에게 부과되어 세뇌된 의식을 거부하는 것이다. 그러한 혁명 속에서 모든 것이 재창조되어야 하고 사랑역시 재조명되어야 한다. 왜 사랑이 덫이 되고 족쇄가 되어야 하는가? 왜 인간이 자신의 충동과 욕망을 억제해야 하는가?

나는 언제나 알레코스에게 엄격하게 신의를 지켰다. 생각으로도 그를 배신한 적이 없었다. 그리고 그를 절대 배신하지 않을 것이다. 그가 죽은 지금도. 그의 자리를 누군가로 대체하고 싶은 마음이 들지 않는다. 하지만 이를 의무라고 생각해서 그런 것이 아니다. 내 충동이고 내 욕망이 그랬던 것이다. 만약 그 충동이 하루나 일주일, 다른 남자에게로 향했더라면 나는 즉시 알레코스에게 말했을 것이다. 실제로 우리 둘 사이에는 비밀이 없었다.

다른 사람들은 이걸 이해할 수 없다. 특히 사회라는 공간에서는 우리 사랑의 완전성과 예외성을 이해할 수 없을 것이다. 가령 나는 육체적으로 그에게 질투심을 드러낸 적이 없었다. 그리고 그가 내게 육체적으로 질투심을 드러내면 나는 늘 화를 냈다. 나는 그가 감탄과 흠모의 대상이라는 것이 기쁘고 자랑스러웠다. 그가 나와 같이 있지 않을 때, 그에게 기쁨과 즐거움, 쾌락의 순간을 주었던 누구에게든 감사하고 싶다. 그가 인생에서 얼마 누리지 못했고 누릴 시간도 많지 않았으니까.

그가 살아있을 때도 내 태도는 다르지 않았다. 나는 그에게 "자신을 너무 희생하지 말아요. 인생의 5년을 감방에서 보냈잖아요. 놓쳐버린 것들을 누려요! 평범한 인생과 보조를 맞춰요! 즐겨요!"라고 말했다. 하지만 그는 고개를 저으며 "할 일이 있어."라고 대답했다. 그는 저녁식사 시간에만 정신을 딴 데로 돌리는 것을 허락했다. 안타깝다!

사랑한다는 것은
이해한다는 것이다

———

위대한 사랑, 지속적인 사랑, 특별한 사랑은 어쩔 수 없이 다른 사람들의 시기와 질투를 받기 마련이다. 특히 사람들은 이해하지 못하는 일에 질투하고 시기한다. 자신이 가지지 못하고 경험하지 못하는 일에도 그런 태도를 보인다. 알레코스와 나를 결합한 사랑은 우리의 첫 만남, 그러니까 그가 석방된 다음 날부터 그가 죽는 순간까지 앞서 말한 방식에서 벗어나지 않았다.

이런 이유로 그리스에서는 나를 둘러싸고 어떤 적대감이 있었다. 분명히 국민적인 반감은 아니었다. 그리스 국민은 나를 좋아했고 이해했다. 민중은 언제나 이해한다. 거의 동물에 가까운, 신비스러운 직감에 이끌린다. 나는 장례식에서 이를 확인했고, 12개월 동안 내가 받은 편지와 엽서, 시를 통해서 확인했다. 내가 언급하는 질투는 아테네의 매우 한정된 무리와 관련된다.

그들은 어떻든 알레코스와 가장 가까운 사람들이었다. 바로 그런 이유에서 그들은 알레코스를 빼앗겼다는 박탈감을 느꼈다. 거기에다 내가 외국 여자라는 사실이 덧붙어야 할 것이다. 그들의 언어를 사용하지 않고 그들의 관습을 따르지 않으며 그들의 음식을 좋아하지 않는 데다 어쩌면 지나치게 초연한 태도로 그들을 대했던 외국 여자. 언제나 다소 도도하고, 어쩌면 오만한, 그리고 어쨌든 특이하고 다르게 느껴지는 외국 여자. 나는 이러한 감정을 이해한다. 갑자기 시칠리아에 나타난 북유럽의 스웨덴 여자가 섬의 보물을 가져다가 여러 해 지니고 있다고 생각해보라. 그 보물을 소유했거나 가졌다고 믿었던 섬 주민들은 화가 날 것이다. 그렇지 않겠는가? 사람들은 도둑질을 했다며 스웨덴 여자를 미워할 것이다.

나는 나를 시샘하는 그 사람들을 아주 다정하게 대하지는 않았다. 하지만 그것이 온전히 내 성격 탓만은 아니다. 알레코스는 자신의 주변 사람들에게 너무 친절하게 대하지 말라고 내게 주의를 주었다. 그랬다가는 이용당할 수 있다고 했다. 그는 여러 차례 강조해서 말했다. "아무도 믿지 마. 내 친구라고 자신을 소개하는 사람을 믿지 마. 나는 친구가 없어." 나는 그를 안심시키기 위해서라도 사람들과 다소 거리를 두었다. 힘들지는 않았다. 그들과 공통점이 없었기 때문이다. 그들은 나를 썩 좋아하지 않았고 나는 그들을 매우 높게 평가하지 않았다.

알레코스의 주변에는 그에게 충성을 맹세하는 집사 무리가 있었다. 나는 극소수를 제외하고는 그 맹세를 믿지 않았다. 극소수의 사람들조차 과장해서 한 말이라고 여긴다. 그들은 알레코스의 명성을 사랑했다. 알레코스를 사랑하지 않았고 그를 진심으로 사랑할 수 없었다. 그를 진정으로 이해할 수 없기 때문이다. 사랑한다는 것은 이해한다는 것이기도 하다.

용서할 수 없는
알레코스 가족의 태도

———

나는 신문에 낸 성명서에서 모든 행위는 그 행위자의 문화나 문화 부재, 교육이나 교육 부재에 따라 판단해야 한다고 말했다. 나는 이 말에 모든 것이 있다고 여긴다. 그리고 문화나 문화 부재, 교육이나 교육 부재에 근거하여 상황은 용서되어야 한다고 덧붙였다. 하지만 그 뒤를 이은 문장은 내가 용서할 수 없는 것에 대해 밝히고 있다. 나로선 이해하기조차 힘든 것이다. 이해할 수 없으면 용서도 할 수 없다. 특히 이해할 만한 가치가 전혀 없다면 말이다.

강요하지 않는 한 나는 말하지 않을 것이다. 만약 그래야 한다면 끔찍할 것이다. 할 말이 너무나 많아서다. 그리고 하고 싶은 말을 다 쏟아내다간 알레코스에 대한 기억에 나쁜 영향을 줄 수 있다. 따라서 나는 그와 같은 성을 쓰는 사람들이 그 이름에 언제나 걸맞지는 않다는 것을 지켜보는 정도로만 그칠 것이다.

그의 가족은 놀랍게도 내가 나를 광고하기 위해 알레코스에 대해 말했다는 견해를 냈다. 이럴 수가. 끔찍하다. 무지하다. 나 같은 여자는 언제나 광고를 멀리하고 피해야 하며, 존재감을 위해 죽은 사람을 언급할 아무런 이유가 없다. 나를 모르고 하는 소리다. 나는 세계적으로 유명하다. 알레코스를 알기 전부터 아주 유명했다.

알레코스와 보낸 3년은 내 명성을 쌓는 데 기여하지 않았다. 우선 나와 알레코스는 사람들과 동떨어져 있었기 때문이다. 정치계에서 엘리자베스 테일러-리처드 버튼과 같은 커플이 되어 입에 오르내리고 싶지 않았다. 우리 둘은 매우 은밀했으며 우리 사생활을 중요하게 여겼고, 뉴스거리가 되는 사람이라는 점을 잘 알고 있었다. (알레코스는 그리스. 이탈리아. 유럽 일부에서 알려져 있었다.)

그리고 그 3년간 내 일은 뒷전이었기에 나는 주요 무대에서 다소 떨어져 있었다. 그가 이탈리아에서 망명 생활을 했기에 나는 늘 그와 함께 있었다. 먼 곳으로 취재 여행을 떠나지 않았고 중요한 르포르타주를 맡지 않았으며 그에게 미국 비자가 주어지지 않아서 뉴욕에 집과 사무실을 두고 있다는 사실을 잊고 지냈다.

그가 그리스로 돌아갔을 때도 내 경력의 침체기는 여전히 계속되었다. 내 삶이 여전히 그에게 맞춰져 있었기 때문이다. 그에게 내가 없는 이탈리아는 상상할 수 없었다. 그가 "내일 도착해."라고 말하면 나는 어김없이 거기에 있었다. 그가 "이리로 와! 언제 올 거야?"라고 하면 달려갔다. 그와 같은 상황에서 나는 일에 전념할 수 없었다. 그러니까 그와 함께 한 3년이 직업적으로, 대중적으로 내 명성에 기여하지 않았다는 말이다.

나는 아테네에 갈 때 아무에게도 알리지 않았다. 아무도 만나지 않았다. 몇 안 되는 그리스 친구들, 가령 카넬로포울로스, 멜리나 메르쿠리는 물론 이탈리아인 친구들에게조차 연락하지 않았다. 나는 공항에서 콜로코트로니 거리에 있던 우리 방으로 갔다. 피렌체에 있던 우리 아파트의 가장 큰 방과 똑같이 꾸민 방이었다. 거기에서 나는 알레코스와 같이 저녁에만 나왔다. 그러니까 알레코스와 함께 있으면서 다른 사람이나 다른 것에 시간을 쓰지 않았다.

가령 어떤 기자가 인터뷰 요청을 해도 나는 거절했다. 알레코스가 강하게 권해서 이따금 인터뷰에 응했을 뿐이다. 나는 검은 눈동자를 가진 그레타 가르보였다. 내 개성으로 그의 빛을 가리고 싶지 않았다. (이런 이유에서라도 나는 그가 내게 오는 것을 더 좋아했다. 이탈리아에서는 내 모습 그대로 있어서 더 자유로웠다. 알레코스는 가끔 불평했다. "항상 나만 오는군. 당신은 내게 오지 않고!")

알레코스가 죽었을 때 나는 곧장 아테네로 향했다. 나는 평소대로 행동했다. 사람들은 영안실과 장례식, 두 곳에서만 내 사진을 찍을 수 있었다. 그들은 영안실 창문 위로 올라가서 사진을 찍었다. (기자들이 몰려온 것을 알고 내가 창문을 닫으라고 했다.) 알레코스가 죽고 장례식이 있기까지 5일 동안 나는 콜로코트로니의 우리 방에서 꼼짝 않고 있었다.

다시 말하지만, 그 방은 '아테네의 우리 집'이자 알레코스의 표현을 빌리자면, '아테네의 우리 보금자리'였다. 이곳의 모든 것은 그였고 우리였다. 피렌체에서 우리가 가져온 가구들까지도. 어떤 것은 내가 샀고 어떤 것은 그가 샀으며, 일부는 피렌체의 우리 아파트와 시골의 내 집에서 옮겨온 것들이었다. 벽의 그림들, 침대의 침구류, 소품들…… 나는 그와 함께 있는, 우리가 같이 지내는 그 방을 꾸미는 데 열을 올렸다.

그즈음 나는 어떤 기자도 만나지 않았고, 어떤 견해도 밝히지 않았다. 어느 날 알레코스의 동생이 내게 기자회견을 하라고 권했다. 나를 찾아온 많은 기자가 사무실과 인접한 곳에서 여러 시간 기다리고 있었다. 하지만 나는 거절했다. 기자들이 사진이라도 찍자고 했지만 그마저 거절했다. 모든 진술은 가족이 발표했다. 나는 성명서를 인쇄하러 갈 때만 그 방에서 나왔다. 성명서에는 다음과 같은 문구가 적혀 있었다. '1968년 알렉산드로스 파나굴리스는 자유를 찾다가 사형선고를 받았다. 1976년 알렉산드로스 파나굴리스는 진실을 찾고 발견했기 때문에 죽었다.' 성명서는 'EDYN'이라는 서명으로 나왔는데, 사실 그 서명은 내가 한 것이었다. 나는 그 이름을 생각해내서 서명하고 인쇄했다. 성명서 작업 마지막에 알레코스의 친구들이 나보고 서명하라고 했던 것이다. 나는 그들이 아니라 알레코스를 위해서 그렇게 했다.

이후 장례식 날, 나는 영안실로 가려고 아침에 밖으로 나섰다. 알레코스에게 옷을 입혀야 했다. 영안실에는 그의 어머니, 게라시모스 삼촌과 같이 갔다. 그의 동생은 오지 않았다. 우리는 그에게 옷을 입혔고, 이후 반지 의식이 있었다. 반지 이야기를 떠올리면 가슴이 뭉클하다. 1973년 가을에 나와 알레코스는 반지를 교환했다. 그는 내게 보석이 박힌 무척 아름다운 반지를 선물했다. 내가 그에게 선물한 반지는 매우 단순했다. 그가 그 반지를 원했기 때문이다.

처음에 그는 철로 된 반지를 고집했지만 그런 반지는 없었다. 그래서 은반지를 살 수밖에 없었다. 그런데 너무 작은 치수를 사고 말았다. 알레코스는 무척 재밌어하며 새끼손가락에 그 반지를 꼈다. 새끼손가락에도 조금 끼는 듯했다. 그의 손가락은 아주 통통했다. 그는 반지를 절대 빼지 않았다. 새끼손가락에 반지가 보이지 않는 알레코스의 사진은 한 장도 없다. 그는 "만약 당신이 빼라고 했더라도 그러지 않았을 거야. 내가 원치 않으니까."라고 말했다.

그가 죽고 나서 사람들은 그 반지를 뺐다. 나는 그의 어머니에게 반지를 달라고 했고 어머니는 내게 돌려주었다. 알레코스의 반지를 내가 끼고 내 것을 알레코스에게 주고 싶었다. 죽음 이후 사랑의 서약을 반복하고 갱신하려고. 하지만 나는 너무나 절망적이었고 영안실에서 많이 우는 바람에 실수하고 말았다. 그에게 그의 반지를 다시 끼운 것이었다. 그래서 우리는 관을 다시 열고 반지를 바꿔 끼워야 했다.

가끔 나는 그 실수가 그를 한 번 더 쓰다듬고 싶었던 잠재의식의 작용이 아니었을까 생각해본다. 나는 그가 내게 주었던 반짝이는 반지를 그의 손가락에 끼웠다. 그리고 재킷 주머니에 내 사진 두 장과 언젠가 그가 내게 썼던 메모를 넣었다. 메모에는 '지금 당신을 사랑하며, 영원히 당신을 사랑할 것입니다.'라고 적혀 있었다. 알레코스의 어머니가 그 자리에 있었다. 나는 계속 그녀 옆에 있었다. 성당에서도, 무덤으로 향하는 길에서도.

장례식 다음 날 나는 떠났다. 혹은 이틀 뒤였던가? 나는 몇 가지 짐만 챙겨서 갔다. 셔츠 하나, 넥타이 두 개, 1973년에 내가 그에게 선물했던 낡고 고장 난 시계, 우리 사연이 담긴 잔 하나, 그가 '찰리 브라운 담요'라고 불렀던, 국회의원 선거 때 내가 마련해준 침구, 담배 파이프 세 개. 그리고 그를 사랑했던 친구들에게 알레코스의 다른 물건들을 선물했다. 나머지는 모두 남겨두었다.

알레코스의 가족에게 내가 아끼는 세 가지 물건만 보내고 나머지는 모두 가져도 된다는 편지를 남겼다. 세 가지는 알레코스에게 선물받고 꽃꽂이 용도로 썼던 나무줄기, 스페인에서 내가 그에게 선물한 찌그러진 작은 여행 가방(고장 난 자물쇠 때문에 우리는 많이도 웃었

나는 침묵하지 않는다

다!), 그리고 그의 화가 여사촌이 내게 선물한 돛단배가 그려진 작은 그림이었다.

하지만 아무것도 받지 못했다. 내가 그 집에 처음으로 다시 돌아갔을 때 열쇠가 바뀌어 있었다. 두 번째로 갔을 때는 집이 텅 비어 있었다. 내게 말 한마디도 없이. 나는 강요받지 않는 한 이에 관한 말은 절대 하지 않을 셈이다.

알레코스를 위한
나의 침묵

———

문서는 다른 나라들에 안전하게 보관되어 있다. 만약 내게 무슨 일이 일어나면 그 문서는 자동으로 한꺼번에 공개된다. 그러니 나를 가만히 내버려두는 편이 나을 것이다. 그 문서는 다른 누구도 아닌 오직 나와 관련해서만 사용하게끔 되어 있다. 나는 알레코스의 여자였고 알레코스의 여자이다. 나는 내가 알레코스를 위해서 하고 있고 앞으로 할 일에 내 양심만 따를 것이다. 조급할 게 없다. 정치적 야심을 품고 그 야망을 위해 알레코스의 이름을 이용하는 누군가를 돕고 싶지 않다.

알레코스는 정당이나 단체에 소속되지 않았다. 그는 역사에 속했다. 그리고 내가 하고 있고 앞으로 할 일은 역사를 위한 것이다. 만약 누군가 개입하거나 간섭한다면 그 누구든 무자비한 호랑이의 발톱을 보게 될 것이다. 그러니 모두 입 다물고 조용히 있는 편이 훨씬 더 현명할 것이다. 이미 말했다시피, 나는 약해빠진 사람이 아닌 데다 성격이 고약하다. 내가 나약하기 때문에 품위 있는 침묵을 지키고 있는 것이 아니다. 침묵을 깨야 한다면 무슨 대가라도 치를 것이다.

미국에서 알레코스를
알리다

———

그리스 사람들이 잘 모르는 게 있다. 알레코스는 그리스에서는 유명하지만, 이탈리아를 제외한 다른 나라에서는 그렇지 않다. 독일과 스웨덴, 영국에서는 그럭저럭 알려졌다. 하지만 그 밖의 다른 나라에서는 그가 누구인지 모른다. (그가 석방되기 전에는 그리스보다 이탈리아에서 더 많이 알려졌다. 그리스 언론은 그에 대해 거의 다루지 않은 데다 항상 나쁘게 말했다.)

미국에서도 그가 알려지지 않았다. 이 점은 매우 안타깝다. 유감스럽게도 세계 여론의 중심은 미국이기 때문이다. 미국은 연합통신사, 유피아이 등의 언론사를 앞세워 세계 언론을 손에 쥐고 있다. 미국에서 알레코스를 모른다는 사실이 내게는 늘 마음에 걸렸다. 알레코스가 죽기 전, 그가 사형선고를 받았을 때 그를 구하려고 존슨[i]과 우 탄트[ii]까지 개입했지만 미국에서는 단 한 번만 언급되었다. 미국 국무부가 그에게 비자를 내주지 않아서 내가 헨리 키신저에게 보낸 편지를 공개했을 때다. 내 글은 미국에서 항상 주목을 한

i Lyndon Baines Johnson, 미국 제36대 대통령.
ii U Thant, 유엔 제3대 사무총장.

나는 침묵하지 않는다

다. 나는 그 기회에 텔레비전에서도 알레코스에 대해 말했다.

이후 알레코스는 살해되고 나서 〈뉴욕타임스〉에 언급되었다. 당연히 내 이름도 같이 나왔다. 그 기사에서 그를 설명하는 내용으로 '매력적인 동반자, 오리아나 팔라치의 연인'이 있었다. 나는 그 표현에 몹시 기분이 상했다. 알레코스가 죽은 뒤 나는 미국으로 돌아가지 않았다. 4월 30일 금요일, 우리가 마지막으로 전화통화를 했을 때 나는 뉴욕에 있었다. 애머스트 대학교에서 '저널리즘과 유럽의 정치의식'이라는 주제로 강연을 하러 간 것이다. 내가 이탈리아로 돌아가는 5월 4일이나 5일, 로마에서 알레코스를 만나기로 되어 있었다. 우리는 로마에서 만나 피렌체의 우리 집으로 가기로 했다.

나는 알레코스가 어떤 사람이었는지 미국인들에게 알리겠다는 마음을 먹고 미국으로 돌아왔다. 10개월 전부터 그렇게 하려고 생각했다. 그가 살았을 때는 몰랐더라도 죽어서는 알려지길 바랐다. 방법은 딱 하나, 내 이름을 이용하는 것이었다. 미국에서 나를 선전하려고 알레코스의 이름을 들먹였다는 터무니없는 비난을 받았다. 홍보의 기본을 모르는 말이다. 알려지지 않은 이름으로는 홍보할 수 없다. 그러니 그 반대여야 했다. 알레코스를 알린 것은 내 이름이었다. 나는 내 명성 덕분에 그에 대해 말할 수 있었다.

라디오와 텔레비전 등 방송에 출연해서, 여러 도시를 순회하면서, 그리고 신문에서, 대학에서, 어디서나 알레코스가 죽은 이유를 밝히고 관련자들을 규탄했다. 그리고 당연히 그가 내 동반자였기에 내가 아는 그를 말할 수 있다는 점을 설명했다. 나는 내가 한 일이 매우 자랑스럽다. 지금은 많은 미국인이 파나굴리스가 누구였는지 알고 있다.

내 책은 미국에서 많이 팔렸다. 특히 마지막 책,《태어나지 않은 아이에게 보내는 편지 *Lettera a un bambino mai nato*》가 많이 팔렸다. 하지만 안타깝게도 일부 신문은 이 책의 이야기가 문학 창작물이라는 점을 이해하지 못했다. 주인공에 대한 구체적인 묘사가 없으니(모든 여성이 주인공과 동일하다고 여겨서 그렇게 했다.) 몇몇 신문은 주인공이 작가 자신이라고 믿었다. 내가 주인공이고(말이 안 되는 게, 책 속의 여자는 죽고 나는 살아 있다.), 유산된 아이는 내 아이라고 믿었다. 그리고 가십 전문가들은 곧장 아이의 아버지가 누구냐는 추측으로 넘어갔다. 책 속 아이의 아버지가 알레코스라고 믿었다. 알레코스가 내게 아이를 가지게 한 남자라고 여겼다.

그 일 자체가 곤혹스러웠던 것은 아니다. 단지 문학 작품, 문학적 창작물을 개인의 평범한 일대기로 치부하는 것에 감정이 상했다. 작가는 상상하고 현실을 재창조하는 의무와 권리를 지닌다. 이것이 바로 작가와 기자의 차이다. 하지만 불행히도 이런 일은 꼭 여성 작가들에게 일어난다. 만약 내가 남성 작가였다면 이러한 오해는 벌어지지 않았을 것이다.

그렇다면 어리석은 그 미국 기자가 내가 알레코스의 아이를 유산했다고 상상하고 그 기사를 썼다고 치자. 그리고 그런 일이 정말로 일어났다고 치자. 그게 놀랄 만한 일인가. 한 남자와 한 여자가 지극히 평범하게 3년 동안 사랑한다면, 아이를 가지거나 잃는 일은 충분히 가능한 일 아닌가.

외국인 첫 명예박사
학위를 받다

———

비극으로 가득했던 일 년 동안 유일하게 번쩍인 불꽃이었다. 유일하게 나를 미소 짓게 하고 웃게 한 일이었다. 나는 아버지를 위해 스튜를 요리하고 있었다. (아버지 못지않게 알레코스도 그 요리를 좋아했는데, 둘은 내게 항상 소고기 스튜와 토끼고기 스튜를 해달라고 했다.) 그런데 갑자기 일주일 전 시카고의 컬럼비아 대학교에서 보낸 편지가 생각났다.

나는 몹시 나쁜 습관이 있는데, 편지를 받고 열어보지 않는 것이다. 알레코스는 그런 내게 늘 화를 냈다. 그는 뜯지 않은 편지 꾸러미를 보면 "고약한 습관이군!"이라고 소리를 지르고는 편지를 뜯어서 읽고 내용을 말해주었다.

그날 컬럼비아 대학교의 편지가 생각나면서 내게 툴툴대던 알레코스의 모습이 떠올랐다. 그래서 그 편지를 열었는데, 웃음이 터져 나오는 바람에 그만 스튜를 태우고 말았다. 일 년 전부터 웃음을 잃고 살았기에 한 번 시작된 웃음이 계속 이어졌다. 그러고는 정원에서 작약 꽃에 물을 주고 있던 아버지를 불러서 말했다. "내가 박사래." 아버지도 웃기 시작했다.

내가 절대 되고 싶지 않은 두 가지가 바로 결혼한 여자와 학위를 받은 여자이기 때문이다. 나는 결혼을 하지 않을 거라고 말했고 학위도 마찬가지였다. 사람의 자질과 학위는 별개다. 나는 이탈리아에서 추천으로 대학을 수석 졸업한 사람을 알고 있는데, 그는 이탈리아어 맞춤법도 제대로 모른다.

그러다 우리 둘은 웃음을 멈추었다. 그리고 나는 곰곰이 생각했다. 학위는 머리를 지식으로 채우면서 힘겹게 시험을 치른 성실한 사람에게 주거나 추천을 받은 사람에게 준다. 또는 필생의 업적에 대한 보상이나 인정으로서 학위를 준다. 다시 말해 내가 받은 학위의 평가 기준은 시험이 아니라 내가 이룬 업적, 즉 지금까지 내가 쓴 기사와 저서, 강의, 진술이었다. 나는 대학 총장이 보낸 편지를 다시 읽어보았다. 내게 주어진 학위는 하나가 아니라 인문학과 문학, 두 분야라는 것을 확인했다. 그리고 컬럼비아 대학교의 전원이 만장일치로, 그러니까 학위 수여자 표결에서 교수부터 학생까지 모두 내게 찬성표를 줬다.

또 미국에서 손꼽히는 대학인 이 학교에서 외국인에게 명예박사 학위를 수여한 것은 이번이 처음이었다. 수십 년간 미국인에게만 수여한 것이다. 게다가 나는 몇 안 되는(두세 명) 여성 수여자였고 젊은 여성으로는 유일했다. 나는 몹시 기뻤다. 그리고 엄마와 알레코스는 이제 이 사실을 알 수 없고, 나를 박사님이라고 놀리듯이 부르며 웃을 수 없을 거라는 생각이 떠올랐다. 나는 밤새 울었다.[19]

결혼은
낡은 관습이다
———

우리는 변함없이 오래가는 관계가 좋은 것이라고 교육받았다. 하지만 꼭 그렇지만은 않다는 것을 안다. 그렇다면 어째서 평생 스스로를 옭아매려고 성당이나 시청을 찾아가는 것일까? 다행히 이혼이라는 제도가 있다. 하지만 이혼을 할 거면 왜 결혼을 하는가? 이혼은 결혼을 더 강제적인 것으로 만들고 결혼에 정당성을 부여한다. 결혼한 사람을 기혼자라고 한다. 나는 이혼녀가 되기 전에 기혼녀가 되고 싶지 않다.[20]

나는 완고한 일부 독신 남성들처럼 구두쇠이거나 비겁해서 독신으로 있는 것이 아니다. 가령 이탈리아에서 독신남의 전형으로 여기는 알베르토 소르디[i]처럼 누구에게 자신을 내어주고 누군가와 자신의 부를 나누는 것을 두려워해서가 아니다. 나는 정치의식적인 선택과 역사적 이유에 따른 독신이다. 즉 나는 우리 시대의 매우 전형적인 산물이다. 일하고, 먼 곳을 오가고, 과학기술 사회의 모든 사회학적 변화에 노출된 여성이다. 그 이유를 앞으로 설명하겠다. 실제로 나 같은 인간 유형은 오늘날 아주 흔하고 미래에는 더욱더 많아질 것이다. 옛날에는 덜했다. 내가 결혼에 반대하기 시작했을 때는 독신이 유행이 아니었다. 이탈리아만 그런 것이 아니다. (…)

나는 지금처럼 유행을 따르는 사람이 아니었다. 독신의 이유는 당연히 사람마다 다르다. 하지만 주된 역사적 이유는 존재한다고 생각한다. 현재는 그 점을 이해한다. 나는 항상 내게 적절하고 피할 수 없는 선택을 했다고 생각했다. 하지만 오래전 미국에서 《미래의 충격Future shock》의 저자 앨빈 토플러와 만나기 전까지는 이유를 폭넓게 설명할 수 없었다. 토플러는 내가 왜 독신인지 설명해주었다.

---

i Alberto Sordi(1920 – 2003). 이탈리아의 배우이자 감독, 성우였다. 이탈리아 영화사의 중요 인물로 꼽히며 많은 국민의 사랑을 받았다. 2백여 편의 영화에 출연했다.

우리 사회에서 많은 이유를 찾을 수 있다.

초산업화되고 과학기술적인 우리 사회에서, 특히 과학기술적인 사회에서 모든 것은 더 빨리, 더 많이 일어난다. 관계, 즉 만남은 더 많고 더 빠르다. 따라서 오늘날 지속적인 관계를 맺기란 더 어렵고 일시적인 관계만 즐비하다. 다시 말해 인간적 교류, 우정과 애정 관계에서 이전보다 더 빨리 만나고 더 빨리 헤어진다. 이러한 현상은 유동적이지 않고 느린 사회였던 농업사회의 특징적 산물인 가정의 형성을 장려하지 않는다. 유동적이지 않고 느린 사회에서는 소수의 사람만 만났고 관계는 지속적이었다.

토플러는 산업사회로 진입하면서 상황이 달라지기 시작했다고 말한다. 산업사회는 가변적인 사회이고 느린 사회가 아니었다. 가족은 축소되었다. 도시화와 더불어 도시의 집은 더욱 작아졌고, 가족은 조부모, 삼촌과 사촌, 남편과 아내의 형제자매를 제외하는 것으로 축소되었다. 부모와 자식으로만 구성된 핵가족으로 변했다.

초산업화와 과학기술 사회에서 가족은 더욱더 축소되었고, 독신남과 독신녀라는 인간 유형을 생산했다. 특히 나처럼 여러 곳을 돌아다니며 고정된 거주지를 두지 않는 사람들의 특징적 현상이 되었다. 나는 한곳에서만 살지 않는다. 미국과 이탈리아에 집이 있고, 호텔이라 불리는 세계 곳곳의 집에서 수년간 살았고 살고 있다. 이러한 상황에서 어떻게 한 사람과 결합하고 가정을 꾸릴 수 있겠는가? 옛날에는 선원들도 가정을 이루며 살았다고 반박할 수 있을 것이다. 하지만 선원에게는 집을 지키는 순종적인 노예 부인이 있었다. 남자는 그러한 역할을 받아들이지 않는다.

역설적이지만 오늘날 독신녀는 독신남보다 더 흔하다. 왜냐하면 남자는 독신남으로도 살 수 있고 기혼남으로도 살 수 있기 때문이다. 남자는 가정에 묶인 파트너를 만날 수 있다. 여성은 그럴 수 없다. 남성의 오만함 때문이다.

내가 카사노바의 연애를 추구한다는 의미가 아니다. 애정 없이 산다는 것도 아니다. 먼저 나는 진지하고 천성적으로 충실하며 남자의 애정을 갈구하는 여자가 아니라는 점을 말하고 싶다. 사실 내가 한 번도 결혼하지 않았다고 말할 때면 거짓말하는 기분이 든다. 나는 사제나 시장의 개입 없이 결혼했고 현재도 진행 중이다. 실질적인 애정이라는 의미에서 그러하다. 그런 의미에서 나는 이혼도 했고 재혼도 했다. 하지만 결혼을 특징짓는 지속적인 동거는 하지 않았다. 왜일까? 여기에는 평행선을 긋는 두 가지 이유가 있다. 둘 중 어느 것이 더 주된 이유인지 가리기가 쉽지 않다.

먼저 역사적인, 외부적인 요인이다. 천성적으로, 그리고 선택에 따라 이곳저곳을 떠도는 상황이므로 고정된 주거지를 정할 수 없었고, 정하고 싶지도 않다. 다른 이유로 내 자유를 포기할 수 없었고, 포기하고 싶지도 않다. 인간은 총체적이고 오래 지속되는 관계가 필요하다고 말한다. 하지만 나는 이 관계를 이미 맺고 있다. 아버지와 어머니가 이룬 가정을 통해서다. 부모님의 가정은 총체적인 관계를 허락할 뿐만 아니라 나를 노예로 만들지 않는다. 부모님은 당신의 날개를 잡아두지 않으며 마음대로 오고 가는 것을 허락한다. 하지만 남편은 아니다.

나는 연인과 부부처럼 생활한 적이 있다. 더 정확히 말하면, 그럴 수밖에 없는 상황에 부닥쳤다. 더욱이 정치적 망명이라는 숭고한 이유로 그래야 했다. 나는 서서히 이성을 잃어갔다. 도저히 견딜 수 없었다. 그도 마찬가지였다고 말해야 할 것이다. 우리는 독립적인 삶을 갈구하는 데서는 똑같았다. 그는 가장 맛있는 케이크 조각을 차지했을지라도, 다시 말해 더 편하게 지냈을지라도, 괴롭기는 매한가지였다.

집안일은 내가 도맡아서 했고 요리도 그랬다. 그는 손 하나 까딱하지 않았다. 그가 조용히 있거나 잠을 잘 때도 느껴지는 강제된 동거의 부담이 나를 압박했다. 가령 전화기를 공유하는 것도 그렇다. 강제적으로 사생활을 공개하는 것이다! 이후 상황이 바뀌어 우리가 각자 주소지로 돌아갔을 때, 즉 그는 자기 집으로, 나는 내 집으로 돌아갔을 때, 모든 것이 제대로 작동했다. 우리는 다시 자유로운 두 창조물로 살 수 있었다. 동거에 따라 의무적으로 치러야 하는 것들에서 벗어나 자유롭게 사랑할 수 있었다. 서로 구속하지 않고 각자 개성을 키워갈 수 있었다.

그렇다면 이런 관계 속에서도 결혼과 가족이라는 제도가 존재할 수 있는지 의문이 든다. 토플러는 그렇다고 대답한다. 기술적이고 일시적인 사회, 급하게 돌아가고 만남과 헤어짐도 빠른 이 사회는 우리를 결합하게도 한다. 요컨대 우리 사회에서 관계는 결정적인 이별과 분리로 끝나지 않는다. 우리의 만남을 이끌었던 비행기는 또 다른 만남으로 이끈다. 물리적으로 해체와 재편성의 과정을 거치며 다시 결합하는 형태로 변한다. 나는 결혼이 과거의 유산이라고 생각한다. 《태어나지 않은 아이에게 보내는 편지》에서 모성애는 낡은 관습이라고 썼다. 그리고 지금은 결혼도 낡은 관습이라는 의견을 보태고 싶다.

내가 쓴 책을 통틀어 소설은 《전장의 페넬로페》와 《태어나지 않은 아이에게 보내는 편지》단 두 권이다. 두 책 모두 여성이 주인공이다. 두 주인공은 모두 연애는 하지만 결혼은 하지 않는다. 두 책을 주의 깊게 읽어보면, 아니 가볍게 읽더라도 두 여성이 결혼을 절대 언급하지 않는다는 점을 알 테다. 누구도 결혼을 원치 않는다. 이야기를 창작하면서도 내 잠재의식이 고스란히 반영된 것이다. 오히려 내 결혼관을 더욱 분명하게 확인시켜주었다고 할 수 있다.

나는 결혼생활에 숨어 있는 소유욕을 혐오한다. 이 족쇄 때문에 달리거나 뛰거나 나무에 오를 수 없다. 국가와 도시, 교회라는 제도권 주인에게, 그리고 이후 어른이 되어 받아들이는 남편이라는 사적 주인에게 아무리 항의해도 소용없다. 나는 그 누구의 주인도 되고 싶지 않은데, 어째서 누군가는 내 주인이 되어야 하는가? 나는 통제를 가하는 것도, 받는 것도 원치 않는다. 누군가를 감시하는 것도, 누군가에게 감시당하는 것도 원치 않는다.

물론 이러한 삶의 방식과 사고방식은 많은 단련과 진지한 태도를 요구한다. 그렇지 않으면 자칫 책임감 없는 경솔한 만남을 거듭하며 방탕한 생활로 빠질 수 있다. 독신생활은 내 도전과 희생을 요구하지만, 자기단련과 진지한 삶을 배우는 학습의 장이기도 하다. (…)

그리고 이름 문제도 제기하고 싶다. 적어도 서양 문명에서는 결혼과 동시에 여성은 남편의 성姓을 따라야 한다. 그전에 쓰던 내 성씨는 내 것이 아니라 아버지의 것일 따름이다. 내 이름을 버려야 한다는 생각은 항상 나를 당혹스럽게 했다. 단언하건대, 아주 어렸을 때부터, 내 이름이 유명해지기 전부터 그랬다. 아버지의 성씨를 부여받거나 사용하는 것이 남편의 성씨를 부여받거나 사용하는 것보다 덜 불편하지 않을까. 인식력을 갖춘 어른이 되어서 한 결정일지라도 상실감을 느끼고 종속되었다는 생각이 들 것이다. 주인의 이름으로 불렸던 고대 로마의 노예들처럼. (…)

독신녀와 독신남은 변화의 길을 걷는 오늘날의 전형적인 산물이다. 또 분명히 미래 사회의 두드러진 현상이 되리라 예상한다. 다시 말해 과학기술 사회는 바로 그 기술적 속성으로 사회 구조가 변한다. 어떤 수단을 통해서? 대표적으로 커뮤니케이션 수단을 들 수 있다. 새로운 커뮤니케이션 방식의 결과이기도 한 다양한 종류의 직업은 말할 것도 없고, 비행기나 자동차 같은 커뮤니케이션 수단으로 거리가 단축되었다. 이동성 사회에서 국가 간 거리는 가까워졌으며 만남은 더 많아지고 짧아졌다.

바리에 사는 내가 밀라노에 사는 짝을 만나거나, 뉴욕에 사는 내가 시드니에 사는 짝을 만난다. 그러고 나서 다시 각자 자신이 사는 곳으로 돌아간다. 나는 이곳에 직장이 있고 연인은 그곳에서 일하기 때문이다. 우리는 결혼해서 같이 살 수 있지만, 그러려면 둘 중하나는 오늘날 가족보다 매우 더 밀접하게 관련된 직장을 포기해야한다. 하지만 아무도 포기하려고 하지 않는다. 우리의 만남은 짧지만 이를 대신하는 다른 수단이 있다. 우리는 매일 전화로 연결되고, 우리를 이어주었던 비행기가 우리를 다시 만나게 한다.

이제 일에 대해 생각해보자. 앞서 말했듯이, 나도 짝도 일을 포기하고 싶지 않다. 이를테면 우리는 일의 유형도 시간도 다른 직업에 종사하고 있다. 그래서 우리의 결혼은 실질적인 형태가 아니라 이름뿐인 관계가 된다. 그렇다면 어떤 일이 벌어질까? 둘 다 밀라노에 살더라도 따로 있기를 바라고 다른 공간을 원하게 된다.

결혼은 지적, 도덕적 문제이기에 앞서 실질적인 현실이라는 점이 우리를 좌절하게 한다. 일상생활이 전제되는 오늘날의 만남은 두려움과 같은 불확실함을 동반한다. 관계에 믿음이 없으며 오래 지속하리라는 확신이 없다. (그리고 이런 사례를 주변에서 얼마든지 볼 수 있다.)

그렇다면 어째서 혼인 관계가 오래가지 않는가? 동거가 의무적이지 않기 때문이다. 그러면서 다양한 경험과 가벼운 만남을 쉽게 접하기 때문이다. 옛날에는 동거가 의무적이었고 유혹의 요소도 적었기에 관계가 지속되었다. 동거는 농업사회에서 삶의 유일한 형태였다. 두 고독(기계의 톱니바퀴처럼 굴러가던 산업사회 인간의 고독)이 이중의 고독으로 결합되었던 산업사회에서도 그러했다. 요컨대 만남은 결정적이었다. 오늘날 만남은 더 이상 결정적이지 않다. 만남의 기회가 너무도 많기 때문이다.

따로 떨어져 사는 두 사람이 가정을 구성할 수 있는가? 어쩌면 현 사회에서 시기상조일 것이다. 하지만 나는 두 사람이 기본적으로 떨어져서 살더라도, 즉 대부분의 시간 혹은 어느 정도의 시간 동안 육체적으로 떨어져서 살더라도 서로 연결되어 있다고 느낄 것이라 생각한다. 이전에는 가정이라고 생각할 수 없었던 가족 형태이다.

토플러는 《미래의 충격》에서 가정은 두 동성애자, 즉 두 게이와 두 레즈비언으로도 구성될 수 있다고 했다. 그리고 오늘날 미국의 많은 사회학자는 이 주장을 받아들인다. 내가 보기에 다소 논란의 여지가 있어 보인다. 그런데 이 주장이 받아들일 수 있는 것이라면, 결혼은 하지 않고 오랫동안 만나는 나와 그 남자가 가정의 형태를 구성한다는 생각은 어째서 용인되지 않는가?

나는 그 남자와 연결되어 있다. (…) 그가 내게 올 때 그는 자기 집에 오는 것이다. 내가 그에게 갈 때도 나는 내 집에 가는 것이다. 우리는 내 주소든 그의 주소든 각자의 집을 자연스럽게 자기 집이라고 여긴다. 우리는 어느 집에서든 가구나 그림 등의 위치를 바꾸는 문제를 두고 옥신각신한다. 둘 다 논쟁하기 좋아하는 성격이라서. 가구나 그림의 위치를 바꿀 수 있는 권리를 서로 당연하게 여긴다.

누군가는 신의의 문제를 제기할 수 있겠다. 나는 매우 신의 있는 동반자라고 스스로 생각한다. 그와의 관계가 계속되는 한 나는 신의를 지킬 것이다. 애쓰지 않아도 그럴 것으로 확신한다. 하지만 독신 여성에게 신의를 문제 삼는 것은 내가 보기에 억지스럽다. 결혼이 정절을 보장하지는 않기 때문이다. 신의를 저버리는 일은 결혼과 상관없이 벌어진다.

나는 결혼이 강제하는 동거를 거부한다. 이 점에 관해서는 페미니스트의 입장, 즉 남녀평등의 관점에서 말해야 할 것이다. 가장 사랑하고 가장 멋진 한 남자와의 동거는 현대 여성에게, 즉 노예나 오늘날 이른바 물건으로 취급되기를 거부하는 여성에게 견딜 수 없는 형벌이다. 모든 여성에게서, 특히 자신과 결혼한 여자나 같이 사는 여자에게서 엄마를 찾는 남자들의 무례함 때문이다.

남자들의 이러한 무례함은 짧게 반복되는 만남에서도 다를 것이 없다. (나는 연인의 집에 갈 때마다 지저분한 꼴을 보고 진저리를 친다. 그리고 서둘러 정리정돈을 하고 청소를 좀 한다. 자연스럽게 그렇게 하게 되는데, 나 자신을 위한 것이기도 하다. 나는 며칠이라도 거기에 머물 테고 그런 혼란 속에 있고 싶지 않다. 하지만 늘 있는 일이 아니라서 견딜 만한 것이다. 매일 그렇게 할 수는 없다.)[21]

의심할 여지없이 과거에는, 지금의 나로서는 선사시대처럼 까마득하게 느껴지는 과거에는 나도 자연스럽게 결혼할 거라고 생각했다. 열다섯, 열여덟 살 때 일이다. 하지만 이상하게도 그때를 떠올려도 내 머릿속에 결혼이라는 말은 거의 없었다. 그 어린 나이에도 그 말은 아내나 남편, 약혼자나 약혼녀 같은 단어처럼 성가신 느낌을 불러일으켰던 것 같다. 어린 시절 내가 원한 것은 사랑하는 남자와 그 남자에게 영원히 사랑받는 것이었다. 동화에서처럼.

하지만 나는 동화에서도 위협감과 치명적인 위기감을 느꼈다. 만약 이 남자가 평생 나를 소유한다면? 나는 애완동물이 아니었다. 나는 평생 가정이라는 작은 우주에 갇혀 살 마음이 없었다. 아내라는 이름은 항상 나를 소름 끼치게 했다. 나는 아내가 되고 싶지 않았다. 글을 쓰고 여행하고 세상을 알고 탄생의 기적을 마음껏 누리고 싶었다. 게다가 남자의 성을 따르고 내 성을 버려야 한다는 데 반감이 일어났다. 왜 내 성을 단념해야 하는가? 왜 내 성이 말소되어야 하는가? 나는 나 자신이었다.

혼란스럽고 무의식적인 생각이었지만 나는 시대를 앞선 페미니스트였다고 생각한다. 여하튼 남자들이 구상하고 결정하는 사회에서 여자로 산다는 자각은 내 계획과 꿈에 제한을 두게 하지 않았다.

그와 반대로 내 계획과 꿈을 자극하고 선동했다. 내기를 하거나 도전을 하듯이.

청소년기에는 그 도전에 맞서느라 온 기운을 다 쏟아 부었다. 덫에 잡히고 입마개가 씌워질까 봐 불안해했다. 여러 해 동안 나는 목줄 없는 개처럼 지냈다. 자유롭게 돌아다니며 으르렁거렸다. 내게 고백하는 남자를 거부했고, 스스로 사랑에 빠지지 않으려고 했다. 마음이 괴로웠고 고통스러웠지만 나는 닻을 내리지 않았다. 첫사랑에게 나를 내어줬을 때도 닻을 내리지 않았다. 결국 내 첫사랑은 행복하지 않았다. 사랑한다는 의미는 손목에 수갑을 채우는 것이자 꼼짝 못하게 얽어매는 것임을 간파했을 뿐이다.

그런 통찰은 마음을 냉담하게 만들었다. 몇 년 동안 나는 그 누구에게도 내 간수 자리를 허락하지 않았으며, 비행기는 내가 도피하는 데 가장 충실한 조력자였다. 달아나는 것은 그리 크게 힘이 드는 일이 아니었다. 아주 간단한 일이었다. 유명하거나 존경받는 남자들도 그리 대단치 않았다. 오히려 나는 그들보다 더 강하다는 것을 항상 증명했다. 나는 이 점을 청소년 소설 《전장의 페넬로페》에서 남자 주인공이 여자 주인공의 첫 경험 상대가 된 뒤 우는 장면에서 고백했다. 여자 주인공은 코를 훌쩍이며 우는 남자 주인공에게 손수건을 건네며 위로했다. 어쩌면 내 여성적 성향은 남자보다 더 강인한 성격으로 변하면서 움츠러들었는지 모른다.

나는 남자들을 적으로 생각하지 않는다. 이는 내 여성성의 또 다른 일면일지 모른다. 나는 여성을 억압하는 가부장적 지배 구조를 남성의 잘못으로만 돌리고 싶지 않다. 수백 년, 수천 년 동안 남성

나는 침묵하지 않는다

들은 잘못된 교육을 받았다. 여성뿐만 아니라 남성도 왜곡된 세뇌 교육의 피해자였다. 나는 남자들을 싫어하지 않는다. 한 남자를 사랑하게 되면 순한 양처럼 부드러워진다. 어린 양처럼 나를 희생한다. 그리고 내 이성과 모성적 본능은 그를 포용하도록 항상 나를 다독인다. 하지만 환상에 빠지지 않고, 언제나 그랬듯이 닻을 내리지는 않는다. 그 누구도, 단 한 명도 홀로 나아가는 내 여행을 멈추게 하지는 못했다. 자신의 여행을 접고 닻을 내린 결혼은 여자를 가두는 감옥과 같다.

게다가 동거는 제아무리 최고의 남자라도 그 남자에 대한 존경심을 잃게 한다. 당신은 같이 사는 시간의 절반은 변덕스럽고 까다로운 아이 같은 남자를 위로하고 응원하고 보호하고 그에게 봉사하는 것으로 보낸다. 아이는 당신에게서 동반자나 연인을 찾는 것이 아니라 유모를 찾고 비서와 하녀를 찾는다. 어른이 되면서 잃어버린 엄마를 찾는다. 더 심하게는 당신에게서 장난감, 오락을 기대하기도 한다.

당신이 남편보다 일을 더 많이 하고 더 중요한 책임을 맡고 있을지라도 그는 당신이 먼저 일어나서 커피를 준비하고, 먼저 집에 달려와서 저녁식사를 준비하고, 청소하고 빨래하기를 기대한다. 그리고 당신 기분과 관계없이 그의 기분에 따라 장단을 맞춰야 한다. 불쌍한 엄마들. 여자는 결혼하기 위해, 엄마가 되기 위해 태어났다는 망상이 시작되었을 때부터 얼마나 많은 고통을 당해야 했는가. 내가 가장 아쉽게 여기는 것은 진실을 가르치며 훌륭하게 키워낼 남자아이를 낳지 못한 것이다.

결혼은 자연을 거스르는 것이다. 이따금 다시 바닥을 대고 수리하고 모양을 다잡아야 하는 신발처럼 감정은 닳아서 해지기 때문이다. 어떻게든 같이 살기 위해, 위선 때문에, 고독에 대한 두려움때문에 자신을 속이거나 굽히는 것으로 지속되는 관계는 무의미하다. 영원히 사랑하고 사랑받는 사람은 존재하지 않는다. 우리는 서로에게 여행의 동반자일 뿐이다. 당신이 선택한 후 당신의 성숙함으로 견디는 동반자와 함께 여행을 마친다는 막연한 희망만이 있을 뿐이다.

하지만 그 경우에도 각자는 자주적이고 독립적인 존재이며 고독의 휴식 속에서만 자기 자신을 되찾을 수 있다는 점을 잊지 말아야한다. 나는 내가 선택하고 내 성숙함으로 견디는 동반자와 헤어질때, 그러니까 내가 떠나거나 그가 떠날 때면 아쉬운 마음이 들고 슬퍼진다. 그러면서도 한편으로는 숨길 수 없는 달콤한 안도감을 느낀다. 나는 목줄이 없는 개처럼 꼬리를 흔들며 간다.[22]

임신중절은
자유로운 선택이어야 한다

———

엄마로 사는 것은 직업이 아니다. 의무도 아니다. 많은 권리 중 하나의 권리일 뿐이다.[23]

인간 존재는 성별이 다른 두 개체에 의해 태어난다. 물고기, 새, 코끼리, 곤충도 그러하다. 생명체가 수정되려면 난자와 정자가 있어

야 한다. 좋건 싫건 이 지구상에서 생명은 그렇게 태어난다. 유전공
학자들은 미래에 정자가 없이 수정이 가능할 것이라고 말한다. 하
지만 난자는 없어서는 안 된다. 포유동물이든 난생동물이든 난자는
반드시 필요하다. 인간의 경우 난자, 즉 알은 여성의 자궁 안에 있
고, 그 안에서 배아는 신기하게도 생명의 물방울이 되고 생명의 싹
이 되어 임신 기간을 거치면서 다른 생명체, 다른 인간이 된다. 나
는 사랑에 빠지고 교감하는 것은 생존의 본능, 즉 종족을 유지하려
는 필요성에 따른 것이라고 확신한다. 우리를 통해서, 우리 후대를
통해서 끊임없이 살기 위해서.

그리고 나는 모성의 개념에 집착한다. (…) 부성의 개념도 이해한
다. (…) 아이의 양육권을 포기하지 않는 이혼한 아버지들에게 박수
를 보내고 싶고, 오늘날 우리 사회에서 좋은 어머니보다 더 좋은 아
버지가 있다는 것을 안다. (광분한 아버지가 자식을 죽이면 그 자신도 목숨을
끊는다. 광분한 어머니가 자식을 죽이면 같이 죽지 않는다.) 하지만 나는 여자이
고, 게다가 아이를 낳지 못한 불행으로 상처받은 여자이기에 모성
의 개념을 더 잘 이해한다. 내 아이들이 태어나기 전에 죽어서 어쩌
면 나는 그토록 모성애에 집착하는지도 모르겠다.[24]

그것은 운명의 결정이었다. 나는 임신중절수술을 받지 않았다. 늘
자연 유산이 되었다. 어쩌면 내 나이가 많기 때문일 수 있다. 어쩌
면 충분한 안정을 취하지 않았거나 몸을 전혀 돌보지 않아서일 것
이다. 사실을 말하자면 나는 내 몸을 생각할 겨를이 전혀 없었다.
비행기를 자주 타고 많은 감정과 두려움에 휩싸이다 보니 건강을

해쳤을 것이고, 임신이 되었을 때 고단한 일을 계속하다가 아이를 잃었을 것이다. 내게 피임과 낙태가 문제된 적은 없었다. 내게 문제는 아이를 낳는 것이었다. 그런데 임신과 출산을 위한 최고의 처방은 내가 한 번도 가져보지 못한 평온이었다.[25]

나는 피임기구를 사용한 적이 없다. 결혼을 싫어하고 거부하는 것과 똑같은 강도로 항상 아이를 원했다. 내 인생의 가장 큰 고통 중 하나는 나와 내 짝이 자랑스럽고 즐거운 마음으로 기다렸던 아이를 잃은 것이다. 그리고 내 동반자가 죽고 없는 지금 내게 피임기구를 사용할지 말지 하는 문제는 아무런 의미가 없다. 그가 아닌 누군가와 성관계를 가질 가능성은 생각해본 적이 없다.

　(…) 하지만 내 경우는 대수롭지 않으며 일반적인 실정에서 예외적이다. 대다수 여성은 그 반대의 문제를 가지고 있기 때문이다. 임신을 제한하고 막는 것. 나는 (내게 불필요했던) 이혼을 찬성했고, (내게 불필요한) 낙태를 찬성한 것과 같은 이유로 (내게 불필요한) 피임약을 찬성한다. 정리하자면, 피임약은 필요한 사람이 사용할 수 있어야 한다.

　나는 모성은 선택이지 의무가 아니라는 말을 반복하지 않겠다. 하지만 피임약은 낙태보다 더 효과적인 방책임을 강조하고 싶다. 사회는 원하지 않는 임신을 점잖게 막는 방법에 앞서 원하지 않는 수태를 피하는 방법을 생각해야 한다. 만약 내 어머니가 피임약을 사용했더라면 낙태로 고통받지 않았을 거라는 생각에 마음이 아프다. 더욱이 낙태 시술은 불법적으로 이루어지고 여성의 몸을 해친

　　　　　　　　　　　　　　나는 침묵하지 않는다

다. 내 어머니는 피임으로 더 오래 더 건강하게 더 행복하게 살았을 것이다. 어머니를 죽음으로 이끈 질병에는 낙태로 인한 후유증도 작용했을 것이다. 하지만 그 시대에 피임약은 없었기에 어머니는 비밀스럽고 해로운 낙태를 감수할 수밖에 없었다.

나는 피임 도구가 성관계를 복잡하게 만든다고 생각하지 않는다. 오히려 더 자유롭고 즐거운 성관계로 이끈다. 그리고 왜 여자들만 피임약을 복용해야 하는지 이해할 수 없다. 단성생식으로 배아가 수정되는 게 아니므로 남자들도 그들의 피임법을 마련해야 한다. 피임도구를 사용하게끔 교육해야 한다. 자연은 남성에게 낙태의 충격, 임신의 고단함, 출산의 고통을 직접 안겨주지 않았다. 그런데 어째서 남성은 피임약에 대한 고민마저 면제받아야 하는지 모르겠다. 남성용 피임약이 없다면 개발해야 할 것이다.

단 불임수술에 대해서는 거부감이 든다. 언젠가 인도에서 불임수술을 기다리며 줄 서 있던 많은 빈민을 본 적이 있다. 한 사람이 계속해서 울고 있었다. 나무의 씨를 영원히 말라 죽게 하는 것은 잔인하다. 그리고 창조물이 생각을 바꾸지 못하게 막는 것은 더욱더 잔인하다.[26]

나는 나를 위해서 낙태에 찬성하는 것이 아니다. 낙태를 원하는 자를 위해서 찬성하는 것이다. 우리가 선택의 기회를 주려고 이혼을 찬성하듯이, 나는 자유로운 결정, 자유의 일관성, 자유의 권리를 위해 낙태를 찬성한다. 나는 자유로운 선택 또는 자유로운 것으로 정의되는 선택을 허락하지 않는 (…) 나라를 거부한다.

생명윤리의 관점에서 낙태를 반대한다면 낙태보다 더 나쁜 전쟁을 한번 생각해보라. 나는 전쟁을 경험했고, 베트남에서 3년간 있었다. 나는 알코올 잔에 떠 있는 배아보다 스무 살의 나이에 죽음의 전쟁터로 내몰리는 젊은이들을 보면서 더 많이 울었다고 장담한다. 전쟁은 더 비극적이라고 단정한다. 20년을 연기한 영아 살해이다. 공교롭게도 낙태를 허용하지 않는 사람들이 전쟁은 허용한다.[27]

처음 임신했을 때 나는 놀랐다. 사람들 때문이 아니라, 나와 아이를 생각하면서 겁이 났다. 내가 《태어나지 않은 아이에게 보내는 편지》에서 쓴 그대로이다. 나는 한 사람을 세상에 내어놓을 권리가 있을까? 나는 그러한 일을 감당할 수 있을까? 이후 내가 불확실한 마음을 극복하고 준비가 되었을 때, 아이는 태어나지 않는 쪽을 선택했다. 무의 세계로 돌아가기로 한 것이다. 마음이 몹시 아팠다. 태어나지 않은 아이를 잃는 것은 내게 언제나 큰 고통이었다. 인간이 자식을 남기지 않고 죽으면 두 번 죽는 것이기 때문이다. 꽃이 없는 식물, 열매가 없는 나무로 살아가다가 흔적도 없이 사라지는 것은 끔찍하다. 영원히 죽는 것이다. 나는 책을 쓸 때 죽고 나서 남길 자식이 있다는 생각에 희망차다. 내가 살아 있는 한 책이 대중의 마음에 들지, 그렇지 않을지는 생각하지 않는다. 내가 살아 있는 한 설령 내가 침묵할지라도 소리를 내는 것은 내 몫이다. 하지만 내가 죽고 나서, 그때는 살아있는 아이가 남기를 바란다. 종이로 되었을지라도.[28]

나는 책을 쓸 때 (…) '한 권의 책을 잉태했다.'라고 말한다. 책을 출간할 때는 '책 한 권을 출산했다.'라고 한다. 나는 항상 내 책들을 '종이 아가들'이라고 부른다.[29]

자유는 꿈이지만
결코 단념할 수 없다

───

나는 권력을 이해할 수 없다. 사람이 다른 사람들을 부리고 복종하지 않으면 처벌할 권리를 가지거나 부여받았다고 생각하는 메커니즘을 이해하지 못하겠다. 절대 군주에서 나온 것이든, 국민이 선출한 대통령에서 나온 것이든, 살인적인 군부 정권 혹은 사랑받는 지도자에서 나온 것이든 권력은 내게 잔인하고 혐오스러운 현상으로 보인다. 내 생각이 틀릴지도 모르지만, 지상의 천국은 아담과 이브가 앞으로 노동과 출산의 고통을 겪을 거라는 말을 창조주에게서 듣는 순간 끝난 것이 아니다. 그들에게 사과 먹는 것을 금하고 그 금기를 어기면 추방하는 주인이 있다는 것을 깨닫는 순간, 금요일에 육식을 금하는 종족의 선조가 되는 순간 끝났다.

물론 여럿이 같이 살려면 혼란을 다스리는 지휘권이 필요하다. 하지만 인간의 조건 중에서 가장 비극적인 측면도 다름 아닌 통치하는 권력, 우두머리가 필요하다는 것이다. 우두머리의 권력이 어디서 시작하고 끝나는지는 아무도 모른다. 분명한 점은 당신의 자유를 탄압하는 그 권력을 당신은 통제할 수 없다는 것이다. 그보다 더한 것은 절대적인 자유는 존재하지 않고 존재하지 않았으며 존재할 수 없다는 가장 비통한 증명이라는 것이다. 그렇더라도 그 자유가 존재한다고 믿으며 자유를 추구해야 할 테지만. 커다란 희생을 치르면서.[30]

오랜 역사를 거치며 자유를 위해 고통받고 죽은 수많은 사람을 생각하면, 자유만큼 눈물과 피가 큰 강을 이루며 대가를 치른 개념은 없었다는 것을 깨닫는다. '자유'라는 말이 쓰이거나 인쇄된 종잇조각을 한데 잇는다면 지구를 두르고도 남을 것이다. 자유를 노래하지 않은 시인은 없으며, 자유를 깊이 성찰하지 않은 철학가도 없으며, 자유의 승리와 패배에 관해 기술하지 않은 역사가도 없다. 우리는 자유에 관한 인상적인 구절, 잊지 못할 기록을 남겨 왔다.

하지만 보편적으로 합의된 자유의 정의는 존재하지 않으며, 그것이 무엇인지, 무엇으로 이루어졌는지 계속 묻고 있다. 나도 마찬가지다. 나는 자유를 숭배하도록 교육받았고, 자유를 옹호하는 자들을 사랑하고 자유를 억압하는 자들을 증오하는 기준을 어릴 때 익혔다. 나는 자유를 주제로 책을 집필하고 르포르타주를 쓰고 강연을 했다. 그런데 자유의 의미를 몇 마디로 요약하라는 요청을 받으면 몹시 당혹스럽다.

어쩌면 여타의 완벽한 개념처럼 자유라는 개념은 하나의 사상으로 단정할 수 없는, 사상들의 총체이기 때문일 것이다. 해석들의 모자이크, 즉 내포된 모순들의 모자이크이기 때문일 것이다. 어쩌면 자유는 개념이라기보다는 정서이고, 정서를 합리화하는 것은 불가능하기 때문일 것이다. 오, 어쩌면 단순히 우리를 억압하는 허위,

나는 침묵하지 않는다

즉 수사학의 함정에 빠지는 것이 두렵기 때문일 것이다.

다시 말해 가장 자주 언급되는 자유, 즉 정치적 자유, 시민의 권리와 의무로서 이해된 자유만 생각하는 것이다. 나는 그 자유의 이름 안에서 상처 입은 자유, 살해된 자유를 보았다. 나는 그 자유의 이름 안에서 자유의 사도들이 자유의 학살자로 변하는 것을 보았다. 나는 자유의 이름 안에서 거짓 혁명과 부당한 전쟁을 일으키고 부추기는 것을 보았다. 나는 그 자유의 이름 안에서 자유 만세, 조국과 자유, 독립과 자유, 평등과 자유, 정의와 자유를 외치며 끔찍한 범죄와 무시무시한 살육이 자행되는 것을 보았다. 더욱이 시대와 장소를 막론하고 역사는 독재에 저항하며 깃발 아래서 싸우던 자들이 또 다른 독재, 더 최악의 독재로 변질될 수 있다는 점을 우리에게 가르친다.

또는 개인의 자유, 즉 개인적 관계와 사생활에서 추구하는 자유를 생각할 수 있다. 앙리 라코르데르는 그의 사상에서 이러한 자유를 '다른 사람들을 해치지 않는 것을 할 권리'라고 정의한다. 맞는 말이다. 하지만 자신의 자유에 대한 행사는 언제나 혹은 대부분 다른 이들의 자유를 해치거나 방해하거나 제한하는 것으로 끝난다. 만약 내가 담배 냄새를 싫어하는 당신 앞에서 담배를 피운다면, 내 자유를 행사하면서 당신의 자유를 해치거나 방해하거나 제한하는 것이다. 그리고 만약 당신이 내게 흡연을 금지하거나 금연을 요청한다면, 나의 자유를 해치거나 방해하거나 제한하는 것이 된다. 만약 내가 침대에서 램프를 켜둔 채 당신을 잠 못 들게 한다면, 내 자유를 행사하면서 당신의 자유를 해치거나 방해하면 제한하게 된다.

만약 당신이 램프를 끈다면, 당신의 자유를 행사하면서 내 자유를 해치거나 방해하거나 제한하는 것이다. 그리고 내가 당신을 기쁘게 하려고, 당신을 사랑하기 때문에 담배를 피우지 않거나 램프를 끈다고 해도 문제는 달라지지 않는다. 오히려 사랑만큼 개인의 자유를 구속하는 것은 없다는 사실을 드러내게 된다.

모성애나 부모에 대한 자식의 사랑, 남녀의 사랑, 동물에 대한 사랑 등 그것이 어떤 것이든, 누군가를 진정으로 사랑하면 당신의 자유는 닻을 내린 선박보다 더 꼼짝달싹할 수 없다. 사랑은 자신의 자유에 대한 자해이다. 진정한 자유, 순수한 자유는 존재하지 않는다. 이는 가장 반박할 수 없는 진리이다. 우리에게는 태어나고 말고를 선택할 자유조차 없으며, 우리의 선택은 다른 누군가가 우리를 위해 내린 결정에 달려있는데 어찌 가능하겠는가?

진정한 자유, 순수한 자유는 오직 꿈속에서만 존재한다. 자유는 꿈이다. 그 꿈을 추구하려고, 그림자라도 잡으려고, 반향이라도 실현하려고, 투쟁하고 고통받고 죽는다. 하지만 그 꿈을 좇지 않아서는 안 된다. 싫증을 내서는 안 된다. 존재하지 않는 것을 헛되게 추구한다고 자책하며 단념해서는 안 된다. 이 꿈이 없으면 지성과 창작력이 소멸하고, 선과 악, 미와 추를 구분하는 능력까지도 사라진다. 존엄이라는 말은 모든 의미를 잃고, 삶은 그 자체가 똑같은 물리적이고 필연적인 과정으로 축소된다. 먹고 마시고 자고 출산하고 죽는 과정이 된다. 노예들이 생겨난다. 나는 굴욕의 삶을 받아들이는 노예를 끊임없이 만들어내는 일보다 더 어리석고 더 비참하고 더 비극적인 것은 상상할 수 없다.[31]

나는 침묵하지 않는다

내게 인간의 존엄성을 기리는 가장 아름다운 기념물은 내 동반자 알렉산드로스 파나굴리스와 함께 펠로폰네소스반도의 언덕 위에서 본 것이다. 1973년 여름 어느 날 그는 동지들이 있는 곳으로 나를 데려갔다. 독재자 파파도풀로스는 아직 권력을 쥐고 있었다. 그날 우리가 본 것은 모형도 깃발도 아닌, NO를 뜻하는 그리스어 세 글자 OXI였다. 나치 파시스트가 점령한 기간에 자유를 갈망하던 사람들이 나무 사이에 써놓은 것이다. 30년 동안 OXI는 남아 있었다. 폭우와 태양에도 변색되지 않았다. 이후 대령들이 석회로 그 글씨를 덮으라고 명령했다. 하지만 이내 마술과도 같이 비와 태양은 그 석회를 녹였다. 따라서 나날이 그 세 글자는 완고하고 필사적이고 강인하게 다시 선명해졌다.[32]

《한 남자》 혹은
지옥에서 보낸 한 철

———

나와 그의 만남에서 아무것도 남지 않는다면 그 만남은 무의미할 것이다.

아무도, 그 자신조차도 사랑하지 않았던 그 남자는 나를 사랑했다. 3년간, 그의 인생에서 마지막 3년간, 감옥에서 나온 순간부터 죽는 순간까지 나를 사랑했다. 모든 오해와 잘못, 거짓말과 비열함을 가르며 견고하게 남아 있는 한 가지는 그가 나를 사랑했다는 것이다. 그의 육체적 활력과 순진한 방종조차도 나에 대한 그의 사랑을 해치거나 바꾸지 못했다. 나는 그의 인생에서 '종지부'와 같았다. 이에 대해 나는 그에게 고마워했다. 나는 그에게 깊이 감사해야 했다. 내 소설《한 남자Un uomo》가 쓰여야 했다.[33)]

나는 불편한 것을 말하는 불편한 여자이자 불편한 이야기를 쓰는 불편한 작가이다. 그리고 그 책은 (…) 가장 불편한 남자에 관해서 쓴 가장 불편한 책이다.[34)]

이 책은 양식과 사상, 사회, 권력에 의해 분류되고 조직되고 배치되는 것을 거부한 개인의 고독에 관한 책이다. 우파든 좌파든 중도든, 또는 극우나 극좌, 극중도를 불문하고 명령하거나 약속하거나 놀라게 하는 자들의 도구인 인간-군중이 되기를 거부하고, 자신의 신념에 따라서 산 시인의 비극에 관한 책이다. 자유를 위해 홀로 투쟁하고, 굴복하지 않고 싸우다가 모두에 의해, 주인들과 종들, 난폭한 자들과 무관심한 사람들에게 죽임을 당한 영웅에 관한 책이다.[35)]

나는 이 남자에 관해 이야기하면서, 그와 닮은 모든 남자와 여자에 대해 말한다. (…) 그처럼 박해받은 모든 남자와 여자, 그처럼 살해당한 사람들. 체포되고 고문당하고 불구가 되고 실종된 사람들. 자유의 부재라 불리는 질병에 의해 빼앗기고 학대받고 살해당한 사람들.[36)]

모든 알레코스의 나라에서 이 책이 나올 때마다 그는 다시 태어나

고 살아서 돌아온다.[37)]

―――

그 책은 알레코스를 위한 내 마지막 선물이었다. 주인공에게 알레코스라는 진짜 이름을 붙이지 않았다면 의미가 없었을 것이다. 그리고 그의 진짜 이름을 넣은 책에는 그의 진정한 이야기가 담겨야 했다.[38)]

하지만 나는 작가이므로 회고록이나 자서전을 쓰는 것으로는 성에 차지 않았다. 회고록이나 자서전에서는 하고 싶은 말을 다 담을 수 없었다. 나는 그 이상을 말하고 싶었으므로 소설 형식이 필요했다. 자서전이 무엇인가? 한 사람의 인생을 구성하는 모든 일, 장황하기도 한 전체 이야기를 담은 책이다. 그러면 회고록은? 이 또한 한 사람의 인생에 관한 모든 사건을 역사적으로 세세하게 기록한 일대기이다. 그렇다면 소설은 무엇인가? 일대기에서 끌어내어 정교하게 다듬고 재창조하여 더 심오하고 더 큰 진실로 옮겨놓은 이야기이다.

특별한 사람의 특별한 일화는 객관적인 잣대로 설명될 수 없다. 저널리즘은 축소하지만 소설은 확장한다. 저널리즘은 당신에게 그날 무슨 일이 벌어졌는지, 그 시간, 그 장소, 한정된 사람이나 도시, 국가에서 무슨 일이 있었는지 말해준다. 맨 앞에서 찍은 사진도 제공한다. 셔터를 누른 순간에 포착한 한 장의 사진. 하지만 소설은 시와 같다. 그 시간과 그 장소, 그 사람을 초월해서 내일과 모레에도 유효하게 남아 있으며, 사진이 보여줄 수 없는 풍경 속에서 자유롭게 날아다니는 이야기이다.

요컨대 나는 1938년 7월 2일 아테네에서 태어나서 1976년 5월 1일 아테네에서 죽은 그리스 시민 알렉산드로스 파나굴리스의 역사적인 전기를 쓰고 싶지 않았다. 나는 그가 어떤 학교에 다녔고, 부모는 어떤 사람이었으며, 1967년 그리스에서 군인들이 권력을 잡았을 때 무슨 일이 일어났는지 이야기하고 싶지 않았다. 나와 함께 지낸 3년의 일상을 낱낱이 서술하고 싶지도 않았다. 그런 건 관심이 없었다!

나는 알레코스를 보편화하고 싶었다. 알레코스를 통해서 아르헨티나, 칠레, 브라질, 니카라과, 중국, 러시아, 인도의 알레코스들을 이야기하고 싶었다. 내가 알고 있는…… 세상의 알레코스들. 그의 사적인 이야기는 내게 만족스럽지 않았다. 다듬고 해석하고 재창조하는 과정을 거치며 전형적인 표본이 되는 이야기를 원했다. 진실을 다시 조명하기 위해 재창조하는 것이다. 역사적 진실보다 더 진정한 진실로 향하기 위해서.

물론 쉽지는 않았다. 사랑의 감정에서 그의 이름은 물론 그 이름과 관련된 사건, 사람, 날짜를 그대로 쓰기로 했기 때문에 쉽지 않았다. 실명들과 실제로 일어난 사건들, 그리고 정확한 날짜들은 내 손에 수갑을 채웠다. 상상력과 창의력을 속박했다. 정말로 수갑을 차고 글을 쓰는 심정이었다. 오, 내가 일화와 날짜를 완전히 바꿀 수 있었더라면! 모든 것을 처음부터 창작할 수 있었다면! 하지만 그럴 수 없었다. 그 구성 안에서만 상상하고 창작할 수 있었다. 세

부적인 것만 마음대로 할 수 있었다. 내가 가진 재료의 마그마 안에서 선택하고 내 방식으로 다듬을 수 있다는 의미에서만 창작할 수 있었다. 그래야만 했다.[39]

어느 순간 내가 사랑 때문에 선택했던 형식이 도전이 되었다. 어려운 작업이어서 스스로 매료되었을 것이다. 실제로 있었던 현실을 재료 삼아 진정한 소설을 창작하는 것. 멋진 모험이었다! 나는 내가 새로운 형식을 개척했다고 믿었다. 하지만 미국인 편집자와 이야기하면서 새로운 장르가 아니라는 사실을 깨달았다. 내 작품은 문학의 매우 분명한 장르에 속해 있었다. 그는 매우 만족해하며 말했다. "대단해요! 당신은 팩션 소설을 썼군요!" "내가 뭘 썼다고요?" "팩션 소설, 팩트, 사실에 바탕을 둔 실화 소설!" 그는 내게 픽션 소설과 논픽션 소설이 있다는 것을 설명해주었다. 그는 실화를 소재로 한 소설을 더 좋아했다……[40]

그러므로 책 속에 모든 것이 있느냐고 내게 묻지 마시라. 아니다, 모든 것이 있을 리 없다. (…) 인용부호를 붙인 어떤 문장이 정말로 그가 말한 것이고 그런 식으로 말했느냐고도 묻지 마시라. 모른다, 기억나지 않는다! 누가 녹음기를 손에 쥐고 살겠는가! 나는 사람들을 궁지로 몰려고 불법 도청하는 리처드 닉슨 같은 사람이 아니다! 그리고 나는 파스칼이나 피코 델라 미란돌라*의 기억력을 지니지

---

i Giovanni Pico della Mirandola(1463-1494). 이탈리아의 대표적인 플라톤주의 사상가.

못했다. 하지만 나는 여러분에게 그 문장은 사실이며, 그날 내가 듣거나 듣지 않았던 것보다 더 사실이라고 말할 수 있다.[41]

형식과 리듬, 언어의 음악성, 어느 하나 소홀히 할 수 없기에 힘든 작업이었다.[42]

나는 중복과 음의 유사, 그리고 한 문장과 한 단락이 지녀야 하는 음성학적 조화를 살피지 않고 투박하게 대충 쓰는 작가를 참을 수 없다. 일단 쓰고 나면 나는 처음부터 다시 시작한다. 고치고, 또 고치면서……. (…) 가장 고된 작업은 내 문학 편집자가 '대성당의 건축'이라고 일컬은 이야기의 구성이 아니었다. 구성은 매우 완벽했다. "당신은 아름답고 견고한 대성당을 지었어요." 하지만 그 건축물을 쌓는 작업은 내게 아주 쉽고 자발적으로 진행되었다. 다시 말하지만 악몽은 다른 데서 비롯됐다. 언어의 리듬과 음악성을 찾는 것이었다…….[43]

문장과 단락의 음악성과 리듬에 집착하는 이 탐구는 앞서 출간한 《태어나지 않은 아이에게 보내는 편지》에서 이미 진행되었다. 하지만 이 책에서는 최고조에 달했다. 어쩌면 불필요할 정도로. 내용은 형식과 분리될 수 없으며, 책 속에서 내용과 형식은 하나이다. 이 점을 이해하면 책 쓰는 일이 얼마나 비극적이고 괴로운 작업인지 깨닫게 된다.[44]

어떤 책도 이 책만큼 내 인생을 소진하고 먹어치우고 빼앗은 것은 없다. 이 책을 쓰는 데 3년이 걸렸다. 코끼리의 임신 기간보다 길었다. 나는 그 3년 동안 방에 갇혀 있었다. 아침 여덟 시부터 저녁 여덟 시까지, 하늘도 태양도 바라보지 않고 매일 책상에만 있었다. 일요일과 성탄절, 부활절, 새해도 예외가 아니었다. 그러는 사이 계절이 바뀌었고 나는 작업실 창문 너머 배나무를 보는 것으로만 계절 변화를 깨달았다. 봄이면 배나무는 잎을 틔웠고 여름이면 열매를 맺고 가을이면 잎을 떨구었다. 그리고 겨울이면 앙상하게 변했다……. 이 책은 내 지옥에서 보낸 한 철이었다. (…) 아르튀르 랭보는 시집 《지옥에서 보낸 한 철》을 쓰는 동안 방에서 넉 달을 갇혀 있었다. 여하튼 모든 점에서 그는 나보다 뛰어났다. 나는 거기서 3년을 있었으니 말이다.

마지막에는 몸이 아팠다. 잠을 잘 수 없었고 잠잘 때도 글을 쓰는 꿈을 꿨다. 항상 똑같은 부분이었다. 마침표가 없고 고작해야 줄임표나 쉼표만 허용하며, 온갖 접속법과 조건법으로 이뤄진 문장 속의 문장, 호응되지 않는 시제 일치 등으로 써내지 못했던 부분이었다. 나는 그 문장을 완성할 수 없었다. 그러다 거의 미치기 직전이 된 어느 날 의사를 불렀다. 나는 매번 반복되는 그 꿈을 꾸지 않게 처방해달라고 했다. 친구였던 의사가 말했다. "너 정말로 미쳤니? 그런 약이 어디 있다는 거야? 넌 극도로 피곤한 상태야. 책 쓰는 일을 당장 중단해야 해."

하지만 나는 중단하지 않았으며, 수면제를 삼키고 각성제를 삼키며 버텼다. 그 책을 끝내기 위해, 삶으로 돌아가기 위해, 지옥에서의 내 한 철을 잊기 위해. 그리고 하늘과 태양을 다시 보기 위해, 배나무 없이도 계절의 변화를 느끼기 위해. (…)

이 책에는 내가 다시 읽을 수 없는 부분이 있다. 그리고 결코 다시 읽지 않았다. 그중 한 부분은 그 여자(즉, 나 자신)가 냉동고에 보관된 죽은 남자를 보려고 영안실로 들어가는 부분이다. (…)

나는 영안실로 들어가면서 울지 않았다. 냉동고가 열리고 그의 처참한 육체를 봤을 때도 울지 않았다. 그의 차가운 시신을 만지면서도 울지 않았다. 내가 영안실에서 나왔을 때 군중은 거의 비난하는 말투로 말했다. "저것 봐, 저 여자는 울지 않아!"

하지만 이 모두를 글로 썼을 때 나는 울었다. 내가 쓰고 있던 글을 읽지 못할 만큼 길고 크고 무거운 눈물을 흘렸다. 그래서 나는 그 부분을 다시 읽을 수 없었다. 원고를 교정하기 위해서도 다시 읽을 수 없었다. 그 페이지는 다른 사람이 교정했다. 내가 잘 썼는지, 그러지 못했는지도 모르겠다. 편집자는 잘 썼다고, 책에서 가장 아름다운 부분 중 하나라고 말했다. 나는 모르겠다. 그리고 알고 싶지 않다.[45]

나는 침묵하지 않는다

제 4 부

———

그렇게 저널리즘은 인생이 되었다

저널리즘이
빼앗은 작가

———

나는 늘 기자보다 작가가 되기를 바랐다. 내가 대여섯 살 어린아이
였을 때, 작가라는 직업 말고는 다른 장래희망을 생각할 수 없었다.
나는 항상 작가를 생각했고 작가가 되리라고 믿었지만, 내 안에서
그 충동은 언제나 돈 문제와 집에서 듣는 핀잔과 부딪쳤다. "휴! 작
가, 작가! 작가가 입에 풀칠하려면 얼마나 책을 많이 팔아야 하는지
알기나 하니? 그리고 이름을 알리고 책을 팔기까지 얼마나 시간이
많이 걸리는지는?"

　엄마는 늘 잭 런던을 들먹였다. 그는 작가가 되고 싶었지만 일을
해야 했고 종업원으로 살아야 했고 금을 캐러 알래스카에 가야 했
다고. 어느 날은 내 앞에 잭 런던의 《마틴 에덴*Martin Eden*》을 던지면
서 말했다. "읽어, 읽어봐! 작가가 되는 게 얼마나 힘든지, 얼마나
고단하고 고통스러운지!" 나는 그 책을 읽고 놀랐다. 작가가 되기

란 정말로 이렇게 어려운 것일까? 그 뒤로 어른들은 톨스토이가 부자라서 작가가 될 수 있었다고 말했다. 백작 집안에서 태어나 숲에서 말을 타고 시종들이 눈 속의 얼음에서 차게 보관한 샴페인을 마시며 느긋하게 글을 썼다고 했다. 도스토옙스키는 카지노의 단골손님으로 들락거릴 만큼 돈이 많았다고 했으며, 프루스트는 많은 돈과 집을 소유했다고 말했다.

기자였던 브루노 삼촌도 부정적으로 말했고 다음과 같이 강조했다. "생활이 우선이야, 그다음이 글이지! 인생을 모르고서 무얼 쓰겠다는 거니?" 주위 사람들이 모두 내 사기를 꺾는 말만 했다. 작가가 되는 것은 부자와 나이 든 사람에게나 가능한 일이며 가난하고 어린 내게는 불가능한 일이라는 현실을 깨닫게 해주려고 했다. 따라서 내가 작가가 되려면 돈을 벌고 나이가 들 때까지 기다려야 한다고 결론 내렸다.

이 생각은 평생 나를 따라다니며 지배했고 수십 년의 소중한 시간이 흘러갔다. 그리고 이 때문에 나는 기자가 되기로 마음먹었다. 기자라는 직업은 궁여지책에서 나온 결과였다. 기자는 나이가 어리거나 가난해도 할 수 있는 일이었다. 또 문학의 세계로 향하는 시초이자 수단으로 삼을 수 있었다. 이후 나는 기자가 되었고 기자 일을 사랑하게 되었다. 나는 곧장 매력을 느끼고 빠져들었는데, 작가의 작업에는 없는, 저널리즘의 모험적인 면을 발견했기 때문이다. 나는 모험을 좋아하는 여자이고, 모험의 유혹을 뿌리치는 법이 절대 없다. 모험은 위험이고 미스터리다. 인생에서 가장 매혹적인 두 요소이다. 저널리즘은 인생에 몰두하게 하고 역사 속으로 끌어들인다. 문학은 인생에서 떼어놓는다. 책을 쓰려면 혼자 있어야 하고 모든 것에서 동떨어져야 하기 때문이다. 작가는 책에만 집중해야 한다. 수양을 쌓는 것, 그것으로 충분하다.

이렇게 해서 내가 쓰고 싶었던 모든 책은 저널리즘에 흡수되고 녹아버렸다. 그 때문에 나는 기자라는 직업에 원한과 비슷한 감정을 느낀다. 하지만 한편으로는 고마운 마음도 있다. 기자 일 덕분에 내가 더 이상 가난하지 않다는, 오히려 아주 일찍 가난을 벗어났다는 사실을 포함해 거의 모든 것에 감사하다. 기자 일을 통해 내 인생의 좋고 나쁜 모든 경험, 모든 기쁨과 고통을 겪었으니 말이다. 그렇더라도 저널리즘이 이렇게 오랫동안 나를 붙잡아두지 않았더라면 나는 아주 일찍 '작가의 글쓰기'를 시작했을 것이다. 이런 이유로 나는 스스로를 '저널리즘이 빼앗은 작가'라고 자주 말한다.[1]

나는 저널리즘에 감사해야 한다. 저널리즘도 내게 깊이 감사해야 한다는 말을 서슴없이 할지라도. 저널리즘은 글쓰기의 세계로 나를 이끌었고 내가 절대 볼 수 없었을 것들을 보여주었다. 나는 저널리즘 덕분에 내가 사는 역사의 산증인이었고 지금도 그러하다.

미약한 첫 시도였던 《하찮은 성-여성에 관한 여행》을 시작으로 지금까지 내가 출간한 거의 모든 책은 저널리즘을 통해 나온 것이다. 내가 달 탐사에 관해 취재하지 않았다면, 《만약 태양이 죽는다면》은 나오지 않았을 것이다. 내가 종군기자가 아니었고 몸에 세 군데 총상을 입지 않았다면, 《아무것도 없이, 그러할지어다》는 나오지 않았을 것이다. 내가 권세를 누리는 많은 악당을 인터뷰하지 않았다면, 《역사와의 인터뷰》는 나오지 않았을 것이다. (…) 그리고 따져 보면, 내가 기자가 아니었다면 《한 남자》도 쓰지 않았을 것이다. 1973년 8월 어느 날 신문사에서 파나굴리스를 인터뷰하라는 임무와 함께 나를 아테네로 보내지 않았다면 내가 그 소설을 썼을 리가 없을 테니까. 역설적으로 들릴지 모르지만, 《태어나지 않은 아이에게 보내는 편지》도 그렇다고 할 수 있다. 편집장은 내게 낙태에 관한 특집호를 만들라고 했고 준비 기간으로 넉 달을 주었다. 나는 그 시간 동안 낙태에 관한 특집 기사 대신 태어나거나 태어나지 않는, 존재하거나 존재하지 않는 것에 대한 딜레마를 다룬 짧은 책을 썼다.

나는 저널리즘에서 멀어졌다. 단념한 것은 아니지만 멀어졌다. (…) 어느 순간 저널리즘이 만족스럽게 느껴지지 않았다. 저널리즘이 다루는 내용은 하루 뒤나 일주일 뒤, 혹은 한 달 뒤에 사라지기 때문에 만족스럽지 않았다. 오래가지 않는다. 설령 좋은 기사일지라도, 설령 브리태니커 백과사전에서 전화를 걸어와 "팔라치 기자님, 우리 연보에 당신 기사를 실어도 될까요?"라고 허락을 구하는 영광을 누릴지라도. 언론은 즉각적이고 특정적이고 간추린 사실을 전달하므로 오래가지 않는다. 구체적인 사건과 사람, 장소와 관련된 사실을 보도하는 일상의 연대기이기 때문이다.

　게다가 바로 다음과 같은 점이 족쇄처럼 느껴졌다. 더 신중한 정확성과 더 엄밀한 사실성에 주의를 기울여야 했다. 또 글쓰기에 충분한 시간을 주지 않았다. 언어의 운율과 음악성을 찾으며 글을 잘 쓰도록 허락하는 시간은 상상할 수 없었다. 사람들은 인쇄소에서 기사를 기다리고 있고, 편집장은 빨리 마치라며 재촉해댄다. 언어의 운율과 음악성을 논하며 빈둥거릴 시간 따위는 없다. 그러니 일상적인 사건이 전하는 것보다 더 폭넓은 진실을 찾으며 보도하기 위한 시간(공간, 즉 지면은 물론이고)은 말할 것도 없다.[2]

————

거의 모든 이탈리아 신문이 민중을 위해서 만들어지지 않았다. 정치인, 정당, 소수의 이익을 위해서 만들어졌다. 신문은 소수를 위한, 소수 사이의 대화이며, 세상 돌아가는 사정을 알고 싶어하는 독자를 존중하지 않는다. 그리고 최선의 시나리오를 위해 소심하고 비겁한 태도를 보인다. 이탈리아에서 신문은 권력에 의해 사용되거나 권력의 눈치를 본다. 권력이 흰색이든 검은색이든 빨간색이든 상관없다. 닉슨 대통령의 얼굴에 침을 뱉은 〈워싱턴 포스트〉의 하워드 시몬스 같은 언론인은 찾아볼 수 없다. 시몬스는 서슴없이 저 사람은 도둑이고, 저 사람들은 CIA의 시녀들이고, 저 사람들은 거짓말을 한다고 말한 언론인이다.

　이탈리아에서는 소곤거리고 웅얼거린다. 역사적으로 매우 분명한 뿌리와 이유를 가진 고질적인 문제이다. 이민족들의 침입, 파시즘 등 숨죽여 말해야 하는 상황에서 그렇게 하지 않으면 감옥에 갇히고 매질을 당했다. 맙소사! 파시즘에 저항하다 죽은 사람들은 수군거려서 죽은 것이 아니다. 그들은 큰 소리로 말해서 죽었다.[3]

적이 없는 기자, 귀찮게 하지 않는 기자, 역경(전화기 도청 같은 가벼운 것에서 파시스트들의 사형선고 같은 최악의 것까지) 가운데 살지 않는 기자가 훌륭한 경우는 극히 드물다. 좋은 기자는 절대 호의적인 사람일 수 없다. 순진한 사람은 더욱 아니다. 기자에게 모든 일이 순조롭게 돌아간다는 것은 권력의 마음에 든다는 의미이다. 우리의 임무는 권력을 기쁘게 하는 것이 아니다. 우리의 임무는 사람들의 정치의식을 일깨우는 것이다. 권력이 항상 잠재우려 했던 정치의식을 일으키는 것이다. (…) 기자에게는 하루하루가 워터게이트 사건이다.

기자는 워터게이트 사건을 파헤치면서 문화적, 정치적 활동에 복무해야 한다. 고발하고 설명하고 항의하는 행위는 곧 문화적, 정치적 행위이다. 문화형성 과정은 언제나 정치형성 과정이다. 거꾸로도 마찬가지다. 둘은 동일시된다. 그런데 이 이중적인 작용이 저널리즘이 아닌 어디에서 대대적으로 일어나겠는가?[4]

———

진실하다는 것, 즉 진실을 말한다는 것은 무슨 뜻일까? 나는 내가 보고 들은 것을 이야기했다. 나쁘다는 것은 무슨 뜻일까? 진실을 말하는 것? 만약 당신 아들이 당신을 못생겼다고 말하면 뭐라고 대답하겠는가? 나쁘다고 할 것이다. 아이가 진실을 말했을지라도.

내가 보기에 나는 그런대로 착한 사람인 것 같다. 친절한 면도 있다. 나는 누군가를 인터뷰할 때면 항상 그 사람 안에 있는 가장 좋은 것을 끄집어내려고 노력한다. 그리고 누군가에 관해 설명할 때는 그의 가장 좋은 면을 들려주고 내세우려고 한다. 부정적인 면이

나 단점을 쓸 수 있을 테지만 그렇게 하지 않는다.

진실을 말할 때마다 나쁜 사람이라는 비난을 받는다. 일단 나쁜 사람이라는 평판을 얻으면 '하늘은 파랗다'고 써도 나쁘다는 소리를 듣는다. 가령 '푸른빛의 매우 아름다운 하늘'이라고 쓴대도 나쁘다는 소리를 듣는다.

여배우들은 절대 만족하지 않는다. 나는 그들이 무엇을 원하는지 알고 있다. 가끔은 여배우가 원하는 대로 기사를 쓰고 싶다. 예를 들면 다음과 같은 식이다. '매일매일 더욱 아름다워지는 최고의 미녀 여배우는 우리에게 사랑스러운 인터뷰를 허락했다. 세상에서 가장 착하고 멋진 그녀. 그녀는 새순에 둘러싸인 난초꽃처럼 우아하게 앉아서 자신의 작품에 대해 들려주었다.'

만약 내가 이렇게 기사를 쓰면 사람들은 바보라고 할 것이다. 옳지 않고 사실이 아니며, 거짓말쟁이라는 소리를 들을 것이다. 하지만 난초꽃처럼 사랑스럽고 우아한 여배우들이 있다는 점을 생각해 보라. 사실, 대부분이 그러하다. 일일이 이름을 댈 수는 없다. 이름이 빠진 사람들은 기분 상할 테니까. 알고 보면 우리 나쁜 사람들은 가장 정직한 사람들이다. 가장 착한 사람들이다.[5]

———

나는 객관성을 싫어하고, 여러 차례 밝혔듯이, 객관성을 믿지 않는다. 나는 내가 보는 것, 듣는 것, 증명한 것을 믿는다. 요컨대 누구든 각자 맡은 바 임무를 수행하고 산다. 하지만 기자를 직업으로 삼은 이상, 전쟁 특파원이라면 용감해야 하고, 마오쩌둥을 인터뷰해야 한다면 소심해서는 안 된다. 우리는 상대성 이론을 발견하지 않았더라도 똑똑해야 하고, 정신분석이나 정신의학을 전공하지 않았더라도 인간의 영혼을 이해해야 한다.

우리는 영웅이다. 기자는 역사가이다. 기자는 사건이 일어나는 그 순간에 역사를 쓰는 사관이다.[6]

《레우로페오》를 떠나 《코리에레》로 옮기다

누구든지 권태로운 마음, 그만두고 싶은 마음이 들 수 있다고 생각한다. 누구든, 어떤 일에서든 그럴 수 있다. 싫증과 지루함이 싹트기 시작하면 왕성한 활동력은 사그라진다. 믿음이나 사랑도 예외가 아니다. 나는 너무나 힘들었기에 수도 없이 그만두고 싶은 마음이 들었다. 가장 큰 위기는 알레코스의 죽음과 암으로 투병하던 엄마의 임종 이후에 찾아왔다. 갑작스럽게 맞은 첫 번째 고통과 예상했던 두 번째 고통을 겪으면서, 나는 모든 것에 눈뜨기 시작했다.

그전에는 아예 눈을 감지는 않았지만 반쯤 뜨고만 있었다. 나는 거울을 바라보았고, 내가 벌써 마흔 살이 넘었다는 사실을 떠올렸다. 그러곤 혼잣말을 했다. 무엇을 할까? 계속 저널리즘 활동에 투신해야 할까? 내가 사랑하게 된 것은 맞지만 필요와 타협 때문에 받아들였던 이 일을 계속해야 할까? 이런 고민이 든 것은 내가 일하던 〈레우로페오〉에서 탐탁지 않은 변화(편집장 톰마조 질리오의 면직)가 일어났을 때였다. 거부감은 무대의 모든 등장인물, 압제자나 희생자 모두에게 확대되었다. 압제자든 희생자든 모두가 서로 심하게 대했기 때문이다. 나는 고대 로마의 킨킨나투스처럼 시골로 들어가서 책을 쓰기 시작했다.

나는 알레코스의 죽음으로 나약해지지 않았다. 그의 죽음은 나를 더 강하게 만들었다. 강인함, 분노를 부추겼고 더 수월하게 내 뜻을 결정하게 했다. 질리오에 대한 해임 조치는 부당했고, 나는 베테랑 기자로서 아주 강경한 태도를 보였다. 나는 책을 쓰려고 틀어박혔고 〈레우로페오〉에 대해 더는 알고 싶지 않았다. 더는 보고 싶지도 않았다. 그래서 그들이 특파원 명단에 내 이름을 계속 올리고 있었다는 사실도 몰랐다! 반감이 치밀었다. 무대의 모든 인물, 압제자와 희생자 모두를 향한 반감이었다. 그리고 희생자들을 향한 실망감이 일었다. 그들은 끝까지 용감하게 싸우지 못했다. 사비에르 쿠가트[i]의 치와와처럼 조금 짖어대다가 금세 꼬리를 내렸다.

〈레우로페오〉에 대해 무슨 얘기를 더할까? 결국 내 이름을 뺐는지 확인하려고만 살짝 넘겨봤을 뿐이다. 건성으로 몇 장 넘겼을 뿐인데 엉덩이와 가슴, 털이 보이는 치골, 팬티를 손에 든 여자 모델, 수녀의 두건을 쓰고 몸을 다 드러낸 소녀, 자동차 시트 위에 엎어져 있는 누드 커플 등의 사진이 잔뜩 보였다. 말로 할 수 없이 슬펐다. 더럽기 짝이 없는 오물을 보는 것 같았다. 내 인생을 바친 신문 〈레우로페오〉의 시체.[7]

---

i Xavier Cugat. 스페인 출신으로 미국에서 라틴음악 오케스트라 단장으로 활동했다. 방송에 자신의 치와와를 자주 데리고 나왔다.

이미 소멸 직전에 이른 〈레우로페오〉와 작별하고 나는 〈코리에레 델라 세라〉를 선택했다.

내 마음속에서 〈코리에레 델라 세라〉는 늘 특별한 자리를 차지하고 있었다. 이곳에서 브루노 삼촌이 일했다. (…) 젊을 때부터, 아니 아주 어렸을 때부터 나도 거기에서 일하고 싶은 마음이 간절했다. (그 당시 여자들은 채용하지 않았다. "여기자의 기명 기사가 실리는 건 이곳 전통에 어긋날 거야!"라며 부르노 삼촌은 분노했다.)

그 당시 〈코리에레 델라 세라〉는 프랑코 디 벨라가 이끌고 있었다. 오, 디 벨라 국장! 그는 피카소가 그림을 대하듯이 저널리즘을 대했다. 내가 그에게 루홀라 호메이니의 인터뷰 기사를 가져간 날, 그는 기쁨의 눈물을 흘리며 감격할 정도로 아주 열정적이고 아주 지적으로 저널리즘을 사랑했다. (…) 덩샤오핑의 인터뷰 기사를 가져간 날은 무릎을 꿇고 하트 에이스 카드를 흔들어댔다. (…) 정말이지, 디 벨라는 위대한 기자였다. 스스로 대단하다고 믿으며 우월의식에 빠져 아무짝에도 쓸모없는 사람들과는 달랐다.

　디 벨라는 재치 있는 사람이기도 했다. 이후 그는 언론계를 떠났고 나는 책을 쓰는 고독 속으로 빠져들었다. 〈코리에레 델라 세라〉의 국장들이 잇따라 바뀌는 걸 멀리서 바라볼 뿐이었다. 그들을 때로는 존경의 눈으로 때로는 그렇지 않은 눈으로 바라보기만 했다. 하지만 마음 깊은 곳에서 여전히 특별한 자리를 차지하고 있었다.

9·11 테러 사건 이후 《분노와 자긍심La rabbia e l'orgoglio》을 출간하는 계기가 된 원고를 써서 넘긴(정확히는 선물로 봐야 할 것이다. 원고료를 거절했으니까) 곳은 바로 〈코리에레 델라 세라〉였다.[8]

이맘 호메이니와의
인터뷰
———

나는 1973년에 이란 국왕을 인터뷰했고, 그가 비열한 인간이라고 썼다. 따라서 호메이니는 내가 그에 대해 아주 좋은 말을 쓸 거라 기대하면서 인터뷰에 응했다. (…)

　당연한 말이지만, 호메이니를 인터뷰하러 가면서 나는 그의 친한 친구로 가지 않았다. 나는 최악이 될 준비가 되어 있었다.[9]

바니사드르 장관은 나를 빨리 초청하라고 이맘 호메이니를 설득했고, 나는 다음 날 아침 쿰을 향해서 떠났다. 아침 여덟 시에 출발했다. 약속은 오후 세 시였고 이란의 성도 쿰에 도착하려면 차로 대여섯 시간을 가야 했다. 준비사항을 점검했다. 적절한 옷을 챙겼는지도. 옷차림은 매우 중요했다. 나는 이맘이 여자의 질문을 절대 허락하지 않는다는 것을 익히 알고 있었다. 따라서 매우 이례적인 중요한 인터뷰인 만큼 실수를 해서는 안 되었다.

　"검은색 바지와 긴 소매에 목을 덮는 검은색 블라우스를 가져왔습니다.""그것만으로는 안 됩니다.""어깨까지 오는 검은색 스카프도 가져왔습니다.""그것만으로도 안 됩니다.""발목까지 오는 망토도 가지고 왔는데요?" "그걸로도 안 됩니다." "왜 안 된다는 거죠?" "차도르를 입어야 합니다." "제게는 차도르가 없는데요?" "제 부인 것을 가져다드리겠습니다. 그리고 명심하세요. 붉은색 매니큐어는 안 됩니다. 이맘이 불쾌해하실 겁니다." "물론이죠." "얼굴에 분을 바르는 것도 안 되고, 립스틱도 안 됩니다. 이맘이 언짢게 여기실 겁니다." "알겠습니다." "향수도, 어떠한 경박한 언행도 삼가야 합니다. 이맘은 도발이라고 생각하실 겁니다." "잘 알겠습니다."

나는 기분이 매우 좋았다. 머리를 빡빡 깎으라고 했어도 그렇게 했을 것이다.[10]

호메이니의 성스러운 도시 쿰에서 겪은 일을 결코 잊을 수 없다. 나는 여자라는 이유로 모든 호텔에서 숙박을 거절당했다. 호메이니를 인터뷰하려면 차도르를 입어야 했고, 차도르를 입으려면 청바지를 벗어야 했고, 청바지를 벗으려면 사람들의 눈을 피할 곳으로 가야 했다. 당연히 테헤란에서 타고 온 자동차 안에서 갈아입으려고 했다. 하지만 이란인 통역관이 나를 만류했다. "당신, 미쳤군요. 미쳤어요. 여기 쿰에서 그런 짓을 하다가는 사형을 당할 수도 있어요."

이곳저곳에서 거절을 당한 끝에 예전에 궁전으로 쓰던 건물에 이르렀는데, 인정 많은 수위가 우리를 들여보내주었다. 그는 왕의 알현실로 쓰던 방으로 안내했다. 나는 아기 예수를 낳기 전에 요셉과 함께 마구간에 도착한 마리아가 된 기분이었다. 그런데 무슨 일이 벌어졌는지 아는가? 코란에서는 결혼하지 않은 남녀가 단둘이 한 방에 있는 것을 금하기 때문에 갑자기 방문이 열리면서 윤리 감찰을 담당하는 이슬람 율법학자 물라가 들이닥쳤다. 그는 "창피한 줄 아시오. 창피한 줄 알아. 이건 죄악이요. 죄악!"이라며 소리쳤다.

그 순간 체포되지 않는 유일한 방법은 결혼하는 것이었다. 물라가 우리 얼굴에 들이대며 흔드는 단기 혼인(4개월) 증명서에 서명하는 일이었다. 그런데 이란인 통역관은 결혼해서 스페인 아내가 있었다. 그의 아내 콘수엘로의 처지에서는 청천벽력 같은 소리였을 것이다. 그녀는 일부다처제를 받아들일 마음이 전혀 없을 테니 말이다. 나 또한 누구와도 결혼할 마음이 없었다. 남편의 두 번째 부인을 받아들일 마음이 없는 스페인 아내를 둔 이란인 통역관은 말할 것도 없었다. 하지만 호메이니와의 인터뷰 기회를 놓치고 싶지 않았다. 나는 그러한 진퇴양난의 상황에서 고심해야 했다…….[11]

정말이다. 나는 그와 결혼했다. 그 자리에서 결혼했다. 아니 더 정확히 말하면 물라가 창피한 줄 알라고 고함을 지르며 흔들어대던 종이에 그가 서명하면서 나와 결혼했다. 그렇지 않으면 그들은 우리를 체포했을 것이고, 호메이니와의 인터뷰 기회는 영원히 사라졌을 것이다. 하지만 결혼식은 절대 치르지 않을 것이다. 내 이름을 걸고 맹세한다.[12]

———

이란의 최고 지도자이자 이슬람의 위대한 영적 지도자는 허름한 방에서, 밤색 모직 튜닉을 걸친 채 희고 푸른 카펫 위에서 반가부좌로 동상처럼 꼿꼿하게 앉아 있었다. 드디어 이맘 루홀라 호메이니 각하를 만났다.

호메이니는 아주 늙은 노인이었다. 그는 오만한 분위기를 풍기며 멀찍이, 엄숙하면서도 연약해 보이는 모습으로 나타났다. 추정상의 나이인 여든 살보다 더 나이 들어 보였다. 그 자신도 정확한 생년월일을 알지 못하므로 어하튼 짐작되는 나이이다. 그는 내가 여태껏 본 노인 중에서 가장 아름다웠다. 예술적으로 조각된 강렬한 얼굴, 도끼 자국이 난 나무의 홈처럼 굵게 파인 주름, 위엄 있고 균형 잡힌 코 위의 높은 이마, 육체의 유혹을 힘들게 견디거나 그 유혹을 억누른 적이 없는 남자의 시무룩하고 육감적인 입술. 그리고 미켈란젤로를 떠올리게 하는 풍성하고 새하얀 수염. 대리석처럼 차갑고 엄격한 눈썹. 나는 초조하게 그 아래의 눈동자를 찾았지만, 눈꺼풀을 절반쯤 내리고 있었기에 눈동자는 보이지 않았다. 시선은 고집스럽게 카펫에 고정되어 있었다. 내게 그의 어떠한 관심도 받을 자격이 없다는 듯이. 오, 혹은 내게 관심을 두는 것은 그의 자존심과 위엄을 손상하는 것이라는 듯이. 그는 위엄이 흘러넘쳤다. 이는 분명하다. 당신은 그가 속옷만 입은 모습이나 독재자들을 풍자하는 조롱 섞인 이미지로 그를 상상할 수 없을 것이다. 그 대신 질병처럼 그를 고갈시키는 불가사의한 슬픔과 실의를 포착할 것이다. 이러한 발견을 하면서 그를 바라보며 느끼는 감정은 놀랍기만 했다. 저절로 샘솟는 존경심, 설명할 수 없는 부드러움, 헛되이 훔쳐보는 세속적인 매력.[13]

나는 침묵하지 않는다

족히 여섯 시간은 인터뷰했지만 그는 내게 싫은 기색을 보이지 않았다. 그 가엾은 노인은 인터뷰를 마치고 한마디 했을 뿐이다. 그가 여자들의 유방을 잘라버리라고 명령했다고 내가 비난한 것은 오해라며 나를 나무랐다.[14]

―――

호텔로 다시 돌아왔을 때는 한밤중이었다. 다사다난했던 하루의 긴장은 잠을 앗아갔다. (⋯) 원치 않는 결혼을 했다는 사실이 다시 마음을 옥죄어왔다. 그래서 혼인을 무효로 돌릴 구실을 규정집에서 찾으며 날이 밝기를 기다렸다. 하지만 읽으면 읽을수록 그런 구실을 찾을 희망은 거의 없다는 확신만 커져갔다. 이혼과 혼인 무효에 관한 장에는 다음과 같은 내용이 있었다. '자신의 어머니, 자신의 여자 형제, 자신의 장모와의 결혼은 죄악이다.' 나는 남편의 어머니도, 남편의 누나나 여동생도, 남편의 장모도 아니었다. '부모의 여자 형제와 관계를 맺은 남자는 그들의 딸과 결혼할 수 없다.'라는 내용도 있었다. 이 또한 나와 상관이 없었다. 이교도 여성과 결혼을 금하는 계명도 해당하지 않았다. 이 계명에는 다음의 세부조항이 따른다. '하지만 무슬림 남자는 그리스도교나 유대교 여자를 첩으로 삼을 수 있으며, 원한다면 두 번째 부인으로 맞을 수 있다.'

내게 유리한 단 하나의 항목은 처녀성에 관한 것이었다. '만약 결혼 전에 남편이 아내가 처녀이기를 요구했으나 나중에 아니라는 사실이 밝혀지면 혼인은 취소될 수 있다.' 그런데 내 남편은 그러한 요구를 표현하지 않았고 물라가 그 증인이었다. 어쨌든 헤어날 방법은 단 하나밖에 없었다. 내가 정신이상자라고 말하는 것이다. (…) 그리고 다리를 좀 전다고 실토하는 것이다. 내일 대책을 세워야겠다. (…)

나는 흥분해서 이란인 통역관에게 계획을 밝혔다. 시청에 가서 내가 정신이상자이고 절름발이라고 밝히고 혼인 취소나 이혼 요청을 하자고 했다. 그는 침착하게 운전을 계속했다.

"그럴 필요가 없습니다. 혼인 기록부에 내 서명이 없거든요."

"그럼 내가 기혼녀가 아니라는 말인가요?!" (…)

"음, 그러니까, 물라가 서류를 작성할 때, 기억나세요? 그가 서두르느라 실수를 했거든요. 신랑의 서명이 있어야 하는 곳에다 물라가 서명했어요."

(…) 맙소사, 나는 물라와 결혼했다. 그 혐오스러운 물라와 결혼하다니! 너무했다. 아무도 내 말을 믿으려 하지 않을 것이다. (…)

9월 말의 멋진 밤이었다. 힘든 사건을 해결했다는 안도감은 무의미한 고민에 면역력을 갖게 했다. 그래, 이란의 어느 마을이나 도시에 단기간으로, 근본적으로는 영원히 나를 아내로 둔 물라가 살고 있겠지. 그 혐오스러운 물라는 언제든 내게 결혼생활을 요구할 수 있을 것이고 간통죄 혐의로 돌팔매 형을 내릴 수도 있을 것이다. 하지만 내가 감당할 수 없는 질투심에 휩싸인 스페인 여자에게 칼을 맞는 것보다는 그편이 나을 것이다. 나는 몇 시간 뒤에 떠날 것이고, 나와 내 신랑 사이에 대륙과 대양을 놓을 것이다. 그가 누구든 간에.[15]

책을 쓰는
고통

———

나는 소설을 사랑한다. 소설은 더 폭넓은 진실을 담을 수 있기 때문이다. 재창조하여 널리 알리는 진실. 오래가고, 모두가 인식하는 진실. 손에 수갑을 차고 쓰는 신문 기사와는 달라서 좋아한다. 예닐곱 살 어린아이가 동화를 지어내서 예쁜 노트에다 적듯이, 소설을 쓸 때는 상상의 정원을 뛰어다니며 창작하는 자유를 느낀다. 그리고 '빨리, 빨리!'를 외치며 독촉하는 사람 없이 시간 여유를 가지고 쓸 수 있어서 좋아한다. 소설을 좋아하기에 쓰고 싶은 마음이 항상 간절했다. 내가 저널리즘과 결혼해서 몸과 마음을 바쳤을 때도 동경했다. 저널리즘에 빠진 것은 소설을 배신하는 것 같았다. 그래서 어느 날 나는 너무도 부족한 '남편'의 침대에서 나와 내 사랑 소설을 만나러 갔다.

조금씩, 처음에는 수줍어하며 다가가다가 이내 과감하게 소설로 빠져들었다. 그리고 사랑하는 것을 진심으로 미워할 수 있다는 사실을 깨달았다.

나는 쓰기를 싫어한다. 다른 작가들은 어떻게 생각할지 모르지만, 쓰는 일은 삶을 빼앗는 것이다. 먼저 햇볕을 빼앗는다. 형벌을 받는 탄탈로스처럼 창을 통해서 보기만 할 뿐 만지거나 누릴 수 없다. 책상에 붙어 있어야 하기 때문이다. 다리가 굳어지고 글을 쓰는 손과 손가락을 제외한 나머지 신체는 퇴화하여 그 빌어먹을 책상의 일부가 된다. 친구를 빼앗고 여럿이 어울리는 즐거움을 빼앗는다.

쓰려면 혼자 있어야 하기 때문이다.

작가는 고독과 싸우는 직업이다. 육체와 정신과 심리를 아우르는 잔인한 고독이다. 사랑도 빼앗는다. 그 잔인한 고독 속에는 당신을 사랑하거나 당신이 사랑하는 사람들을 위한 자리가 없다. 그들에게 신경을 쓸 수 없고, 그들이 요구하고 당신이 주고 싶은 관심을 기울일 수 없다. 책을 쓰고 있는 한 사랑의 대상은 오직 책뿐이다. 책에만 생각과 감정과 육체를 내어줄 수 있다. 작가가 책을 쓰는 동안 그를 사랑하는 사람들은 인내의 고통을 겪는다.

나는 글쓰기를 싫어한다. 사실이다. 쓰는 것을 싫어한다. 다른 작가들은 어떤지 모르겠지만, 내게 글쓰기는 매우 고단한 작업이다. 나는 글을 잘 쓰기 위해 최선을 다하고, 진실한 책을 쓰려고 노력한다. 허접스러운 내용의 책을 내려고 아름다운 포플러나무 숲이 베어져서는 안 된다. 그리고 매끄러운 글일수록, 그러니까 쉽게 술술 쓴 글로 보일수록 더 많은 힘이 든다. 고뇌하고 번민한다. 나는 책을 쓸 때 책과 함께 자러 간다. 같이 잠들고 같이 꿈꾼다. 타자기로 작성한 텍스트를 꿈에서 보고, 내가 쓰고 있는 단락, 잘 풀리지 않는 대화나 줄거리를 읽으며 다시 글을 쓴다. 그리고 나서 아침에 일어나면 그전날 밤보다 더 피곤하다. (…)

파티도 휴가도 일요일도 없다. 멈추면 안 되기 때문이다. 집중력을 흐리거나 맥락을 놓쳐서는 안 되기 때문이다. 《한 남자》를 쓸 때도 그랬다. 아니 더, 훨씬 더 그랬다. 《태어나지 않은 아이에게 보내는 편지》를 쓸 때도 그랬다. 항상 그랬다. 그리고 매번 의사들에게 도와달라고 간청했다. 잠자면서 책을 다시 쓰는 꿈을 꾸지 않게 약

나는 침묵하지 않는다

을 달라고 사정했다. 그럴 때마다 의사들은 말했다. "불가능합니다. 이 병을 고칠 약은 없어요." 한 의사만이 나를 도와줄 수 있었다. 안과 의사는 내 안경에 더욱더 높은 도수를 처방해주었다. 글 쓰는 동안 내 눈이 갈수록 희미해졌기 때문이다.

이런 고통을 이해했던 프랑스 소설가 콜레트는 글 쓰는 작업을 마조히즘이라고 말했다. 모든 다른 범죄처럼 법적으로 처벌받아야 하는, 자신을 향한 범죄라고 했다. 나는 그보다 더한 것이라고 말하고 싶다. 정신착란 상태, 자신을 해치는 광기 상태이다. 쓰는 것은, 잘 쓰는 것은 예술이기 때문이다. 아마 예술 중에서도 가장 세련되고 고상한 예술일 것이다. 전적으로 생각과 사고에 매달리는 예술이다. 이러한 형태의 예술을 하려면 자해의 광기가, 디오니소스 의식의 광란과 맞먹는 무아지경의 축복이, 아니 저주가 필요하다. 소크라테스 이전 철학자들이 매달렸던 직관적이고 비이성적인 인식 형태이다.

그뿐만 아니라 이 예술을 실행하려면 규칙을 적용해야 한다. 소설은 집과 같기 때문이다. 집을 지으려면 견고한 토대와 튼튼한 벽, 정확한 치수가 요구된다. 다시 말해 이야기의 구조를 구성할 줄 알아야 한다. 그리고 집을 지으면서 마음을 끄는 요소들을 추가해야 한다. 사람들이 집 안으로 들어오도록, 머무는 동안 싫증을 내지 않도록 장치들을 마련해야 한다. 책은 지루해서는 안 된다. 나는 책을 집필할 때 지루하지 않은 글을 쓰려고 노력한다. 독자를 끌어들이고 나와 같이 머물게 하려고 애쓴다. 독자를 울리기도 하고 웃기기도 하고, 독자에게 고통을 주기도 하고 궁금증을 일으키게도 하면서. 이렇게 해서 광기와 이성이 글쓰기 안에서 결합한다. 계산된 요소와 스스로 발동한 요소가 하나의 드라마가 되어 서로 어우러진다.

그러한 규칙은 가르치거나 배울 수 없다. 광기는 더욱 그러하다. 미국(아마 독일도) 대학교에서 문예창작을 가르치는 교수들은 동의하지 않을지 모르지만, 그 규칙과 광기는 선천적으로 우리 내부에 있는 것이다. 가수의 목소리처럼 전달될 수 없다. 가수의 목소리는 타고나거나 타고나지 않는다. 만약 타고났다면 밖으로 내서 가다듬을 수 있다. 완벽한 목소리를 갈고 닦을 수 있다. 하지만 타고나지 않았다면 아무것도 할 수 없다. 호메로스와 셰익스피어가 함께 방법을 알려주며 도움을 준다고 한들 당신은 소설을 쓸 수 없다. 그렇다면 이쯤에서 글을 잘 쓰는 것은 무엇을 의미(집을 짓고 매력적인 요소를 가미하는 것 이상으로)하는지 설명하겠다.

먼저 헤밍웨이의 말을 그대로 인용할 수 있다. 잘 쓴 글은 움푹 파인 구덩이나 돌부리, 장애물이 없는 눈밭과 같다. 그곳에서 당신은 위로 튀어 오르거나 좌우로 흔들리지 않고 매끄럽게 내려올 수 있다. 읽는 사람의 눈과 듣는 사람의 귀를 부드럽게 어루만져서 마치 바람을 타고 나는 듯한 느낌을 주는 것이다. 운율, 요컨대 음악성을 말한다. 시 구절이 지녀야 하는 운율, 리듬감과 똑같다. 산문은 시와 아무런 상관이 없고 시와 어울릴 수 없다는 생각은 잘못되었다. 애석하지만 산문-시는 번역가를 엄청 골탕 먹일 것이다. 어쩔 수 없는 일이다.

정작 작가도 번역이 고민스럽다. 작가는 다른 언어권의 독자들에게 자신의 수고로움 혹은 노고의 흔적이 충분히 전달되는지 알지 못한다. 솔직히 말해서, 인간에게 내린 신의 가장 큰 형벌은 아주 지루할 것 같은 지상 낙원에서 추방한 것이 아니라 바벨탑 사건으로 서로 다른 언어를 갖게 한 것이다. 바벨탑과 전혀 상관이 없는 화가들과 음악가들은 복을 받은 셈이다.

나는 미치광이도 마조히스트도 아니므로 매번 책을 마치고 스스로 다짐한다. "이번이 마지막이야. 더는 쓰지 않을 거야." 그리고 3년, 4년, 5년까지도 계속되는 최면 상태로 빠져든다. 새 책이 언제 나오는지 묻는 편집자들과 독자들의 요구에 귀를 막고, 눈 속에서 겨울잠을 자는 거북이처럼 꼼짝 않고 입을 닫아버린다. 이제 안 쓸 거야. 하지만 눈이 녹고 겨울이 끝나는 날이 항상 찾아온다. 그러면 잠에서 깨어나 다짐은 잊어버리고 새로이 열정에 사로잡혀 다른 책을 쓴다. 사랑에 실망한 사람이 다시는 사랑하지 않겠다고 선언해놓고 다시 빠지는 것과 같다. 더 정확히 말하면 죽음으로 내모는 약을 완전히 끊지 못하는 마약중독자와 같다. 그러하니 작가라는 존재(가장 게으르고 가장 굼뜬)는 쓰지 않고는 못 배긴다.[16]

세계 곳곳의
전쟁터에서
———

나는 쉽게 우는 사람이 아니다. 더 정확히 말하자면, 불행하게도 절대 울지 않는다. 그리고 끔찍한 장면을 보고 쉽게 동요하지도 않는다. 그런 장면은 충분히 많이 봤다. 하지만 전쟁터에 있을 때면, 내 눈은 항상 눈물에 젖어 있고 목이 메서 말을 잇지 못한다. 베이루트에서 그랬다. 아리엘 샤론[i]이 땅과 하늘과 바다에 폭격을 가할 때마다 도시 위 하늘은 지옥처럼 검붉게 변했고, 내 눈에는 눈물이 고이고 목소리가 나오지 않았다.

어느 날 저녁 "짜릿해. 전쟁이 어떤지 궁금했었는데, 안타깝지만 짜릿하다는 걸 인정해야겠군."이라고 말하는 누군가를 욕하려고 입을 뗄 수도 없었다. 전쟁이었다. 나는 전쟁에서 '짜릿하다'라는 말의 의미를 모른다. '호기심'이라는 말도 모른다. 베트남에 처음 갔을 때도 호기심 따위는 없었다. 나는 전쟁이 무엇인지 알고 있었다. 어릴 때부터. 나는 어릴 때 베이루트의 아이들처럼 폭탄 아래에서 달렸고, 공습, 대포 사격, 저격수들의 비열한 사살, 두려움, 파괴, 죽음, 시체의 숨 막히는 악취를 견디는 법을 배웠다. 나는 제2차 세계대전에서 전쟁의 실상은 텔레비전에서 보는 축구 경기와 같지 않다는 것을 배웠다. 어른이 되어서는 학살이 무엇인지도 배웠다.[17]

베이루트에서, 베이루트 서쪽에서, 나는 마음이 무너졌다. 잔혹하게 파괴된 도시를 보면서…… 야만스러운 광경…… 죽은 이들의 숨 막히는 악취를 맡으면서, 처참한 시체를 보면서…… 눈가에 눈물이 맺히고 목에서 울컥하는 뭔가가 치밀었다. 하지만 나는 우는

---

i Ariel Sharon, 1982년 당시 이스라엘 국방장관이었다.

나는 침묵하지 않는다

법을 모른다.[18)]

모든 사람이 다른 모두에게 총을 겨누었고, 크고 작은 여러 조직의 일원들은 칼라시니코프 소총이나 M16 소총, 유탄 발사기를 지니고 있었다. 사람들이 비 오는 날 우산을 가지고 다니듯이 그들은 무기를 들고 다녔다. 그러다 날벼락 같은 일이 벌어진다. 타-타-타, 빵! 아마도 손가락을 펴다가 실수로, 혹은 우연히 마주친 누군가를 고의로 살해한 것이다. 길 가는 할머니, 안뜰에서 노는 어린이, 엄마 품에서 잠자는 갓난아기를! 탄약은 얼마든지 넘쳐난다. 세계 각지에서 싼값에 실어 나른다. 항구에는 언제나 탄약통을 부두에 내리는 선박들이 있고, 해변에는 무기를 내려놓는 보트들이 있다. 하늘에 계신 우리 아버지, 알라여, 저희에게 7.62밀리 탄과 5.56밀리 탄, 일용할 폭탄을 주시고, 저희가 평화를 시도하려는 유혹에 빠지지 않게 하시고, 선에서 구하소서, 아멘. 이런 일을 이해한다고 착각해서는 안 된다. 이해의 과정은 최소한의 논리나마 요구되는데, 이곳에 논리는 존재하지 않는다.[19)]

베이루트로 가기 전부터 아무도 나를 반기지 않으리란 것을 알고 있었다. 이스라엘 사람들도, 레바논 사람들도, 팔레스타인해방기구의 팔레스타인 사람들도, 동양인들도. 제2차 세계대전 이후 참혹한 잘못을 저지른 우리 서양인을 향한 원망의 소리가 커졌다. 우리 서양인들은 위선적이고 냉소적인 태도로 그 과오를 자양분으로 삼고 있다.

나는 종군기자로서 전쟁이 발발한 지역 대부분을 쫓아다녔다. (…) 8년 동안 여러 차례 베트남 전쟁의 현장을 누볐다. 인도-파키스탄 전쟁, 방글라데시 독립 전쟁, 중동 전쟁을 겪었고, 요르단의 이라크 민병대 비밀 기지에서 소탕되기 전까지 머물렀으며, 라틴아메리카 와 다른 지역에서 일어난 민중봉기의 현장에도 있었다. 나는 베트 남의 닥토에서 미국인 장군이 말한 것과 같은 상황을 항상 증오했 다. 그는 군인들을 이끌고 전쟁터로 떠나기 전에 내게 말했다. "매 순간이 처음입니다. 그리고 매순간이 최악이지요. 내가 어떤 일을 직면해야 하는지 더 잘 알기 때문입니다"[20]

———

누가 전쟁을 남자들의 것이라고 했는가? 전쟁 대부분이 남자들에 의해 치러졌다는 사실에서 나온 말일 것이다. 하지만 잔 다르크는 여자였으니 언제나 그랬던 것은 아니며, 내가 가장 많이 쫓아다녔 던 베트남 전쟁에서도 그렇지 않았다. 그곳에서는 많은 여자가 전 쟁에 참여했다. 여자들은 뛰어난 전사였고 미군에게 지옥이었다. 어느 오후 우리는 미군 분대와 함께 중앙 고원지대로 정찰을 갔는 데, 그때 분대장이 "소녀들을 만나지 않길 바랍시다."라고 말했다. 나는 의아해서 물었다. "소녀라니요?" "그래요, 베트콩 소녀들은 가장 용감하고 가장 위험합니다. 나는 그들이 지옥처럼 무서워요." 여자들은 전쟁도 하는데 여자들이 전쟁에 관해 못 쓸 이유는 없다 고 본다.[21]

　　　　　　　　나는 침묵하지 않는다

전쟁 지역으로 가는 것을 좋아하는 종군 기자들도 있다. 그들은 선뜻 전쟁터로 이동해서 스스럼없이 철모를 쓰고 방탄복을 착용하고 필요하다면 군복도 입는다. 나는 아니다. 나는 군복을 마지못해 입고 방탄복은 너무 무거운 데다 부자연스러워서 불편하기 짝이 없다. 머리에 철모를 쓰면 한없이 우스꽝스럽게 느껴진다. 하지만 고통스러운 광경에 비하면 철모와 방탄복과 군복은 아무것도 아니다. 나는 죽음을 증오한다.[22]

나는 비난도 많이 받았는데, 그중에는 내가 전쟁을 사랑한다는 것도 있었다. 나는 이 점을 숨기지 않고, 《인샬라》에서 피스토이아라는 등장인물의 입을 빌려서 말했다. 불편한 마음이 들지만 전쟁은 끌어당기는 힘이 있다는 것을 인정할 수밖에 없다고 했다. 전쟁이나 전투, 전장에서 살아나오면 다른 인생의 기회를 얻은 것처럼 느껴진다. 전쟁은 항상 내 관심을 끌었다. 전쟁 속에서 자랐기 때문이다. 어릴 때부터 전쟁을 보고 들었고, 어른이 되어서는 실상을 더 잘 이해하려고 전쟁터로 돌아가기도 했다.

　나는 전쟁을 이해하면서 전쟁을 격렬하게 증오했다. 그리고 전쟁과 전쟁 속 이야기를 자주 글로 옮겼다. 《인샬라》에 나오는 한 인물도 그런 모습을 보인다. (…) 소설에서 교수는 책을 쓸 거라고 말한다. 하지만 그는 허구의 인물이니 그 책은 실제로는 사이공의 여기자가 쓰게 된 것이다. 교수는 존재하지 않는 가상의 부인에게 보내는 편지에서 전쟁을 배경으로 하는 소설을 쓰고 싶다고 밝힌다. 왜

냐하면 전쟁만큼 인간을 잘 드러내는 것은 없으며, 똑같은 비중으로 아름다움과 추함, 지성과 무지, 야수성과 인간성…… 수수께끼를 드러낼 수 있기 때문이다.[23]

진정한 군인이 전쟁을 증오한다고 말하면 자신을 속이는 것이다. 그는 마음속 깊이 전쟁을 사랑하고 있다. 그가 특별히 사악하다거나 피를 갈망하는 인간이라서가 아니라 역설적으로 전쟁 그 자체가 전하는 생명력을 사랑하기 때문이다. 생명력과 더불어 도전과 도박, 그리고 전쟁이 품은 미스터리를 사랑하기 때문이다. '평화'라는 이름의 대희극에서는 미스터리가 존재하지 않는다.

알다시피 연극은 여러 개의 막으로 구성돼 있고 1막이 끝나면 2막이 시작되고 2막이 끝나면 3막이 시작된다. 이야기의 전개와 결말이 어떨지는 미지수다. 하지만 '전쟁'이라는 이름의 대비극에서는 모든 것이 미지수다. 당신은 그 비극에서 관객이나 배우가 될 수 있으며, 곧 1막이 끝날 거라고만 자신에게 말할 수 있다. 그래서 2막은 가능성이 되고 3막은 희망이 된다. 미래는 가정일 뿐이다. 전쟁에서 당신은 어느 순간에라도 죽을 수 있고 언제라도 다칠 수 있다. 다시 말해 등장인물에서 빠지거나 관객에서 밀려날 수 있다. 거기서는 모든 것이 미지수이고 숨이 멎을 듯한 의문이 일지만 바로 이 때문에 당신은 그 격렬한 생명력에 전율하는 것이다.

전쟁에서 당신의 눈은 더욱 예리해지고 당신의 감각은 더 날카로워지고 당신의 두뇌는 더 명석해진다. 세세한 것을 알아채고 모든 냄새와 모든 소리, 모든 맛을 감지한다. 만약 당신이 사고력을 갖

첬다면 그 어떤 철학자도 연구하지 못한 방식으로 존재를 탐구했을 것이다. 그 어떤 심리학자도 분석하지 못한 방법으로 인간을 분석할 수 있을 것이며, 평화의 시간, 평화의 장소에서는 결코 이해할 수 없었을 인간을 이해할 수 있을 것이다. 그리고 만약 당신이 사냥꾼이거나 도박꾼이라면 숲이나 툰드라, 룰렛 테이블에서는 절대 맛보지 못했고 미래에도 맛보지 못할 희열을 누릴 것이다. 전쟁이라는 잔인한 놀이는 사냥 중의 사냥이고, 도전 중의 도전이며, 도박 중의 도박이기 때문이다. 인간 사냥, 죽음을 무릅쓴 도전, 생명을 건 도박이다.[24]

———

나는 《인샬라》가 잘 만든 책이라고 생각한다. 내 인생의 관점에서 이해한 모든 것을 담으려고 했고, 담아냈다. 인간에 대해, 남자에 대해, 선과 악에 대해, 지성과 어리석음, 용기, 소설 속 교수가 말하는 수수께끼에 대해.

또 이 책은 죽음을 쫓아낸다. 나는 죽음을 증오한다. 나만큼 삶을 사랑할 수는 없을 것이다. 나는 삶을 즐기고 삶에 애착을 느낀다. 나는 태어난 것을 기뻐한다. 불행한 일을 겪을 때도 태어난 것이 아무것도 아닌 것보다 낫다고 생각한다.

어느 날 배우 안나 마냐니가 내게 이런 말을 했다. "오리아나, 죽는 건 우리가 태어난 순간부터 너무 부당해!" 나는 이 책에서 죽음의 공식에 맞서 삶의 공식을 찾는 안젤로를 통해, 이미 삶의 공식을 찾은 니네트를 통해, 삶을 추구하고 살아남으려고 싸우는 모든 등

장인물을 통해 죽음을 몰아내고 있다. 죽음은 존재하지 않는다고 고집스럽게 주장한다.[25]

아버지라는 이름의 영웅

"너희 아버지는 예술가라는 걸 명심해라." 엄마가 돌아가시기 전에 우리에게 쓴 글이다. (…) 넓은 의미에서 아버지는 예술가였다. 아버지가 그림을 잘 그리거나 나무를 멋지게 조각해서가 아니었다. 아버지는 여러 모습으로 예술가의 삶을 보여주셨다.

방종을 위해 자유를 둘러대는 자를 매섭게 비판했던 엄격한 자유주의자. 권리와 함께 의무를 주장하고, "오늘날은 권리만 내세우고 의무는 다하지 않는다."라고 불평했던 훌륭한 시민. 가장 증오하는 적을 관대히 다루고 공적, 사적인 악용에 정중하게 반발했던 일관된 민주주의자. 타협과 위선을 광신주의만큼이나 경멸했던, 기회주의자들의 적. 권력과 성공을 추구하지 않았고 추구한 적이 없는 현자. 부와 명예를 따르지 않았던 정직한 사람.

아버지는 평생 소박한 직업에 종사하다가 은퇴했으며, 어리석은 사람들의 눈에는 이 작지만 위대한 남자가 그저 평범한 사람으로 보였다. 전혀 중요하지 않거나 별로 대수롭지 않은 남자로.

아버지는 자신을 절대 부정하지 않았고 절대 배신하지 않았다. 그러다 인생의 어느 시점에서 정치계급에 실망한 뒤로 자신의 꿈과 이상을 저버리고 킨킨나투스처럼 숭고한 유배지로 물러났다. 소녀의 섬세한 감성으로 사랑했던 꽃과 나무들 사이로 불가능한 평화를 찾아서 들어갔다. 그는 그레베인키안티의 시골로 들어가서 머물렀다. 개와 고양이, 꿀벌과 거위, 새끼염소와 비둘기, 토끼와 암탉만 곁에 있었다. 기르던 동물을 잡는 법이 없어서 동물들은 함께 늙어 갔다. 아버지는 동물들을 사람처럼 보살피고 존중했다. "동물은 사람보다 나아. 좋은 친구가 되어주거든."이라고 말씀했다. (누가 부정할 수 있겠는가.)

하지만 숭고한 유배지에서도 항상 역사적 사건과 자신의 꿈과 이상을 배신한 사람의 실수와 잘못에 주목하고 있었다. 언제나 상황을 잘 알고 있었고, 그때그때 명쾌하고 선견지명 있는 평가를 내렸고, 정치 마피아들과 패거리를 향해 원망이 아닌 냉소적인 풍자로 비판했다. 아버지는 정치꾼들을 '여물통'이라고 불렀다. 아! 아버지는 완곡한 표현을 몰랐다. 아버지는 나처럼, 긴 고뇌의 시간을 거쳐 1978년 이탈리아 사회당*Partito Socialista Italiano, PSI*과 결별했다. 아버지의 엄격하고 날카로운 탈당계는 이렇게 시작했다. "저는 74세의 에도아르도 팔라치입니다. 54세부터 PSI 당원이었습니다. 이 편지로 탈당 의사를 밝힙니다. 제가 이러한 결론을 내린 이유는 다음과 같습니다……"

아버지는 살았던 것처럼 죽었다. 죽음 앞에서도 불굴의 용기와 고혹적인 존엄성을 끝까지 지켰다. 아버지를 굴복시키고 무너뜨릴 수 있었던 유일한 적, 죽음의 질병과 싸우다가 죽었다. 여러 달 동안, 그리고 몹시 고통스러운 몇 주 동안 아버지는 마리오 카리타의 부

하늘에게 저항했던 것처럼 질병에 맞섰고, 온갖 부류의 파시스트들과 전쟁을 벌이듯이 질병과 전쟁을 치렀다. 이번에는 아버지가 졌다. 여든네 살의 고령이어서가 아니라(얼마 전까지도 올리브나무에 쉽게 오를 만큼 건강했다. 병환이 아니었으면 아직도 살아계셨을 것이다.), 질병의 힘이 아버지보다 더 막강해서였다. 하지만 아버지는 아주 잘 싸웠다. 영웅처럼 고개를 들고 이를 악물었고 입에서 아주 작은 탄식 소리도 새어 나오지 않았다. 그 적에게 만족의 순간을 한시도 허락하지 않았다. 마지막 순간까지. 지난 일요일 정오, 나는 내 품에서 죽어가는 아버지에게 말했다. "아빠는 정말 용감한 남자야! 정말 멋진 사람이야!"[26]

　　　　　　　　　　　　　　나는 침묵하지 않는다

제 5 부

———

내 인생은 오직 나만 쓸 수 있다

실존 문제에
답을 찾아 나서다

——

나는 《버찌로 가득한 모자*Un cappello pieno di ciliege*》를 쓸 준비가 되었다. 적어도 이십 년(어쩌면 삼십 년) 전부터 쓰고 싶었지만 때가 되지 않았다고 여겼다. 그 책은 내 가족, 내 유년기와 청소년기에 관한 내용이다. 이미 초반부에 접어들었다. 책 쓰는 일에 모든 생각과 힘을 쏟아 붓고 있다. 이 책은 이제 인생의 목표가 되었다. 어쩌면 내 삶을 지탱하는 것이라고 말해야겠다.[1]

소설의 시대 배경은 1700년 말부터 시작해서, 얼마의 기간을 건너뛰고, 1944년에 끝난다.[2]

죽음이 가까웠다고 느낀 한 여자가 자신의 유년기와 청소년기, 인생의 초반부를 회상한다. 여자는 인생의 신비를 스스로 설명하려고 한다. 자신이 누구에게서, 왜 태어났는지 알려고 기억을 뒤지고 과거를 찾는다. 여자는 과거를 거의 알지 못한다. 과거에 관해 물은 적이 없었다. 지금은 돌아가신 부모님에게 마지못해 들은 조각들밖에 없었다. 고모와 이모들, 삼촌들, 조부모들도 죽고 없었다. 자신의 실존적인 궁금증을 덜어줄 사람이 아무도 없어서 여자는 어쩔 수 없이 조난자처럼 그 기억의 조각들에 의지했다. 상상의 나래를 펼치며 그 조각들을 키우고 부풀려서 환상적인 이야기를 끌어냈다.[3]

나는 느린 작가이자 신중한 작가이며 만족을 모르는 작가이다. 이 책은 지금까지 쓴 것 중에서 가장 힘들었다. 역사적 사건들과 관련되고 정확한 연구가 요구되었다. 가볍게 쓸 수 없는 책이고 실수가 용납되지 않는 책이다.[4]

내 인생 전체를 돌아봤을 때, 인생은 혼돈이었고 고통이었다. 실제로 내 인생은 농사꾼과 뱃사람, 평민, 굶어 죽은 사람들로 가득했지만, 주제넘게 귀족들도 담고 있었다.[5]

———

이제 내 미래는 얼마 남지 않았고, 모래시계 안에서 빠지는 무정한 모래처럼 내게서 달아나고 있어서 내 존재의 과거를 생각하는 일이 잦아졌다. 죽기 전에 실존적 문제에 해답을 찾고 싶었다. 탄생과 삶에 대한 의문, 누구 또는 무엇이 인간 군상을 만들었고 먼 여름날

나는 침묵하지 않는다

내 자아에 생명을 주었는지 하는 물음에 스스로 답하고 싶었다. 물론 탄생에 관한 의문은 수많은 인류가 헛되이 제기해왔고, 그 해답은 인생의 수수께끼에 속하며, 그 답을 찾은 척하려고 신이라는 존재에 의존한다는 것을 잘 알고 있다. 나로서는 이해할 수 없고 받아들일 수 없는 처방이다.

하지만 해답은 과거의 기억 속에, 형성 과정에 함께한 사람들과 사건 속에, 그리고 과거에서 이를 캐내려는 내 집요한 여행 속에 어느 정도 숨어 있다. 나는 청소년기와 유년기, 유아기의 소리와 이미지를 다시 끄집어냈다. 청소년기는 온전히 기억하고 있다. 전쟁, 두려움, 배고픔, 괴로움, 어른들을 도우며 적과 싸운다는 자부심, 그리고 거기서 생긴 치유할 수 없는 상처. 유년기에 대한 기억도 많이 남아 있다. 침묵, 과도한 훈육, 박탈감, 독재자에 맞서는 투쟁에 전념하는 가족과 암울하고 침체된 집안 분위기. 유아기에 관해서는 세세한 것까지 다 기억하고 있는 듯하다. 갑작스럽게 어둠을 대체하는 찬란한 불빛, 공기에서 숨 쉬는 힘겨움, 혼자만의 공간을 벗어나 낯선 군중과 공간을 공유하는 놀라움. 그리고 무화과 나뭇잎으로 국부를 가린 벌거벗은 남녀가 고통스러운 얼굴로 아름다운 정원을 떠나는 장면이 그려진 프레스코화 아래서, 그러니까 피렌체의 카르미네 성당에서 마자초가 그린 〈에덴동산에서 추방되는 아담과 이브〉 아래서 세례를 받은 의미 있는 사건 또한 기억하고 있다.[6]

뉴욕에서 살며
글쓰기
———

이 외롭고 혼잡한 도시에 살지 않았더라도 이 도시, 특히 내가 불행하게 사는 이 주소지의 아름다움을 노래하는 일은 결코 없을 것이다. 아마도 62번가는 더 나을 것이다. 61번가는 뉴욕시 행정부와 모든 뉴욕 주민의 수치이다. 이곳에는 리무진들이 하루 24시간 내내 주차하면서 가장 잔인한 방법으로 내 일을 방해한다. 라디오 소리를 한껏 높이고, 창문 아래서 잡담을 나누고, 내가 사는 아파트 1층의 입구와 인도를 온갖 쓰레기로 더럽힌다. 빈 종이컵, 음식 찌꺼기가 붙은 포장지, 바나나 껍질, 오래된 신문, 가장 최악인 오줌이 담긴 용기들!!!

진저리나는 현실로부터 나를 지키려고 할 수 있는 모든 일을 했다. 변호사들과 친구들과 지인들에게 도움을 요청했고, 시청 교통과와 환경과, 경찰서, 시장 집무실에 편지를 쓰기도 했다. 그리고 거의 일 년 동안 시장의 측근 한 명에게 계속해서 건의했다. 하지만 모두 부질없는 일이었다. 이런 수치스러운 모습은 1980년대부터 시작됐는데, 리무진들의 부정한 돈벌이와 지방자치 당국의 부패는 극소수 훌륭한 시민들이 야만인들을 몰아내지 못하게 방해한다. 리무진 운전자들은 범죄자들이다. 언젠가 그들 중 하나가 나를 도와주려던 경찰을 칼로 위협했다. 그때부터 그들과 싸움을 피하라는 조언을 들었다. '그들은 위험하니까.'

정말 그랬다. 작년 11월에 그 야만인 중 하나가 현관 철문 앞에 쓰레기를 던졌다. 나는 화가 나서 그에게 항의하며 쓰레기를 다시 던졌다. 그리고 일 분 뒤 1층 출입구는 쓰레기장이 되었다. 그때부터 죽 쓰레기장이 되었다. 다른 야만인들은 쓰레기봉투를 열어서 빈 캔 같은 것들을 찾느라 헤집는다. 그러면 봉투가 찢기고 쓰레기는 인도 위에서 사방으로 굴러다닌다. 문 앞에다 배설물을 남기는 개들은 또 어떠한가! (나는 일주일 전 계단에서 배설물을 밟고 말았다.) 개 주인들이 배변 봉투를 가지고 다니며 처리한다 하더라도 개 화장실로 변한 화단은 어찌할 것인가……

뉴욕은 내게 예술적 창의력을 북돋워주지 않는다. 아니, 그 반대다. 이 주소지는 더더군다나 방해 요소이다. 창의력을 매일매일 억누르고 짓밟는다. 차라리 베이루트, 다마스쿠스나 콜카타가 낫다. 그런데도 나는 아직 여기에 있으면서 악몽을 견디는 악순환에 빠져 있다. 다시 말해 글을 쓰려고 다른 곳으로 가거나 이사를 하는 사치를 부릴 수 없다. 가령 충분히 시민적인 도시 피렌체로 갈 수는 있겠지만, 그것은 집필에 필요한 책과 자료로 가득한 상자, 그리고 글쓰기를 중간에 멈추지 못하는 내 트라우마를 함께 가져간다는 뜻이다. 그러면 이 책은 실패로 끝날 것이다.[7]

외계인이라 부른 암과의 투병

———

그와는 전쟁 관계이다. 전쟁에서처럼 서로 무너뜨리려고 겨누는 두 적의 관계. 그는 나를 죽이려고 하고 나는 그를 죽이려고 한다. 나는 '그'라고 표현했는데, 사물이나 추상적인 실체로 보기는 어렵기 때문이다. 내게 그는 살아 있는 창조물, 다른 별에서 온 동물, 내 육체를 파괴하려고 침범한 외계인이다.

나는 특히 머릿속에서 그와 싸우고 있다.[8]

나는 그에 대해서 항상 말한다. 거리낌 없이. 모두에게. 그가 나를 처음 공격했을 때 인식하게 된 금기를 깨기 위해서라도 그렇게 한다. 수술을 담당했던 외과 의사가 말했다. "충고 하나 하겠습니다. 병에 대해 아무에게도 말하지 마세요." 충격을 받았다. 심한 모욕감을 느낀 나머지 다음과 같이 반박할 정신도 없었다. "무슨 말도 안 되는 소리를 하는 겁니까? 암에 걸린 것은 죄가 아니고 부끄러운 일도 아닙니다! 전염되는 질병이 아니니 난처해야 할 것도 전혀 없습니다."

처음 얼마간은 의사의 말을 이해하지 못했다. 그러다 이해했다. 내가 암에 걸렸다고 말하면 많은 사람은 만조니의 소설 《약혼자들 I promessi sposi》에 묘사된 페스트에 걸린 것처럼 나를 봤다. 아니면 이미 죽은 사람처럼 취급했다. 그들은 두려워하고 당황했다. 적개심에 가까운 감정을 품었다. 몇몇은 말조차 걸지 않았다. 내 눈앞에서 사라졌고, 내가 찾지 않으면 볼 수 없었다. 내가 외계인이라는 말을 지어낸 것은 그때였다.[9]

몸이 몹시 아프고 종종 참기 힘든 고통을 겪은 이유가 암 때문이라

나는 침묵하지 않는다

는 사실을 알았을 때, 나는 번역을 하고 있었다. 정확히 말하면《인샬라》영어판을 재번역하고 있었다. 그에 앞서 프랑스어 번역판을 재번역했는데, 기존에 나온 번역본이 최악이었기 때문이었다. 영어 번역본은 프랑스어보다 더 최악이어서 나는 영어판을 다시 번역하고 있었다. 고통스러운 딜레마에 빠졌다. 일을 제쳐 두고, "내일 아침에 당장 수술을 받으셔야 합니다."라고 분명히 말할 의사에게 달려가느냐, 그러니까 참을성 없는 편집자가 무능력한 번역가의 조악한 번역본을 발행하게 두느냐, 아니면 일을 끝내고 수술을 받느냐를 결정해야 했다. 오랫동안 고민의 밤을 보낸 뒤 두 번째 방법을 선택했다.

나는 수술을 마치자마자 의사들에게 그것을 보여 달라고 부탁했다. "그놈을 직접 보고 싶습니다. 여기 제게 가져다주세요." 그들은 약간 놀란 기색이었지만 가져왔다. 언뜻 보기에 무해하고 보기도 좋은 대리석으로 된 작은 공처럼 보였다. 하지만 나는 그것을 대리석공으로 보지 않았다. 나를 파괴하려고 내 안으로 들어온 외계인, 살아있는 생명체로 보았다. 그리고 얼마 뒤 다시 검진을 받았을 때, 그놈이 결집하고 재생해서 내 육체를 침범할 가능성을 보았다. 나는 싸워야 할 적을 두고 있다는 사실을 절실하게 깨달았다. 그는 나를 파괴하려고 했고 나는 그를 물리쳐야 했다. (…)

어쩌면 전쟁 관계를 넘는 정신적 도전 관계라고 말해야 할 것이다. 그와 나 사이에는 무언의 대화가 있었기 때문이다. (…) 나는 담뱃불을 붙일 때도 그에게 도전하는 것 같았다. 이놈아, 네 앞에서 당당히 펴주마. 두려움의 관계는 분명히 아니었는데, 두려운 것은 너무도 당연해서 나 자신도 놀라웠다. 하지만 내가 암에 걸렸다는 사실을 알았을 때는 두려운 마음이 들지 않았다. 수술을 앞두고서야 두려웠는데 몸에 칼을 대는 게 겁났기 때문이다. (…) 내가 전쟁에서 경험한 두려움 같은 것이었다. 나는 전쟁터에서 팔이나 다리를 잃거나 맹인이 될까 봐 두려웠다. 죽는 것보다 불구가 되는 것이 더 두려웠다. (…)

큰 전투의 순간들이 있었고, 체념에 가까운 큰 슬픔의 순간들이 있었다. 그중 한순간은 오드리 헵번이 죽었을 때다. 어쩌면 내가 그녀를 알고 있어서, 어쩌면 나와 나이가 같아서, 어쩌면 내가 수술을 받던 시기와 비슷한 시기에 그녀가 수술을 받고 재수술을 받아서 과민하게 받아들였을 것이다. 이 슬픔은 며칠 동안 계속되었다. 하지만 슬픔을 극복했고 매우 원기 왕성한 상태로 다시 전투에 임했다. (…) 나는 다음 책을 구상하기 시작했다.[10]

———

나는 서양과 이슬람 세계에 관한 다른 책을 쓰려고 하지 않았다. 그런데 내 아이, 즉 중단된 소설을 걱정하면서 조바심이 일었고, 서랍에서 그것을 떼어내야 한다는 불안감이 나를 괴롭혔다. 그래서 《분노와 자긍심》의 후속편으로만 서양과 이슬람 세계에 관한 책을 쓰기로 했다. 하지만 설득력 있는 주장을 피력하고 더욱 깊이 있는 담화를 끌어내야 한다는 생각이 어느새 의무감으로 각인됐다. 그렇게 《이성의 힘 *La forza della ragione*》이 꽃을 피웠다.

나는 침묵하지 않는다

나는 책을 쓸 때 임신한 여자처럼 행동한다. 자궁 속의 태아에만 집중하고 다른 것은 생각하지 않는다. 책을 쓰는 동안 그 녀석은 안 중에도 없었다. 나는 외계인이 깨어났다는 것을 알아챘다. 글을 쓰며 기침을 해댔다. 지독한 마른기침이었는데, 몇 달 만에 폐암으로 아버지를 앗아간 기침과 비슷했다. 하지만 나는 보스턴으로 가거나 뉴욕의 의사를 찾아가지 않고 계속해서 일했다. 내가 만약 의사를 찾아간다면 의사는 그 녀석이 깨어났다는 것을 내게 확인해줄 것이고 곧장 수술을 진행할 것이다. 수술을 받으면 임신을 중단해야 한다. 아이를 지워야 하는 것이다. 요컨대 나는 자신의 생명과 아이의 생명 중 하나를 선택해야 하는 산모의 상황에 직면했다. 그리고 나는 아이의 생명을 선택했다.

그런데도 머리는 용케 잘 버텨주었다. 내게는 '건강한 몸에 건강한 정신이 깃든다.'라는 말보다 '쇠약한 몸에 건강한 정신이 깃든다.'라는 말이 더 잘 들어맞았다. 예전처럼, 아니 예전보다 더 잘 생각하고 쓰고 싸웠다. 내 정신은 육체와 완전히 별개인 것 같았다. 오, 육체의 고통으로 정신이 더 강해지는 것 같았다. 흥미로운 현상이다. 그러니 신경체계와 질병 사이에 경쟁 구도가 있는지 연구할 필요가 있다고 본다. 그 연구의 일환으로서 뇌가 돌연변이 세포 조직을 통제하고 제압할 수 있는지, 그리고 정신이 죽음에 대항하고 그것을 저지하고 늦출 수 있는지 의문을 제기하고 밝혀야 할 것이다. 나는 그럴 것이라고 여긴다. 정신은 화학 공식이다. 아마도 그 공식은 돌연변이 세포의 지배를 거부하고 일종의 면역 기능을 하는 항

체를 담고 있을 것이다.[11]

그 무엇도 내게서 일하는 것과 조국을 위해 투쟁하는 것을 막을 수 없다. 이 둘은 내게 똑같은 것이고 내 목숨이 붙어 있는 한 포기할 수 없다. 나는 저항 속에서 태어났다. 내 부모, 조부모, 증조부모, 고조부모는 언제나 자유를 위해 투쟁했다. 이것은 수사학이 아니다. 현실이다.[12]

나는 그리스도교 무신론자이다
———

나는 신을 믿는 사람들을 이해할 수 없다. 나는 열두 살 때 어른들이 말하는 신은 존재하지 않는다고 생각했다. 비록 어린 나이였지만 생각은 깊었다. 그때 이후로 생각을 바꾼 적이 없다. 인생은 내게 호락호락하지 않았다. 몹시 가혹했다. 숱한 죽음을 목격했고, 여러 번 직접 내가 죽음 가까이에 있기도 했다. 전쟁에서 겪은 폭력적인 죽음과 서서히 다가오는 질병에 의한 죽음을 겪었다. 하지만 나는 생각을 바꾸지 않았고 신에게 도움을 청하지 않았다. 죽음을 눈앞에 두고도 신을 찾지 않았다. 절대로. 그래서 나는 신앙에서 오는 열정의 힘을 이해하지 못한다.[13]

내가 살아있는 한, 뺨을 부풀려서 나팔을 부는 고정된 자세로 조각되고 새겨지고 그려진, 대리석, 청동, 나무, 천으로 된 그 음울한 천사들의 상에서 벗어날 수 없을 것이다. 가장 처참한 순교의 순간으로 묘사된, 구슬프고 고통스럽고 분개하는 성인들의 상에서 벗어날 수 없을 것이다. 목에 화살이 꽂힌 세바스티아노 성인, 눈알이 담긴 쟁반을 든 루치아 성녀. 수유 자세로 아기 예수를 안은 푸른색과 흰색 옷의 성모 마리아. 옷을 벗은 채 십자가에 못 박혀 있거나 옷을 입고 왼손에 심장을 들고 있는 예수 그리스도.

어렸을 때 성당에 들어가면 습하고 서늘한 기운, 땀 냄새와 향, 고해자들의 중얼거림과 주기도문 30번, 성모송 40번, 성모 찬송 50번의 보속과 사죄경을 주는 사제의 소리와 함께 성인들과 천사들, 예수와 마리아 상의 악몽이 나를 휘감았고, 나는 최면에 걸린 듯 그 심장과 그 눈알에 시선을 고정했다. 예수가 심장을 꺼내 손에 쥐고 있고 산타 루치아가 눈알을 빼서 쟁반에 올려둔 것 같았다. 잘못된 우상 숭배는 납을 단 외투처럼 나를 압박했다. 그러면 나는 황급히 제단으로 달려가서, 양초와 수예 편물과 보석들, 고상한 천 조각과 금과 은의 광택, 훔쳐서 엄마에게 가져다주고 싶었던 꽃들 아래에서 무릎을 꿇고 그 아름다운 전설들을 믿으려고 애썼으며, 주기도문, 성모송, 성모 찬송, 위령 기도를 중얼거렸다. 7일 만에 천지를, 바다와 식물과 동물을, 끝으로 인간을 창조하신 우리 하느님을 위한 거짓 감사의 정점인 기도를 드렸다.

하지만 불신이 다시 피어오르고, 불가사의한 마법에 회의감이 드는 순간이 언제나 있었다. 공포와 함께. 지옥의 불구덩이에 떨어져서 벌을 받는 상상은 손에 땀을 쥐게 했고 무릎이 벌벌 떨리게 했다. 주님, 저를 용서해주소서, 7일 만에 천지를 창조하셨듯이, 그렇게 하셨듯이. 나는 그러한 모순 속에서 어찌할 바를 몰랐다. 하지만 아무에게도 말하지 않았다. (…) 그럴 용기가 항상 부족했다. 이처럼 나는 천사들과 성인들, 동정녀 마리아, 아기 예수와 십자가에 못 박힌 예수, 천국과 지옥과 연옥, 선이라 부르는 것과 악이라 부르는 것을 두려워하며 신을 믿었다. 그리고 나를 짓누르던 이 부담감은 쫓아내고 떨쳐내려 해도 잘라낸 손톱이 다시 자라고, 다시 자라고, 죽는 날까지 다시 자라듯이 내게서 떨어질 줄 몰랐다. 모두가 그렇지 아니한가?[14]

나는 그리스도교 무신론자이다. 우리가 신이라는 말로 지시하는 것을 믿지 않는다. (…) 신의 존재를 부정하기 시작한 때(아주 이른 나이에 신의 유무에 관한 끔찍한 딜레마에 빠졌다)부터 신이 인간을 창조한 것이 아니라 인간이 신을 창조했다고 여긴다. 인간은 고독과 무능, 절망 때문에 신을 창조했다고 생각한다. 다시 말해 존재의 미스터리에 답하려고, 인생이 우리의 정면에서 던지는 해결할 수 없는 의문을 덜려고……. 우리는 누구이고, 어디에서 왔으며, 어디로 가는가. 우리 앞에는 무엇이 있었나. 우주 안에서 한 치의 오차도 없이 정확하게 돌아가는 이 수많은 세상 이전에는 무엇이 있었나. 미래에는 무엇이 있을까…….

인간의 약함, 살고 죽는 두려움이 신을 창조했다고 생각한다. 삶은 매우 고단하고 죽음은 언제나 애석하니, 이 두 모험에 맞서도록 돕는 신이라는 개념은 무한한 위안을 줄 수 있다. 나는 이 점을 잘 이해한다. 그래서 신을 믿는 사람을 부러워하며, 이따금 질투심을 느끼기도 한다. 그렇다고 신이 존재한다는 희망에까지 이르지는 않는다. 나는 그 수많은 세상과 더불어 나를 탐색하고 돌아보는 시간을 가지며 그렇게 하는 방법을 알고 있다. 그러니 혼자서 답을 구하러 나설 수 있다.

나는 교회, 즉 신자들의 공동체에 거부감을 느낀다. 그들의 교의, 그들의 전례, 그리고 미루어 짐작하건대 그들의 영적 권한, 그들의 권력에 거부감이 든다. 사제들도 썩 좋아하지 않는다. 설령 학식이 깊거나 순수한 영혼을 가진 사람이더라도 그 권력에 종사하고 있다는 생각을 떨칠 수 없다. 그리고 구태의연한 반교권주의가 떠오를 때도 있다. 19세기 무정부주의자였던 외할아버지가 "우리는 사제들의 창자로 왕들을 목매달 것이다."라며 부르시던 노래를 생각하면 슬며시 웃음이 나온다. 하지만 다시 말하지만 나는 그리스도인이다.

내가 교회의 규정과 가르침을 거부한다 하더라도 그렇다. 가령 한쪽 뺨을 맞거든 다른 뺨도 내어주고 용서하라는 권고는 받아들일 수 없다. (악행을 자극하는 오류이자 내가 절대 저지르지 않을 잘못이다.) 그리스도교의 바탕을 이루는 담론을 좋아하기 때문에 나는 그리스도인이다. 그 담론은 설득력이 있으며, 내 무신론과 정교분리 사상에서 어긋나는 지점을 찾을 수 없을 정도로 나를 매료시킨다. 이는 가톨릭이나 개신교에 의해 미화되거나 변조되거나 왜곡되지 않은, 나사렛 예수의 말씀을 가리킨다.

나는 예수의 말씀과 일화를 통해서 한 인간에게 집중된 형이상학을 뛰어넘어 인간의 자유의지를 인식하는, 즉 우리 스스로가 행동의 책임자이자 운명의 주인임을 일깨우는 인간의 의식을 주장한다.

나는 거기서 이성과 추론을 향한 찬가를 본다. 추론이 있는 곳에 선택이 있고 선택이 있는 곳에 자유가 있기에, 나는 거기서 자유의 찬가를 본다. 예수와 함께 고독과 무능과 절망, 나약함, 삶과 죽음의 두려움 때문에 인간들이 만들어낸 신의 초월성을 본다.[15]

9·11 테러
그리고 《분노와 자긍심》
——

도시가 무덤이다. 모든 거리는 영화 〈해변에서On the Beach〉처럼 적막하다. 뉴욕의 무시무시한 소음은 감쪽같이 자취를 감추고 차가운 침묵만이 가득하다. 적막한 무덤이다. 다리, 터널, 사무실, 모든 것이 닫혀 있다. 문을 연 곳은 병원과 영안실뿐이다. 사망자 수가 수천 명은 되리라고 짐작된다. 사상자가 만 명에 달한다는 얘기가 나왔다. 그곳에서 일하는 사람만 오천 명에 가까웠다.

아, 내가 로베스피에르였다면! 무수한 사람들을 단두대에 올린 그 악명 높은 살인자가 되는 게 나을 것이다…….[16]

내가 써 내려가는 글이 눈물일 때가 있다. 그 당시 내가 쓴 글은 걷잡을 수 없이 흐르는 눈물이었다. 살아남은 자들과 죽은 자들, 살아있는 듯 보이지만 실제로는 죽은 것이나 다름없는 자들에 대한 절규였다.

대참사가 있기 전날 밤 나는 내 아이라고 부른 소설, 《버찌로 가득한 모자》의 집필에 몰두하고 있었다. 치료를 받으려고 병원에 다니거나 작품을 구성하는 자료를 조사하려고 문서보관소와 도서관에서 보낸 몇 개월을 제외하고는 한시도 손에서 놓지 않았던 매우 방대하고 부담이 큰 소설이었다. 잉태 기간이 내 성년의 대부분을 차지했을 정도로 매우 힘들고 큰 노력이 드는 이 아이를 출산하기로 마음먹은 계기는 내게 죽음을 예고하는 병마가 찾아왔기 때문이다. 아이의 첫울음이 언제 터질지는 나도 모른다. 어쩌면 내가 세상을 떠나고 없을 때일 수도 있다. (그러지 말라는 법도 없다. 작가의 사후에 발표된 작품은 글을 쓰는 것은 고사하고 구상도 못하는 자들이 소설을 구상해서 써낸 작가를 저울질하고 함부로 도마질하는 어이없고 기만적인 모욕을 받지 않아도 되는 통쾌한 이점도 있으니까.) (…)

그날 나는 맨해튼의 집에 있었다. 오전 아홉 시경에 어쩌면 내게 직접 닥치지 않을 수도 있지만, 분명히 나와 관련이 있는 어떤 위기감을 감지했다. 전쟁에서 전투가 벌어졌을 때 느끼는 위협감과 같았다. 날아오는 총알이나 미사일을 피부의 모공 하나하나로 느끼고 귀를 바짝 세우며 주위 사람들에게 "엎드려! 숙여! 어서!"라고 외치게 하는 그런 느낌이었다. 나는 그 느낌을 떨쳐버리려고 했다. 나는 베트남에 있는 게 아니었고, 제2차 세계대전 이래 내 인생을 괴롭혔던 그 빌어먹을 숱한 전쟁 가운데 있지 않았다! 나는 뉴욕에서, 그것도 9월의 어느 멋진 아침을 맞고 있었다. 2001년 9월 11일이었다.

하지만 이상하게도 그 불길한 느낌은 계속해서 나를 엄습해왔고 급기야 아침에는 켜본 적이 없는 텔레비전을 켰다. 소리는 들리지 않고 화면만 보였다. 백여 개가 되는 채널에는 온통 거대한 성냥개비처럼 80층부터 불붙은 세계무역센터 빌딩 하나만 나왔다. 누전으로 인한 화재? 경비행기의 실수? 아니면 계획된 테러 행위? 나는 온몸이 마비되다시피 꼼짝 않고 지켜보았다. 시선을 고정한 채 그런 질문을 떠올리는 동안 화면으로 비행기 한 대가 나타났다. 거대한 흰색 여객기가 아주 낮게 날고 있었다. 아슬아슬하게 비행하며 날던 여객기는 목표물을 겨누고 그리로 돌진하는 폭격기처럼 두 번째 빌딩으로 향했다.

나는 사태를 파악했다. 그 여객기는 가미카제 폭격기였고, 첫 번째 빌딩에서도 똑같은 일이 벌어졌다. 그러는 동안 텔레비전의 오디오가 되살아났다. 적나라한 비명이 고스란히 전달되었다. "하느님 맙소사! 오, 세상에! 맙소사! 오오오, 세상에! 오, 맙소사!" 다음 순간 흰 비행기는 버터 덩어리를 자르는 칼처럼 두 번째 빌딩으로 파고들었다.

9월 11일 그날, 나는 내 아이를 생각하자고 마음먹으며 정신적 충격을 극복했다. '이미 벌어진 일과 벌어지고 있는 일을 생각하지 말자. 나는 내 책에 전념해야 하고 그걸로 충분하다. 그렇지 않으면 유산할지 모르니까.' 그러고는 이를 악물고 책상에 앉았다. 전날 써내려간 글을 다시 이어서 쓰며 소설 속 주인공들에게 집중했다. 그들은 비행기나 마천루가 존재하지 않았던 시대, 먼 과거 세상의 인물들이었다. 그러나 얼마 버티지 못했다. 죽음의 냄새가 창문을 통해 들어왔고 삭막한 거리에서는 구급차의 사이렌 소리가 집요하게 들려왔으며 불안과 당혹감으로 켜둔 텔레비전은 내가 잊고 싶은 장

나는 침묵하지 않는다

면을 반복하며 깜박였다. 나는 갑자기 밖으로 나갔다. 택시를 찾았지만 보이지 않았다. 그래서 걸어서 세계무역센터 건물 쪽으로 향했다. 이제는 존재하지 않는 건물들 쪽으로⋯⋯.

그러고서는 무엇을 해야 할지 몰랐다. 내가 어떻게 해야 유용한 존재가 되고 도움이 될까. '무엇을 할까, 무엇을 할까.' 스스로 묻고 있던 바로 그때 텔레비전에서 대학살을 기뻐하며 열광하는 팔레스타인 사람들의 모습이 나왔다. 그들은 환호하며 승리 구호를 외쳤다. 그 후 누군가가 내게 이탈리아에서 적지 않은 사람들이 미국의 자업자득이라고 비웃으며 팔레스타인 사람들을 따라하고 있다는 소식을 전해주었다. 그래서 나는 적을 향해 맹렬히 뛰어드는 병사처럼 타자기 앞으로 달려가서 내가 할 수 있는 유일한 일, 글쓰기를 시작했다.

머릿속에 떠오르는 대로 마구잡이로 적어 내려갔다. 미국에서 이탈리아로 날아가고, 이탈리아에서 이슬람 국가들로 튀어가고, 이슬람 국가들이 다시 미국으로 맞받아친 생각, 추리, 기억, 독설을 좇았다. '사람들은 귀머거리라서 듣지 않고 들으려고 하지 않는다.'라고 독백하면서 여러 해 동안 내 마음과 머릿속에 가둬뒀던 생각을 쏟아냈다. 생각은 폭포수처럼 쏟아져 내렸다. 걷잡을 수 없는 통곡처럼 종이 위에 쏟아져 내렸다.[17)]

———

《분노와 자긍심》에 대한 언급은 불편하다. 그 작은 책자의 믿기 힘든 성공은 나를 괴롭히고 그 생명력은 나를 귀찮게 해서 중단했던 소설로 돌아가는 길을 막고 있다.

《분노와 자긍심》은 사랑과 찬사를 안겨주었지만, 증오와 죽음의 위협도 가져다주었다. 고통과 박해(가령 반복되는 협박 전화. "우리는 네가 집에 숨어 있다는 걸 알아. 똑같이 갚아줄 거다.")는 말할 것도 없다.[18]

서양이여, 잠에서 깨어나라![19]

조국에 대한 사랑

——

백인들과 흑인들이 눈물을 흘리며 서로 부둥켜안는 것을 볼 때, 민주당원들과 공화당원들이 "미국에 신의 축복이 있기를!" 노래하며 얼싸안는 것을 볼 때, 미국인들이 모든 차이를 극복하고 하나가 되는 장면을 볼 때, 나는 어이없다는 반응을 보였다. 빌 클린턴(애정이 전혀 가지 않는 인물)이 "부시 대통령을 중심으로 뭉치고 우리 대통령을 신뢰하자."라고 선언했을 때도 마찬가지였다. 그런 말을 지금은 뉴욕주 상원의원인 그의 부인 힐러리 로댐 클린턴이 반복했을 때도 마찬가지였다. 그런 말을 민주당 부통령 후보였던 조 리버만이 되풀이했을 때도 그랬다. (선거에서 패배한 앨 고어만 쓸쓸하게 침묵을 지켰다.) 의회가 만장일치로 파병을 결정했을 때도 그러했고, 미국의 건국이념이 '에 플루리부스 우눔*E pluribus unum*'(여럿이 모여 하나)이라는 라틴어 문구임을 알았을 때도 그랬다.

그러다 미국 아이들이 학교에서 그 이념을 배우고 이탈리아 아이들이 주기도문을 외우듯이 그 문구를 암송한다는 사실을 알았을 때, 나는 깊이 감동했다. 아, 이탈리아가 이 교훈을 배웠더라면! 이탈리아는 한마디로 분열된 국가이다. 지극히 당파적이고 자기 부족의 하찮은 자만심에 사로잡혀 있다! 이탈리아인들은 정당 내에서도 서로 미워하고, 같은 이념과 휘장 아래서도 단결하지 못한다. 시샘하고 깐깐하고 도도하고 비열하고 각자 개인의 이익밖에는 생각하지 않는다. 사소한 자신의 업적, 영광, 명성을 챙기는 일에만 급급하다. 자신의 이익을 위해서 서로 괴롭히고 배신하고 비난하고 망신을 준다…….

확신하건대, 만약 오사마 빈 라덴이 조토의 종탑이나 피사의 사탑을 폭파한다면 이탈리아 야당은 정부에 책임을 물을 것이고 정부는 야당의 잘못이라고 비난할 것이다. 그리고 정부와 야당의 지도자들은 자신들의 동료나 동지들의 탓으로 돌리려 할 것이다. (…) 그렇다. 축구 경기장의 무법자들이나 올림픽 메달리스트들이 조국의 깃발을 흔드는 나라와 전 국민이 조국의 깃발을 흔드는 나라 사이에는 큰 차이가 있다.[20]

———

파브리지오 콰트로키[i]가 살해되었다는 소식을 들은 것은 밤이었다. 여기 토스카나는 겨울처럼 추운 밤이었다. 폭풍이 몰아치고 번개가

---

i Fabrizio Quattrocchi. 이라크 저항세력에 납치돼 살해당한 이탈리아인 경호요원. 2004년 4월 14일 살해되기 직전 납치범에게 "이탈리아인이 어떻게 죽는지 보여주겠다."라고 외친 한마디에 이탈리아인들은 깊이 감동했으며 대대적으로 그의 영웅적인 죽음을 애도했다.

치고 바람이 몹시 거칠었으며, 내 병세는 여전히 위중한 상태였다. 나는 외계인이 둥지를 튼 폐와 기도와 식도를 스치는 고통에 괴로워했다. 그래서 침대 밖으로는 나가지도 못한 채 이를 악물며 고통을 견디고 있었다. 하지만 콰트로키가 살해되었다는 소식을 듣자마자 나는 몸을 일으켰다. 서랍장 안에 둔 이탈리아 국기를 꺼내서 창문 쪽으로 걸어갔다. 그러고는 온몸이 흠뻑 젖도록 휘몰아치는 바람을 맞아가며 발코니의 쇠창살에 옷핀으로 국기를 달았다.

다음 날 아침 나는 이탈리아 전력공사 에넬에서 일하는 친구 셋을 불렀다. "애들아, 국기를 잘 달고 싶은데, 좀 도와줘. 깃대가 없어서 옷핀으로 달아놨거든." "금방 갈게요!" 그들은 바로 달려왔다. 한 명은 깃대를 가져왔는데, 부인 몰래 침실 커튼 봉을 뽑아왔다고 했다. 그는 몇 번이고 "마누라가 알면 난 이혼당할 거야!"라고 말했다. 내 상태는 전날 밤보다 더 나빠졌다. 나는 고통이 극심했기에 그들이 깃대를 고정하고 거기에 깃발을 매다는 과정을 지켜볼 수 없었다. 하지만 작업이 다 끝나고 국기가 제대로 걸린 장면을 봤을 때 가슴이 뭉클했다.

얼마나 아름다운가! 만약 누군가가 국기에 손을 댄다면 사냥총으로 쏴줄 것이다. 아! 비록 나의 이탈리아가 이상 속의 이탈리아이고, 존재하지 않는 이탈리아, 어쩌면 리소르지멘토*i* 시대에만 존재했던 이탈리아더라도 내 애국심이 다치는 꼴은 두고 볼 수 없으니까.[21]

---

i Risorgimento. 19세기 이탈리아의 국가통일운동과 독립운동.

이슬람을 향한
분노

나의 신은 생명이다. 싹트는 식물이고 자라는 나무이고 솟아오른 건축물이다. 혹은 음악, 그림, 자동차, 책이다. 나는 죽음을 증오한다. 죽음을 이해하지 못한다. 나는 죽음을 받아들일 준비가 되었지만(항상 되어 있었다), 죽음을 이해하지는 못한다. 한편 그들의 문화는 죽음의 문화이다. 그들은 죽음을 나른다.

나는 그리스도교의 영생 사상을 좋아한다. 영생에 관한 놀라운 이야기. 십자가에 못 박혀 죽었다가 다시 살아난 남자. 부활이라는 대단한 발견. 삶의 영속으로 보는 사후 세계. 부활이 없는 영속. 한편 그들에게 사후 세계는 전쟁에서 죽은 용사들이 마음껏 여자들을 취하고 게걸스럽게 먹거나 마시는(먹어서 쌓인 그 모든 음식을 제거하려면 증발시키는 방법밖에 없다.), 남자들의 천국으로 이해된다.

코란에서 말하는 낙원, 즉 잔나*jannah*의 개념은 기이하다. 그 천국에는 용사들만 있고 인자한 노인이나 여성, 아이는 없다……

나는 조르다노 부르노*ii*의 생각에 동의한다. 종교에서, 모든 종교에서 이성과 자연을 거스르는 사악한 천국을 본다.[22]

하지만 알라의 자녀들이 우리에게 표명한 주요한 명분은 이슬람 테

---

ii Giordano Bruno(1548-1600). 이탈리아 사상가로 로마 가톨릭교회의 도미니코회 수사였으나 이후 칼뱅파로 개종했다. 다방면에 걸친 관심과 뛰어난 학식을 지녔으며, 종교관과 세계관에서 신성모독과 이단 혐의를 받고 오랜 세월 감옥에 갇혀 있다가 로마의 캄포 데 피오리 광장에서 화형에 처해졌다.

러리즘에서 보이지 않는다. 이슬람 테러리즘에서는 전쟁의 면모와 양상만 보인다. 가장 분명하게 드러나고, 가장 피비린내 나고 야만적이다. 하지만 역설적이게도 가장 치명적이지는 않다. 가장 파멸적이지는 않다. 내가 보기에 가장 치명적이고 파멸적인 것은 종교적인 차원이다. 거기서부터 모든 다른 면모와 모든 다른 양상이 파생한다. 대표적으로 이민의 양상을 생각해볼 수 있다. 친구들이여, 이민은 테러리즘이 아니라 서양에 침투해서 유럽의 이슬람화, 즉 유라비아 공포로 몰아넣는 트로이 목마이다. 이민은 테러리즘이 아니라 우리를 정복하고 말살하고 파괴하기 위한 수단이다. 따라서 나는 수년 전부터 "트로이가 불탄다, 트로이가 불탄다."라고 외치고 있다.

이러한 견해를 피력할 때마다 허공에다 말하는 카산드라가 된 듯하다. 또는 70, 80년 전 장님들과 귀머거리들 앞에서 무솔리니와 히틀러라는 두 적의 위험성을 경고한, 홀대받은 반파시스트 중 한 명이 된 듯하다. 하지만 장님은 여전히 장님이고 귀머거리는 여전히 귀머거리라서, 내가 《묵시록》[i]에서 말한 수치의 낙인을 이마에 새기게 될 것이다. 그러므로 내게 진정한 훈장은 오늘날의 매카시즘과 마녀사냥과 종교재판에서 받는 모욕과 중상모략과 명예훼손이다. 내 견해를 밝힌 죄로 유럽에서 받는 재판과 트로피이다. 이제 그 죄는 '이슬람 모욕죄, 인종적 편견 또는 종교적 민족주의, 외국

---

i 《오리아나 팔라치 자신을 인터뷰하다 - 묵시록 *Oriana Fallaci intervista se stessa - L'Apocalisse*》 오리아나 팔라치 3부작, 《분노와 자긍심》, 《이성의 힘》에 이은 세 번째 책이다. 작가가 사망한 해인 2006년에 나왔다. 마지막으로 쓴 장편 역사소설 《버찌로 가득한 모자》는 2008년, 사후에 출간되었다.

나는 침묵하지 않는다

인 혐오, 그 밖에 다른 증오의 선동'이라는 말로 변형되었다.

증오라는 죄목으로 나를 기소할 수 있을까? 증오가 법률에 저촉이 될까? 증오는 정서이다. 감정이고 반응이고 마음 상태이다. 법률상의 범죄가 아니다. 사랑처럼 증오는 인간 본성에 속하고 삶과 관련된다. 사랑에 반대되는 감정이므로, 사랑처럼 법률 조항으로 금지할 수 없다. 물론 평가할 수는 있다. 이의를 제기하고 반대하고 비난할 수 있다. 하지만 도덕적인 의미에서만 그럴 수 있다. 가령 그리스도교가 사랑을 설교하듯이 종교적인 판단에서 그럴 수 있다. 내가 원하는 누군가를 사랑할 권리를 보장하는 것은 법정의 판결이 아니다. 내가 원하는 누군가를 사랑할 권리가 내게 있다면 누군가를 증오할 권리 또한 내게 있어야 한다. 나를 증오하는 사람들부터 시작해서.[23]

———

유럽에 사는 무슬림들을 보자. 그들은 여전히 차도르와 부르카, 젤라바를 입고 있다. 코란이 가르치는 풍습을 그대로 따르고 있으며, 그들의 아내와 딸을 계속해서 학대하고 있다. 요컨대 우리 문화를 거부하고 우리에게 그들의 문화를 부여하려고 한다.[24]

나는 머리에 베일을 쓰지 않는다. 죽어서도 쓰지 않을 것이다. 항암 치료 때문에 머리카락이 빠진 머리를 가리려고도 쓰지 않는다.[25]

나는 그것을 거부한다. 내 문화에 대한 의무감 때문만은 아니다. 내

가치, 내 원칙, 내 문화 수준 때문이다. 그리스도교 뿌리에 대한 의무감 때문만은 아니다. 자유에 대한 의무감 때문이다. 내가 어린아이였을 때부터 파르티잔들과 함께 나치-파시즘을 반대하며 부르짖었던 자유를 향한 의무감 때문이다. 나치-파시즘과는 어떠한 타협도 불가능하다. 그 어떤 위선적인 관용도 없다. 이 간단한 사실을 이해하지 못하는 자들은 그저 서양의 자멸 행위를 부채질하고 있다.

나는 온건파 이슬람이라는 허위를 받아들이지 않는다. 선한 이슬람과 악한 이슬람이 존재한다고 믿지 않는다. 이슬람만 존재할 뿐이다. 그리고 이슬람은 코란이다. 이슬람에게 코란의 권위는 절대적이고, 무엇에서든 절대적인 기준이 된다. 물론 예외는 있기 마련이고, 게다가 수학적 확률의 문제를 고려하더라도 착한 무슬림들이 있어야 한다. 자유와 민주주의, 세속주의를 소중하게 생각하는 무슬림이 있어야 한다. 하지만 내가 《묵시록》에서 말했듯이, 착한 무슬림들은 소수이다. 경호원들과 같이 다녀야 하는 그들은 비극적이게도 극소수이다.

자유를 위한 투쟁으로 보낸 내 인생을 통해, 자유는 종교의 자유도 포함한다는 것을 깨쳤다. 따라서 자유를 위한 투쟁은 무슬림이 다른 종교들을 파괴하려는 것과 같은 한 종교의 지배를 거부한다. 무슬림은 그들의 '나의 투쟁Mein Kampf', 그들의 코란을 전 세계에 강요하려고 한다. 이슬람교가 탄생한 이래 1400년 동안 그 태도를 고집하고 있다. 다른 종교와는 다르게, 그들은 다른 방식으로 사는 모

든 이를 학살하고 참수하고 노예로 만든다.[26]

인생은 험난할지라도
아름답다

———

노년은 매우 아름다운 시기이다. 인생의 황금기다. 자유라는 특권의 사치를 마음껏 누릴 수 있는 시기이다. 나는 어릴 때 스스로 자유롭다고 믿었다. 하지만 그렇지 않았다. 내 미래를 걱정했고, 수많은 사건이나 사람들에게 좌우됐으며, 실제로는 복종하며 살았다. 부모님에게, 선생님들에게, 열여덟 살부터 일했던 신문사 국장들에게…… . 어른이 되어서도 자유롭다고 믿었다. 하지만 그렇지 않았다. 여전히 미래를 걱정했고, 악의적인 평가에 영향을 받고 지배됐으며, 내 선택의 결과를 두려워했다…… . 이제 그것들이 더는 두렵지 않다. 악의적인 평가는 나를 통제하지 않으며, 미래는 걱정을 안기지 않는다. 왜 그래야 하는가? 미래는 이미 도달했다. 헛된 욕망, 부질없는 야망, 잘못된 환상을 치워버리고, 나는 그 어느 때보다도 자유롭다고 느낀다. 완벽하고 완전한 자유의 상태이다.

게다가 노년은 매우 멋진 시기이다. 어릴 때나 나이가 들었을 때도 이해하지 못했던 것을 노년이 되어 깨닫는다. 평생 쌓은 경험과 정보와 사고로써 모든 것이 분명해진다. 적어도 더 분명해진다. 이를 지혜라고 한다. 내가 지혜로운 노인인지는 잘 모르겠다. 늘 그렇지는 않을 것이다. 하지만 경험과 정보, 사고 덕분에 내 두뇌는 맛있는 적포도주처럼 향상되었다는 것을 안다. (…)

다리와 팔과 폐의 힘이 내 머릿속으로 옮겨간 것처럼 말이다. 그리고 이 점은 많은 위로가 되어서, '과거로 돌아가고 싶어, 처음부터 다시 시작하고 싶어.'라는 생각이 들지 않게 한다. 내 삶이 얼마 남지 않았다는 것을 알기에, 기껏해야 "지금 당장! 오, 이게 무슨 낭비람. 죽음은 사치를 넘어 낭비야!"라고 외칠 뿐이다.[27]

나는 과거를 돌아보면서 잃어버린 젊음을 한탄하거나 놓친 일이나 가지지 못했던 것을 애석하게 여기지 않는다. 미래를 떠올리면서 늙음에 동반되는 육체적 현상을 두려워하지 않는다. 오히려 그러한 현상을 겪지 않는 것을 두려워해야 할 것이다. 늙지 않는 것은 젊어서 죽는 것을 뜻하기 때문이다.

한번은 할아버지와 이런 일이 있었다. 1940년에 전쟁이 막 일어났을 때 할아버지는 이미 노인이었다. 할아버지는 피렌체의 토젤리 거리에서 전차에 오르고 계셨다. 전차의 발판이 높아서 노인들이 다 그렇듯이 그 불쌍한 노인네는 오르는 데 시간이 오래 걸렸다……. 전차를 타려던 껄렁한 청년 무리가 말했다. "빨리, 위로, 빨리, 얼른 올라가세요, 지겨운 늙은이들!" 할아버지는 뒤를 돌아보셨다……. 나는 손잡이를 잡은 채 그 녀석들 무리와 함께 뒤쪽에 있었다……. "쟤들 말이 맞아. 지겨운 늙은이들이지, 넌 절대 그렇게 되지 않길 바란다!"[28]

———

나는 죽음을 이해하지 못했다. 죽음은 평범하고 당연한 것이며, 모두가 죽는다고 말하는 사람을 이해하지 못했다. 나는 죽음은 부당하고 불합리하다고 항상 생각했다. 우리는 태어나는 순간부터 죽음을 받아들여야 한다는 사실을 부정하고 싶었다. 그리고 실제로는 죽는 것이 아니라 풀잎이나 공기 한 모금, 물웅덩이로 변한다고 말하는 자들을 이해할 수 없었다. 그들은 물고기와 새와 인간이 풀과 공기와 물에서 양분을 취하므로 그 과정을 통해 다시 산다고 말한다. 내 생각에 내가 다시 사는 것은 이 육체와 이 정신 안으로 고스란히 다시 이동하는 것을 의미한다. 내가 화성에서 화성인이 되고 금성에서 금성인이 되고 안드로메다은하에서 안드로메다인이 되는 것이 무슨 소용이 있겠는가?

팔, 다리, 손가락이라고 부르는 이 촉수들이 흉측하다고? 그게 무슨 상관인가? 나는 내가 아는 나이고 내가 가진 나 자신이며, 다른 것들은 원하지 않는다. 나는 이 팔과 이 다리와 이 손가락을 원하고 이 지구를 원한다! 이 지구가 감옥이라고? 그렇다 치자. 나는 엄마의 자궁처럼 따뜻하고 안전한 이 감옥에서 안락하게 머문다. (…) 하지만 엄마의 자궁은 영원히 당신을 품을 수 없다. 만약 그렇게 되면 당신은 죽을 것이고 엄마도 죽을 것이다. 엄마의 자궁은 당신이 완성될 때까지 지켜준다. 당신이 완성되면 상상하지 못했던 세상으로 당신을 뱉어내고 힘껏 토해낸다.

당신은 그 세상으로 나오고 싶지 않았다. 따뜻한 자궁에서 몸을 움츠린 채 잘 지냈기 때문이다. 먹고 잠자는 일에 힘들이지 않았다. 당신의 엄마가 당신을 위해 모든 것을 했다. 엄마의 피부, 엄마의 조직은 갑옷보다도 더, 지구를 둘러싸고 운석과 다른 위험요소들을 밀쳐내는 대기보다도 더 안전하게 당신을 보호했다. 하지만 당신은 그 자궁을 떠나야 하는 운명이었고, 상상하지 못했던 육체의 형태를 띠고서 다른 식으로 먹고 겨우겨우 잠자고 힘겹게 당신을 보호해야 했다. 그 변화를 수용하는 것은 터무니없는 것도 잔인한 것도 아니다. 삶을 유지하는 유일한 방법이었다. 그리고 지구가 살기 위한 유일한 방법은 하늘로, 대기 밖으로, 당신이 상상하지 못했던 다른 세상들로 당신을 뱉어내고 토해내는 것이다. 그리고 그 다른 세상들은 또다시 다른 세상들로 당신을 뱉어낼 것이다……[29]

나는 죽음을 두려워하지 않았다. 죽음을 너무나 잘 알고 있다. 제2차 세계대전의 폭격 아래서 달렸고, 잘 달리지 못했던 사람들의 육체를 뛰어넘던 어린 시절부터 알고 있다. 아아, 나는 죽음을 너무나 많이 접했기에 잘 알고 있다. 여러 지역에서 숱한 방식으로 접했다. 멕시코에서는 죽음이 내게도 닥쳐왔었다. 베트남, 캄보디아, 방글라데시, 요르단, 레바논에서 종군기자로 일하면서 나는 전투나 공포의 현장에 있었다. 알레코스 파나굴리스가 살해됐을 때, 그리고 암이라는 질병이 엄마를 앗아가고 이어서 아버지와 브루노 삼촌, 동생 네에라마저 앗아갔을 때 죽음은 내 마음에 남았다. 이제 나는 그 질병과 나를 범죄자, 아니 악마로 만드는 그자들 덕분에 끊임없이 죽음을 접하고 가까이 느낀 탓에 죽음에 기이한 친근감마저 느낀다. 나는 죽는다는 생각이 두렵지 않다.[30]

나 자신에게 물어보는 게 옳을 것이다. 죽는 게 싫어? 나는 '그래,

무척'이라고 대답할 것이다. 인생은 험난할지라도 아름답다. 태양, 숲, 하늘, 음식과 음료의 맛, 키스의 향기……. 어떠한 이유에서라도 나는 삶을 단념하지 않을 것이다. 절대로! 내가 배아라고 상상했을 때, 누군가 내게 "있잖아, 오리아나, 만약 네가 태어난다면, 배를 곯다가 마우트하우젠 강제수용소에서 여섯 살에 죽게 될 거야. 그래도 태어날 거니?"라고 묻는다면, 나는 "네, 6년이라도 살 수 있으니까요. 그동안이라도 숲과 태양과 하늘이 어떤지 보고 삶의 냄새를 맡을 수 있으니까요."라고 대답할 것이다. 가장 지독한 고통을 겪더라도 아무것도 아닌 존재보다는 나으니까.[31]

——

외계인이 더 막강한 위력을 떨치며 다시 돌아왔다.[32]

나는 죽어가고 있다. 하루하루, 매 시간 매 시간. 내 몸에 암이 생겼다. 폐에 하나, 폐동맥에 하나, 기관에 하나, 식도에 하나, 간에 둘, 뇌하수체에 하나, 완전히 보이지 않는 오른쪽 눈에 하나, 뿌연 안개가 낀 듯 시력이 저하된 왼쪽 눈에 하나, 그리고 어쩌면 결장에도 하나. 메모리얼 병원에서도 이런 기록은 처음이다. 그들은 내가 어떻게 이리 정신이 맑고 그럭저럭 걷고 숨 쉬고 있는지 아직도 이해하지 못하고 있다.[33]

파헤이 교수는 내가 지난 토요일에 받았던 MRI 결과를 알려주러 왔다. 그는 온통 침울한 분위기로 종잇장을 넘겼고, 롯의 아내처럼 꼼짝달싹 못하고 있던 내게 말했다. "우려했던 것보다 더 빠르게 진행되고 있습니다. 어찌해야 할지 모르겠어요. 더는 손 쓸 방도가 없네요. 우리는 한계에 이르렀습니다."[34]

나는 항상 품위에 집착했고, 인생에서 가장 중요한 것은 품위 있게 사는 것이라고 생각했다. 이제 나는 품위 있는 삶보다 더 어렵고 더 중요한 일을 앞두고 있다. 품위 있게 죽는 것이다. 이것이야말로 고뇌의 진정한 시험대일 것이다.[35]

이탈리아어판
편집자의 말
———

나는 애완동물이 아니었다. 나는 평생 가정이라는 작은 우주에 갇혀 살 마음이 없었다. 아내라는 이름은 항상 나를 소름 끼치게 했다. 나는 아내가 되고 싶지 않았다. 글을 쓰고 여행하고 세상을 알고 탄생의 기적을 마음껏 누리고 싶었다.

1970년대 초 타자기로 쳐서 서류철에 보관된 이 글에는 '노'라는 표현이 세 번이나 반복된다. 20세기 역사를 들려주었고, 21세기 최대의 악몽, 세계 테러리즘을 제일 먼저 인식한 여성이 쓴 것이다.

오리아나 팔라치는 작가의 가장 충실한 자화상은 개인적인 사건에 있는 게 아니라 책 속에 있다는 것을 알았다. 눈에 비친 세상을 거침없이 기술했던 작가의 문체적 특징에서 그의 자서전적인 실마리가 드러낸다. 개인의 성찰과 가장 내밀한 고통조차 그의 글에서

나는 침묵하지 않는다

는 권력자나 유명인들의 민낯을 드러내거나 공포와 고통을 몸소 체험한 전쟁의 비극을 들려주는 빌미가 되었다.

이 책에는 팔라치의 가장 대표적인 글에서 발췌한 부분들과 미발표 원고들이 수록돼 있다. 특히 《버찌로 가득한 모자》의 집필을 위해 쓴 자서전적인 메모, 파나굴리스가 죽은 첫해의 기억을 되짚은 '알레코스의 죽음을 이용하는 사람들'과 시사 문제를 다룬 '결혼은 낡은 관습이다', '자유는 꿈이지만 결코 단념할 수 없다' 등의 원고는 처음으로 공개되는 것이다. 오리아나 팔라치의 목소리를 고스란히 전달하기 위해 단 한마디도 덧붙이지 않았으며, 책의 마지막에 인용 출처(따로 표시되지 않은 단락은 이어지는 주에 표기된 출처에 의거한다.)를 밝혔다.

이 책은 오랜 시간 진행된 세심한 연구 작업의 결과이다. 그리고 개인의 기억을 훌륭한 문학 작품으로 둔갑시킨 위대한 작가이자 불편한 한 여자에게 보내는 오마주이다.

주
___

제1부 운명은 그렇게 준비되었다
___

1) 1983년 3월 16일 메모, 《내 심장은 내 목소리보다 더 피곤하다*Il mio cuore è più stanco della mia voce*》, 리촐리, 밀라노, 2013년.

2) '레우로페오 독자들에게 오리아나가 들려준 인생 이야기*La vita di Oriana narrata da Oriana stessa per i lettori dell'Europeo*', 1980년대, 〈레우로페오*L'Europeo*〉, n. 4, 2007년.

3) 《버찌로 가득한 모자*Un cappello pieno di ciliege*》, 리촐리, 밀라노, 2008년.

4) 미공개 메모, 《버찌로 가득한 모자》, 개인 소장.

5) 《분노와 자긍심*La rabbia e l'orgoglio*》, BUR, 밀라노, 2009년.

6) 잭 런던의 서문, 《야성의 부름*Il richiamo della foresta*》, BUR, 밀라노, 2010년.

7) 《만약 태양이 죽는다면*Se il Sole muore*》, BUR, 밀라노, 2010년.

8) '레우로페오 독자들에게 오리아나가 들려준 인생 이야기'에서 인용.

9) 로베르토 제르바조의 인터뷰, 1978년 1월 31일, 《귓속의 벼룩*La pulce nell'orecchio*》, 루스코니, 밀라노, 1979년.

10) 애머스트 칼리지 강연, 1976년 4월 26일, 《내 심장은 내 목소리보다 더 피곤하다》에서 인용.

11) 《권력과의 인터뷰*Intervista con il Potere*》, BUR, 밀라노, 2010년.

12) 《오리아나 팔라치 자신을 인터뷰하다 - 묵시록*Oriana Fallaci intervista sé stessa - L'Apocalisse*》, BUR, 밀라노, 2014년.

13) 《만약 태양이 죽는다면》에서 인용.

14) 《분노와 자긍심》에서 인용.

15) '레우로페오 독자들에게 오리아나가 들려준 인생 이야기'에서 인용.

16) 《분노와 자긍심》에서 인용.

17) '레우로페오 독자들에게 오리아나가 들려준 인생 이야기'에서 인용.

18) 하버드 대학교 강연, 1982년 9월 23일, 《내 심장은 내 목소리보다 더 피곤하다》에서 인용.

19) '레우로페오 독자들에게 오리아나가 들려준 인생 이야기'에서 인용.

20) '문화에 관한 편지*Lettera sulla cultura*', 〈레우로페오〉, n. 19, 1973년 5월 10일.

21) '레우로페오 독자들에게 오리아나가 들려준 인생 이야기'에서 인용.

22) 미공개 메모, 《버찌로 가득한 모자》, 개인 소장. 타자기로 작성한 원본에는 아르날도 포아*Arnaldo Foà*라고 쓰여 있지만, 비토리오 포아*Vittorio Foa*일 것으로 추측된다.

23) '문화에 관한 편지'에서 인용.

24) 나탈리아 긴츠부르그 인터뷰,《불쾌한 사람들 *Gli Antipatici*》, BUR, 밀라노, 2014년.

25) '문화에 관한 편지'에서 인용.

26) 미공개 메모,《버찌로 가득한 모자》, 개인 소장.

27) '문화에 관한 편지'에서 인용.

28) '레우로페오 독자들에게 오리아나가 들려준 인생 이야기'에서 인용.

29) 미공개 메모,《버찌로 가득한 모자》, 개인 소장.

30) 아이젠하워 메디컬 센터 강연, 1983년 1월 27일,《내 심장은 내 목소리보다 더 피곤하다》에서 인용.

31) '레우로페오 독자들에게 오리아나가 들려준 인생 이야기'에서 인용.

32) 아이젠하워 메디컬 센터 강연에서 인용.

33) '레우로페오 독자들에게 오리아나가 들려준 인생 이야기'에서 인용.

34) '레우로페오 독자들에게 오리아나가 들려준 인생 이야기'에서 인용.

35) '문화에 관한 편지'에서 인용.

36) '레우로페오 독자들에게 오리아나가 들려준 인생 이야기'에서 인용.

37)《분노와 자긍심》에서 인용.

38) '레우로페오 독자들에게 오리아나가 들려준 인생 이야기'에서 인용.

39) '문화에 관한 편지'에서 인용.

40) 파트리지아 카라노의 인터뷰 초고,《위대한 명성의 여인들 *Le signore grandi firme*》, 과랄디, 피렌체, 1978년, 개인 소장.

41) '문화에 관한 편지'에서 인용.

42) '레우로페오 독자들에게 오리아나가 들려준 인생 이야기'에서 인용.

43)《오리아나 팔라치 자신을 인터뷰하다 - 묵시록》에서 인용.

제2부 돌아다녀! 세상을, 마음껏!

———

1) 파트리지아 카라노의 인터뷰 초고, 《위대한 명성의 여인들》, 과랄디, 피렌체, 1978년, 개인 소장.

2) '테베레강에서 유프라테스강까지, 6천 미터 상공에서*Dal Tevere all'Eufrate a seimila metri d'altezza*', 〈일 포폴로 디 밀라노*Il popolo di Milano*〉, 1954년 11월 30일.

3) '부와 권력의 소라야 자신의 상아탑에서 죽도록 지루해하다*La ricchissima e potentissima Soraya si annoia mortalmente nella sua torre d'avorio*', 〈일 조르날레 델 마티노*Il giornale del mattino*〉, 1954년 12월 10일.

4) '나는 헝가리에서 자유의 마지막 밤을 보냈다*Ho vissuto in Ungheria l'ultima notte della libertà*', 〈레우로페오〉, n. 578, 1956년 11월 11일.

5) '헝가리, 마리아 타카스처럼 괴로워하다*L'Ungheria è straziata come Maria Takacs*', 〈레우로페오〉, n. 579, 1956년 11월 19일.

6) 《불쾌한 사람들》, BUR, 밀라노, 2014년.

7) 《불쾌한 사람들》의 서문에서 인용.

8) '열쇠 구멍으로 들여다본 할리우드*Hollywood dal buco della serratura*', 〈레우로페오〉, n. 618, 1957년 8월 18일.

9) 〈레우로페오〉, n. 619, 1957년 8월 25일.

10) 《불쾌한 사람들》에서 인용.

11) 리에타 토르나부오니의 인터뷰, 1965년.

12) 파트리지아 카라노의 인터뷰 초고, 《위대한 명성의 여인들》에서 인용.

13) 우고 자테린의 인터뷰, Controfagotto, Rai 1, 1961년.

14) 《하찮은 성》의 서문, BUR, 밀라노, 2009년.

15) 《하찮은 성》에서 인용.

16) '하와이 신화*Il mito delle Hawaii*', 〈레우로페오〉, n. 26, 1960년 6월 26일.

17) 에밀리오 체키에게 보낸 편지, 1962년 4월 18일, 《두려움은 죄악이다*La paura è un peccato*》, 리촐리, 밀라노, 2016년.

18) 파트리지아 카라노의 인터뷰 초고, 《위대한 명성의 여인들》에서 인용.

19) 《전장의 페넬로페》, BUR, 밀라노, 2009년.

20) 리처드 스톨리의 인터뷰, 〈라이프*Life*〉, 1969년 2월 21일.

21) 마리아 그라지아 베빌라콰의 인터뷰, 〈파밀리아 크리스티아나*Famiglia Cristiana*〉, 1980년 3월 16일.

22) 리에타 토르나부오니의 인터뷰에서 인용.

23) 〈휴스턴 포스트*The Houston Post*〉 인터뷰, 1966년 11월 13일.

24) '가장 긴 순간*Il minuto più lungo*', 〈레우로페오〉, n. 2, 1964년 1월.

25) 〈레우로페오〉, n. 3, 1964년 1월.

26) '가장 긴 순간'에서 인용.

27) TV7 인터뷰, 1965년 6월.

28) 루제로 오를란도의 인터뷰, Rai 1, 1964년.

29) 부에노스아이레스의 이탈리아문화원에서 열린 강연, 1983년 7월 11일, 《내 심장은 내 목소리보다 더 피곤하다》, 리촐리, 밀라노, 2013년.

30) 《아메리카 여행*Viaggio in America*》, 리촐리, 밀라노, 2014년.

31) 'AFTRA는 나를 보호해*L'AFTRA mi protegge*', 〈레우로페오〉, n. 11, 1967년 3월 16일.

32) 제인 드레퓌스에게 보낸 편지, 1969년 11월 20일, 《두려움은 죄악이다》에서 인용.

33) 리에타 토르나부오니의 인터뷰에서 인용.

34) 나탈리아 다네지 머레이에게 보낸 편지, 1966년 12월 9일, 《두려움은 죄악이다》에서 인용.

35) 《아무것도 없이, 그러할지어다*Niente e così sia*》, BUR, Milano, 2010년.

36) 파트리지아 카라노의 인터뷰 초고, 《위대한 명성의 여인들》에서 인용.

37) 《아무것도 없이, 그러할지어다》에서 인용.

38) 〈투티리브리*Tuttilibri*〉 인터뷰, 1969년.

39) 파트리지아 카라노의 인터뷰 초고, 《위대한 명성의 여인들》에서 인용.

40) 《권력과의 인터뷰》, BUR, 밀라노, 2010년.

41) Rai 1 인터뷰, 1976년 7월 12일.

42) 《아무것도 없이, 그러할지어다》에서 인용.

43) 리카르도 칸투 가르자에게 보낸 편지, 1998년 7월 23일, 《두려움은 죄악이다》에서 인용.

44) 병원에서 한 인터뷰, Rai, 1968년 10월 4일.

45) 리카르도 칸투 가르자에게 보낸 편지에서 인용.

46) 파트리지아 카라노의 인터뷰 초고, 《위대한 명성의 여인들》에서 인용.

47) 리카르도 칸투 가르자에게 보낸 편지에서 인용.

48) 《아무것도 없이, 그러할지어다》에서 인용.

49) 리카르도 칸투 가르자에게 보낸 편지에서 인용.

50) 파우스토 페차토의 인터뷰, 〈일 레스토 델 카를리노*Il Resto del Carlino*〉, 1979년 12월 19일.

51) 《달 위의 그 날*Quel giorno sulla Luna*》, BUR, 밀라노, 2014년.

52) '달 위의 남자*L'uomo sulla Luna*', 〈레우로페오〉, n. 31, 1969년 7월 31일.

53) '안젤로 리촐리에게 보내는 오마주Omaggio ad Angelo Rizzoli', 〈레우로페오〉,
n. 41, 1970년 10월 8일.

54) 파트리지아 카라노의 인터뷰 초고, 《위대한 명성의 여인들》에서 인용.

55) 《오리아나 팔라치 자신을 인터뷰하다 - 묵시록》, BUR, 밀라노, 2014년.

56) 아이젠하워 메디컬 센터에서 열린 강연, 1983년 1월 27일, 《내 심장은 내
목소리보다 더 피곤하다》에서 인용.

57) 카를로 로셀라와 루치아 안눈지아타의 인터뷰, 〈파노라마Panorama〉, 2002
년 1월.

58) 알베르토 야코비엘로에게 보낸 편지, 1978년 4월 27일, 《두려움은 죄악
이다》에서 인용.

59) 클라우디오 사벨리 피오레티의 인터뷰, '오리아나의 귀환Il ritorno di
Oriana', 〈파노라마〉, 1979년 5월 22일.

60) 《역사와의 인터뷰Intervista con la Storia》, BUR, 밀라노, 2014년.

61) 《오리아나 팔라치 자신을 인터뷰하다 - 묵시록》에서 인용.

62) 애머스트 칼리지 강연, 1976년 4월 26일, 《내 심장은 내 목소리보다 더
피곤하다》에서 인용.

63) 헨리 키신저에게 보낸 편지, 1979년, 《두려움은 죄악이다》에서 인용.

제3부 사랑과 자유를 향한 투쟁

1) TG2, Spazio 7, 1981년 5월 5일.

2) 《역사와의 인터뷰》, BUR, 밀라노, 2014년.

3) 애머스트 칼리지 강연, 1976년 4월 26일, 《내 심장은 내 목소리보다 더 피

나는 침묵하지 않는다

곤하다》, 리촐리, 밀라노, 2013년.

4) 《역사와의 인터뷰》에서 인용.

5) 루치아노 시모넬리의 인터뷰, 1979년 5월 30일.

6) 《역사와의 인터뷰》에서 인용.

7) TG2, Spazio 7.

8) 컬럼비아 칼리지 강연, 1983년 4월 29일, 《내 심장은 내 목소리보다 더 피
　곤하다》에서 인용.

9) 파트리지아 카라노의 인터뷰 초고, 《위대한 명성의 여인들》, 과랄디, 피렌
　체, 1978년, 개인 소장.

10) 클라우디오 사벨리 피오레티의 인터뷰 초고, '오리아나의 귀환', 〈파노라
　마〉, 1979년 5월 22일, 개인 소장.

11) 아테나 파나굴리스에게 보낸 편지, 1976년, 《두려움은 죄악이다》, 리촐
　리, 밀라노, 2016년.

12) 줄스 다신에게 보낸 편지, 《두려움은 죄악이다》에서 인용.

13) 타자기로 작성한 원고, 개인 소장, 1976년 5월 2일.

14) 애머스트 칼리지 강연에서 인용.

15) 루치아노 시모넬리의 인터뷰에서 인용.

16) 클라우디오 사벨리 피오레티의 인터뷰 초고에서 인용.

17) 프롤로그, 《권력과의 인터뷰》, BUR, 밀라노, 2010년.

18) 《오리아나 팔라치 자신을 인터뷰하다-묵시록》, BUR, 밀라노, 2014년.

19) 미공개 원고, 1977년, 개인 소장. 원본 문서에는 5번 원고가 빠져 있다.

20) 미공개 메모, 1974년, 개인 소장.

21) 미공개 원고, 1970년대 초, 개인 소장.

22) 미공개 원고, 1970년대 초, 개인 소장.

23)《태어나지 않은 아이에게 보내는 편지Lettera a un bambino mai nato》, BUR,
Milano, 2009년.

24)《오리아나 팔라치 자신을 인터뷰하다 - 묵시록》에서 인용.

25) 파트리지아 카라노의 인터뷰 초고,《위대한 명성의 여인들》에서 인용.

26) 타자기로 작성한 원고, 팔라치 재단, 토스카나주 의회, 1977년.

27) AZ – Un fatto : come e perché 인터뷰, 1976년.

28) 파트리지아 카라노의 인터뷰 초고,《위대한 명성의 여인들》에서 인용.

29)《오리아나 팔라치 자신을 인터뷰하다-묵시록》에서 인용.

30)《역사와의 인터뷰》에서 인용.

31) 미공개 원고, 날짜 미상, 개인 소장.

32)《역사와의 인터뷰》에서 인용.

33) 줄스 다신에게 보낸 편지 초고, 개인 소장.

34) 부에노스아이레스 이탈리아문화원 강연 초고, 1983년 7월 11일, 개인 소장.

35) 클라우디오 사벨리 피오레티의 인터뷰에서 인용.

36) 부에노스아이레스 이탈리아문화원 강연 초고에서 인용.

37) 찰리 로즈 쇼 인터뷰, 2003년.

38) 클라우디오 사벨리 피오레티의 인터뷰에서 인용.

39) 부에노스아이레스의 이탈리아문화원 강연 초고에서 인용.

40) 클라우디오 사벨리 피오레티의 인터뷰에서 인용.

41) 부에노스아이레스의 이탈리아문화원 강연 초고에서 인용.

42) 파트리지아 카라노의 인터뷰 초고, 《위대한 명성의 여인들》에서 인용.

43) 클라우디오 사벨리 피오레티의 인터뷰에서 인용.

44) 파트리지아 카라노의 인터뷰 초고, 《위대한 명성의 여인들》에서 인용.

45) 부에노스아이레스의 이탈리아문화원 강연 초고에서 인용.

제4부 그렇게 저널리즘은 인생이 되었다

———

1) 파트리지아 카라노의 인터뷰 초고, 《위대한 명성의 여인들》, 과랄디, 피렌체, 1978년, 개인 소장.

2) 뉴욕에서 열린 토론 초고, 날짜 미상, 개인 소장.

3) 파트리지아 카라노의 인터뷰 초고, 《위대한 명성의 여인들》에서 인용.

4) 애머스트 칼리지 강연, 1976년 4월 26일, 《내 심장은 내 목소리보다 더 피곤하다》, 리촐리, 밀라노, 2013년.

5) 우고 자테린의 인터뷰, Controfagotto, Rai 1, 1961년.

6) 60분 인터뷰, CBS, 1976년.

7) 파트리지아 카라노의 인터뷰 초고, 《위대한 명성의 여인들》에서 인용.

8) 《오리아나 팔라치 자신을 인터뷰하다―묵시록》, BUR, 밀라노, 2014년.

9) 찰리 로즈 쇼 인터뷰, 1992년.

10) 《권력과의 인터뷰》, BUR, 밀라노, 2010년.

11) 《분노와 자긍심》, BUR, 밀라노, 2009년.

12) 《이성의 힘 La forza della ragione》, BUR, 밀라노, 2010년.

13) 《권력과의 인터뷰》에서 인용.

14) 《오리아나 팔라치 자신을 인터뷰하다―묵시록》에서 인용.

15) 《권력과의 인터뷰》에서 인용.

16) 뉴욕에서 열린 토론 초고에서 인용.

17) 하버드 대학교 강연, 1982년 9월 23일, 《내 심장은 내 목소리보다 더 피곤하다》에서 인용.

18) 부에노스아이레스 이탈리아문화원 강연 초고, 1983년 7월 11일, 개인 소장.

19) 《인샬라Insciallah》, BUR, 밀라노, 2014년.

20) 하버드 대학교 강연에서 인용.

21) 지노 네비올로의 인터뷰, Speciale TG1, 1990년 12월 15일.

22) 하버드 대학교 강연에서 인용.

23) 지노 네비올로의 인터뷰에서 인용.

24) 《인샬라》에서 인용.

25) 지노 네비올로의 인터뷰에서 인용.

26) '오리아나가 아버지에게 보내는 마지막 인사Addio a Edoardo Fallaci pronunciato dalla figlia Oriana', 〈레우로페오〉, n. 33, 1990년 8월 18일.

제5부 내 인생은 오직 나만 쓸 수 있다

1) 산토 아리코에게 보낸 편지, 1993년 11월 23일, 개인 소장.

2) 로저 압살롬에게 보낸 편지, 1994년 5월 26일, 《두려움은 죄악이다》, 리촐리, 밀라노, 2016년.

3) 미공개 메모, 개인 소장.

4) 로저 압살롬에게 보낸 편지에서 인용.

5) 리노 피지켈라 대주교에게 보낸 편지, 크리스티나 데 스테파노, 《한 여자 Una donna》, 리촐리, 밀라노, 2013년.

6) 프롤로그, 《버찌로 가득한 모자》, 리촐리, 밀라노, 2008년.

7) 뉴욕 시민들에게 보낸 편지, 2000년대, 개인 소장.

8) TG1 Sette 인터뷰, Rai 1, 1993년.

9) 《오리아나 팔라치 자신을 인터뷰하다—묵시록》, BUR, 밀라노, 2014년.

10) TG1 Sette 인터뷰에서 인용.

11) 《오리아나 팔라치 자신을 인터뷰하다—묵시록》에서 인용.

12) 카를로 아젤리오 치암피에게 보낸 편지, 2005년 12월 19일, 《두려움은 죄악이다》에서 인용.

13) 미공개 메모, 날짜 미상, 개인 소장.

14) 《만약 태양이 죽는다면》, BUR, 밀라노, 2010년.

15) 《이성의 힘》, BUR, 밀라노, 2010년.

16) 샹탈 클라피에에게 보낸 팩스, 2001년 9월 13일, 《두려움은 죄악이다》에서 인용.

17) 《분노와 자긍심》, BUR, 밀라노, 2009년.

18) 영문 전기, 2003년 1월, 개인 소장.

19) '서양이여, 잠에서 깨어나라!Wake up, Occidente, sveglia!', 〈코리에레 델라 세라〉, 2002년 10월 26일.

20) 《분노와 자긍심》에서 인용.

21) 《오리아나 팔라치 자신을 인터뷰하다—묵시록》에서 인용.

22) 미공개 메모, 날짜 미상, 개인 소장.

23) 애니 테일러 어워드 수상 담화, 2005년 11월, 〈리베로Libero〉에 실린 이탈리아어 번역본, 2014년 8월 27일.

24) 마거릿 탤벗, The agitator. '이슬람을 향한 오리아나 팔라치의 분노Oriana Fallaci directs her fury toward Islam', 〈더 뉴요커The New Yorker〉, 2006년 6월 5일.

25) 리노 피지켈라 대주교에게 보낸 편지, 2005년 8월 16일, 체칠리아 룰리, '친애하는 리노, 외계인이 나를 파괴하고 있어요*Caro Rino, L'Alieno mi divora*', 〈일 조르날레*il Giornale*〉, 2008년 9월 18일.

26) 마거릿 탤벗, The agitator에서 인용.

27) 《오리아나 팔라치 자신을 인터뷰하다-묵시록》에서 인용.

28) 루치아노 시모넬리의 인터뷰, 1979년 7월 11일.

29) 《만약 태양이 죽는다면》에서 인용.

30) 《오리아나 팔라치 자신을 인터뷰하다-묵시록》에서 인용.

31) 클라우디오 사벨리 피오레티의 인터뷰, '오리아나의 귀환', 〈파노라마〉, 1979년 5월 22일.

32) 툰쿠 바라다라잔에게 보낸 편지, 2005년 1월-2월, 《두려움은 죄악이다》에서 인용.

33) 파올로 미엘리에게 보낸 편지, 2005년 4월 25일, 개인 소장.

34) 파올로 미엘리에게 보낸 편지, 2005년 5월 5일, 《두려움은 죄악이다》에서 인용.

35) 엔리코 멘타나, 텔레비전 르포르타주, '오리아나 팔라치: 이탈리아 여성 이야기*Oriana Fallaci: storia di un'italiana*', 2005년 3월 3일.

인명

옮긴이 **김희정**

1973년 경북 상주에서 태어났다. 대구가톨릭대학교 이탈리아어과와 동 대학원을 졸업했다. 한동안 이탈리아에 머물며 북부이태리한인회 〈포럼 코레아〉 기자로 일했으며 현재는 이탈리아어 전문 번역가로 활동하고 있다. 움베르토 에코의 《가재걸음》과 《적을 만들다》, 조르조 바사니의 《금테 안경》, 엘레나 페란테의 《홀로서기》를 비롯해 《돈의 발명》《왜 이탈리아 사람들은 음식 이야기를 좋아할까?》《디오니소스의 철학》《디오니소스의 영혼》《사랑과 욕망, 그림으로 읽기》《그림 속의 강아지》《Coffee & Caffe》《잘 가요 내 사랑, 안녕》 등 인문·문학·예술 분야의 다양한 책을 우리말로 옮겼다.

나는
침묵하지
않는다

초판 1쇄 발행   2018년 6월 18일

지은이   오리아나 팔라치
옮긴이   김희정

펴낸곳   (주)행성비
펴낸이   임태주

책임편집   정광준
디자인   김종민

편집팀   여미숙, 박강민
마케팅팀   오창록
경영지원팀   임하늬

출판등록번호 제313-2010-208호
주소   서울시 마포구 토정로 222 한국출판콘텐츠센터 318호
대표전화   02-326-5913
팩스   02-326-5917
이메일   hangseongb@naver.com
홈페이지   www.planetb.co.kr

ISBN 979-11-87525-79-0 03300

※ 값은 뒤표지에 있습니다. 잘못 만들어진 책은 구입하신 서점에서 교환해 드립니다.
※ 이 도서의 국립중앙도서관 출판예정도서목록(CIP)은 서지정보유통지원시스템 홈페이지(http://seoji.nl.go.kr)와 국가자료공동목록시스템(http://www.nl.go.kr/kolisnet)에서 이용하실 수 있습니다.(CIP제어번호: CIP2018017119)

행성B는 독자 여러분의 참신한 기획 아이디어와 독창적인 원고를 기다리고 있습니다.
hangseongb@naver.com으로 보내 주시면 소중하게 검토하겠습니다.